17·18세기 조선의 독서문화와 문화변동

이 책은 2003년도 한국학술진흥재단의 지원에 의해 연구되었음
(KRF-2003-074-AM0017)

이화한국문화연구총서 6

# 17·18세기 조선의
# 독서문화와 문화변동

## 홍선표 외 지음

혜안

## 간행사

　조선후기는 지배층의 분열과, 두 차례의 파괴적인 전쟁과, 명·청 교체에 의한 동아시아 국제질서의 재편으로 격심하게 타격 받은 왕조사회를 복구·정비하고 갱신하기 위한 새롭고 다양한 움직임이 각 분야에 걸쳐 활발하게 일어난 매우 역동적인 시기였다. 조선후기의 이러한 역동적 변화에는 이를 주도한 지식인들이 외국서적을 통해 섭취한 새로운 지식과 정보 및 비평의식 등이 동력으로 크게 작용하였다.

　본 연구는 우리의 중세문화를 난숙케 하고 근대 이행의 기반을 제공하면서 민족문화를 약진시킨 의의를 지닌 조선후기 문화·변동의 동인을 독서문화를 통해 추구한 것으로, 한국학술진흥재단의 기초학문지원 사업에 의해 이루어진 것이다. 문학과 철학, 역사, 정치사상 및 미술과 관련된 외국서적의 수용 실태와 독서 내용을 조사하는 데 주력한 1차년도에 이어 2차년도의 이번 연구에서는 그 영향의 양상과 함께 주체적 수용과 창조적 변용으로 내면화하여 가는 과정을 밝히고자 했다.

　2단계 연구를 통해 나온 결과물은 모두 8편이다. 먼저 문학 분야에서는 명말기의 공안파(公安派) 서적과 김성탄(金聖嘆)의 소설비평본에 대한 경화 지식인들의 독서 실태를 검토한 1차년도 연구의 후속으로, 이들 문학이론과 비평론의 수용과 변용에 따른 조선후기 문예론의 인식 성향과 발전 양상을 다루었다.　미술 분야는 화보나 삽화와 같은 명·청대의 출판미술이 후기 화단에 미친 영향과 그 전개 및 활용 상황을 서양화풍과 정선(鄭敾)의 점경(點景)인물상을 중심으로 살펴보았다. 역사 분야에서

6

는 서양 세계지리서의 도입에 따른 지식인들의 세계관 동향과, 외국의 역법서적에 의한 시헌력의 조선화 과정 및 천문 인식의 변화적 동태 등을 분석하였다. 그리고 사상 분야에서는 조선과 중국 실학사상의 정치적·인식론적 기반의 동질성과 차별성을 통해 수용과 변용의 주체적 작용관계를 밝히려 했으며, 유학과 천주학의 사이에서 개진된 인간 본성에 대한 정약용 언설의 성격을 새롭게 조명하고자 했다.

2006년에 출간된 『17·18세기 조선의 외국서적 수용과 독서문화』와 그 후속 연구물들을 수록한 이번 『17·18세기 조선의 독서문화와 문화변동』은 조선후기의 역동적 변화상을 이끈 지식인들의 새로운 정보와 지식의 통로였던 외국 서적과 이를 통해 촉발된 문화 변혁을 실증적으로 다룬 학제적 성과라는 측면에서 의의가 있다고 본다. 자국 중심의 내셔널리즘과 서구 중심의 모더니즘과 같은 근대적 이데올로기에 속박된 기존의 내재적 발전론의 권력화된 관점에서 벗어나 조선후기 문화사를 실상적으로 파악하는 데 도움이 되었으면 한다.

이들 연구를 수행하는 데 연구비를 제공해준 한국학술진흥재단과, 실무적 지원을 아끼지 않은 이화여자대학교 한국문화연구원에 감사드린다.

2007년 7월 26일
연구진을 대표하여 홍선표 씀

# 차 례

# 공안파(公安派) 문예론 수용의 내면화 과정과
# 문예적 취향에 대한 고찰

남 정 희

## 1. 머리말

조선 후기에는 사회체제가 안정기에 접어들면서 조선의 지식사회에서는 국경을 넘어선 지식의 도입이 자연스럽게 이루어졌다. 그 시기에 조선의 외부사회에서도 경제적 토대가 안정되고 그런 바탕 위에서 기존의 지식이 축적되고 새로운 분야로 지식의 범위가 확장될 수 있었다. 명·청의 정권교체가 확실하게 이루어지고 청왕조에 의한 중국의 정치적 안정이 가시화 되면서 조선은 청과의 지적 교류에 적극적인 입장을 취했다. 이때 18세기의 조선 문인들이 외국서적에서 기대한 것은 조선사회에서 볼수 없고 느끼기 어렵던 새로운 지식과 관념, 경험과 취향이었다. 그러므로 이 과거의 지식인들은 청으로부터 다량의 도서를 구입하고 새로운 지식과 사유 방식을 적극적으로 받아들였다. 그리고 이러한 지적, 예술적 호기심과 열망은 공안파(公安派) 저술에 대한 적극적인 독서를 가져왔다.

공안파의 시와 산문 속에서 드러나는 새로운 문학형식과 자유로운 감성은 재도론(載道論)의 문학적 틀 속에 있었던 조선 문인들에게 흥미로운 자극제가 될 수 있었다. 그리고 이러한 적극적인 독서 체험은 창작 방법과 문예 관념의 변화로 이어졌다. 명 말의 사회적 혼란 속에서 "독서성령불구격투"(獨抒鈙靈不拘格套)를 주장하며 인간의 자연스러운 감정의 표출과 구습에 얽매이지 않는 개성적인 문학을 강력하게 옹호했던 공안파의 논리는 창작과 이론 모두에서 논란을 일으킬 소지가 있었다. 명대 지식인 사회에서 가장 혁신적인 감성의 논리를 주장했던 이지의 사상이 공안파의 기본적인 토대가 되고 있었으며 기성의 문예규범을 거부하는 공안파의 태도는 조선 문인사회에도 충분한 자극이 될 수 있었다. 이 과정에서 조선 문인들은 문학에 대한 자신의 입장을 점검하는 기회를 얻을 수 있었을 것이다. 이런 문단의 흐름 속에서 이덕무는 공안파 문예론[1]의 영향을 가장 많이 받은 사람 중의 한 명이었다. 그러므로 이 글에서는 주로 이덕무를 중심으로 하여 그 주변 인물들의 말과 글 속에 남아 있는 공안파 수용의 현실을 살펴보고자 한다.

이미 기존의 연구에서 공안파는 이덕무의 문학에 많은 영향을 미쳤다는 결론을 이끌어냈다.[2] 그러나 이 글에서는 공안파와 이덕무의 문예론 사이의 유사성을 대비하는 기존의 연구방법이 아니라, 공안파와 이덕무가 문예담론을 전개하는 과정에서 서로 입장의 차이를 보이는 지점을 선택하여 둘 사이의 유사점과 대립점을 고찰하고자 한다. 그리고 그 지점에는 의고와 소설 수용의 문제가 있다고 보았다. 이러한 공안파 문예론과의 만남은 이덕무가 일관성을 가지고 지키고자 했던 기존의 내적으로 구조화된 문학담론 속에서 어떠한 영향을 미쳤을 것이다. 결과적으로 이 글을 통해서 외부의 혁신적인 문예론이 조선 후기 지식인 사회에서 자연스럽게

---

1) 이 글에서는 공안파를 대표하는 인물로 公安 三袁 중에서도 원굉도를 설정하고 공안파의 문예론으로서 그의 논의를 대표적으로 거론할 것임을 밝혀 둔다. 원굉도는 명·청대에 이미 공안파를 집대성한 인물로 널리 평가되었으며, 조선 문인들 역시 가장 많이 언급하고 있으므로 충분히 대표성을 갖췄다고 본다.

2) 강명관, 「이덕무의 소품문 연구」, 『고전문학연구』 22, 한국고전문학회, 2002 ; 강명관, 「이덕무와 공안파」, 『민족문학사연구』 21, 민족문학사연구회 ; 김성진, 「조선후기 소품체 산문연구」, 부산대학교 박사학위 논문, 1991 ; 심경호, 「조선후기와 공안파」, 『한국학문학연구』 34, 한국학문학회, 2004 ; 금동현, 『조선후기 문학이론 연구』, 보고사, 2003.

내면화되는 과정과 그 결과 문예 인식의 변모를 짐작할 수 있게 되기를
기대한다.

## 2. 공안파 문예론 수용의 지적 토대

공안파 문인의 작품과 이론은 공안파 인물들이 살아서 활발한 문예활동
을 벌였던 16세기 말에서부터 17세기에 이미 조선의 일부 문인들 사이에서
소개되고 있었지만 그것이 널리 받아들여지고 조선 지식인 사회에서 영향
력 있는 문예담론이 되지는 못했다. 그러나 18세기에 들어서면서 상황은
현저하게 달라지기 시작한다. 18세기 후반에 이르면 주로 경화의 사대부
들 사이에서 공안파의 문예론이 상식적으로 언급되고 명・청대에 유행했
던 소품이나 청언들이 창작된 것이다. 결국 18세기에 들어오면 조선 문인
사회에서는 삼원(三袁)을 비롯한 다수의 공안파 저술들이 수용되고 이해
될 수 있는 지적 분위기가 성숙되고 있었다. 이러한 환경은 서적을 통한
신 지식의 유입에 적극적이었던 시대적 흐름과 조선 후기 문단의 각성에
의해서 조성되었다.

문인사회에서는 내부적인 문화 역량이 성숙되면서 외부적 지식을 얻고
자 하는 욕망 역시 최고조에 이르고 있었다. 청으로부터 수입되는 서적이
수만 권이었으며, 거기에는 경서나 실용서만이 아니라 문예서적 역시
상당한 분량을 차지하고 있었다. 공안파 저서 역시 이러한 시대적 환경
속에서 탐독 서적 중의 하나였다. 공안파는 17세기 초엽 무렵 이미 허균의
저술에서 나타나고 있으며, 17세기 말엽이 되면 많은 조선 문인들이 그것
을 언급하고 있었다. 현재 규장각에 남아 있는 40권 8책의 명판본(明板本)
의 『원중랑전집』(袁中郎全集)은 명 숭정(崇禎) 2년(1629년)에 육지선(陸
之選)이 편한 것으로 수록된 편목이 완전하여서 가장 널리 유행한 것이었

다. 이것으로 미루어 볼 때 어떤 경로를 통하였던지 간에 원굉도의 문집이 적어도 17세기 전·중반에는 조선 지식인 사회에 대부분 소개되었음을 추측할 수 있다. 그리고 18세기에는 원씨 삼형제의 저술과 더불어서 공안파와 친연성이 깊은 이지와 서위, 탕현조, 김성탄 등의 문장과 의론에 대한 관심도 높았다.

이러한 공안파에 대한 관심은 이 시기 조선 문인들 사이에서 나타났던 문학에 대한 반성적 사고와 관련을 맺고 있었다. 문인들은 문학에서 모방과 창조의 문제를 심각하게 생각하였고 그 연장선상에서 문학의 민족적 특성을 자각하는 사조가 형성되었다. 이익과 박제가, 정약용 등이 자신의 글 속에서 모방과 관습화를 비판하고 조선의 속어를 시어로서 수용하자는 주장을 했다. 이러한 성찰은 원굉도를 비롯한 공안파 문인들의 주장과 일맥상통하는 것이었다. 허균의 언급 이후, 이지와 공안(公安) 삼원(三袁)에 대한 관심은 특히 경화의 사족이나 관료들 사이에서 계속 나타났다. 김석주가 공안파의 문예관을 소개하고 평가하기 시작했고, 김창흡·김창협 형제들이 본격적으로 공안파의 문예이론을 작품의 창작에까지 도입하게 된다. 더불어서 공안파 문예론인 성령론(性靈論)에 대한 정확한 독해와 더불어서 그것에 대한 자기 논리화의 과정이 나타난다. 그리고 이와 같은 문인사회 내·외부의 요구는 공안파 문예론을 수용하는 지적 토대를 굳힐 수 있게 만들었다.

이러한 문화적 분위기 속에서 경화의 사족들 사이에서는 공안파 서적들이 널리 읽히고 그들의 시와 문장이 감상과 비평의 주요 대상이 될 수 있었다. 다음 기록은 이덕무가 족친과 교우와 더불어서 원굉도의 『중랑집』(中郞集)을 서로 돌려가면서 읽는 문학적 교류의 한 단면을 보여준다.

나는, "정말 바로 원중랑(袁中郞)이군. 근래에 들으니 치천(稚川)이

중랑집(中郞集)을 본다 하더라." 하였다. 이어 자흠과 더불어 두어 편을
지었는데 갑자기 한 격조가 진보한 듯하였다.

　　봄은 전부 드러내기 싫어서 먼저 버들에 달려들고
　　구름은 의지할 데 없음이 구슬퍼 삼나무를 넘어 가네

하는 것이 있었으니 자흠은 존신(存神)의 변화가 없지 않았다. 자흠이
웃으면서, "중랑서원을 지어서 나를 배향하겠는가. 한 중랑은 비록 없을
수 없지마는 근래에 백 중랑을 만든 것은 너무 지나친 것이 아닌가."
하였다.3)

　위의 인용에서 알 수 있듯이, 원굉도를 중심으로 한 공안파 서적과
관련된 독서열은 자연스럽게 문학적 해석과 실천의 문제로 진전될 수
있었다. 여기서 자흠은 변일휴(邊日休)이고 치천은 이덕무의 외사촌 동생
인 박상홍(朴相洪)이다. 자흠 변일휴는『청비록』의 기록4)으로 보건대,
주목할 만한 인물이다. 그는 노불(老佛)에 출입하고 범패를 배웠으니 주자
학적인 주류 담론에서 벗어나 새로운 사상적 접근을 시도했던 것으로
보인다. 이러한 인물이 서위와 원굉도를 매우 좋아했다는 것으로 보아서
그 역시 공안파의 문학에 심취했음을 알 수 있다. 그러니 "중랑서원을
지어서 배양하겠다"거나 "근래에 백중랑을 만든 것이 너무 지나치다"라는

---

3) 이덕무,『이목구심서』5,『청장관전서』52권, 국역본 8권, 215쪽. 국역본 청장관전
　서에는 이 인용문의 첫머리가 "예전에는 바로 원중랑이더니"로 번역되어 있다.
　그런데 원문인 "故是袁中郞 近聞稚川觀中郞集"을 보면 故를 부사인 '원래', '정
　말'로 번역하는 것이 앞뒤 문맥을 따져볼 때도 더욱 타당한 듯하다. 그러므로
　이 점을 정확하게 지적하고 있는 강명관의 견해를 따른다(강명관,「이덕무와
　공안파」, 177쪽).
4) 이덕무,『청비록』,『청장관전서』32권, 국역본 7권, 171쪽, "변일휴의 자는 逸民이
　며 原城人인데, 자호를 聖琉璃館呵呵生이라고 하였다. 경신생(1740)으로 나보다
　한 해가 위다. 老佛에 출입하면서 導引을 수련하기도 하고, 가부좌를 하고 범패를
　하기도 하였다. 그의 시는 저속함을 초탈하였으며 서위와 원굉도를 매우 좋아하
　였고, 徐天池의 사람됨을 더욱 흠모하였다."

말은 의미심장하다. 물론 여기에는 상황에 대한 과장이 내포되어 있겠지
만, 그만큼 원굉도의 주장과 의론을 따르는 자들이 증가하고 있음을 의미
한다. 또한 이것은 원굉도의 저서나 문집을 읽고 그의 작품에 나타나는
특성을 모방하는 자가 늘고 있음을 분명하게 보여주는 것이다.

　공안파 문예물에 대한 탐독과 동류들 사이의 의견 교환 및 해석은
작품 자체에 대한 깊은 감상과 이해가 동반한 것이었다. 이덕무는 1765년
윤가기에게 보낸 편지에서 "만일 깔끔한 선비가 명랑하고 섬세하여 급하
지도 느리지도 않은 소리로 산뜻한 글이나 혹 채우(蔡羽)의 「동정기」(洞庭
記)나 원중랑의 「서호」(西湖)·「숭산」(嵩山) 여러 기(記)를 가을 매미처럼
읽을 때 베개에 기대어 눈을 지긋이 감고 들으면 다소 내 뜻에 흡족할
것이다."5)라고 적고 있다. 「서호」나 「숭산」은 원굉도의 대표적인 유기
작품으로 이 시기 사대부들 사이에서 널리 읽혔던 것이다.6) 이러한 이덕무
의 공안파 문학에 대한 이해는 그의 창작에도 많은 영향을 미쳤다. 이덕무
의 작품 속에서도 원굉도 작품과의 친연성은 눈에 띄는 요소였다. 그러므
로 당대의 다른 문인들 역시 이덕무를 이용휴와 더불어서 원굉도류로
규정할 정도였다.7)

　이렇듯 조선 문인들은 공안파의 시와 글을 단순하게 자신의 주관과
감각으로 읽는 차원을 넘어서는 이해에 도달해 있었다. 이덕무와 같은
이들은 공안파 문학의 창작 관습을 익혔을 뿐만 아니라 유사한 의경을

---

5) 이덕무, 『이목구심서』 1, 『청장관전서』 52권, 국역본 8권, 27쪽.
6) 이덕무는 『청장관전서』의 곳곳에서 원굉도의 유기에 대한 감탄을 서술하고
　 있다. 특히 원굉도가 항주의 서호 일대를 여행하면서 저술했던 유기인 「서호」,
　 「飛來峰」 등은 이덕무의 유기 속에서도 언급되고 있다.
7) 유만주, 『欽永』, 1784. 7. 6(영인본 5권, 276쪽), "或言, 近代文章, 有奇正二家,
　 正則唐宋八家循軌遵轍是已, 奇則施金四書透玄竅妙是已. 唐宋餘派, 流而爲士大夫
　 文章, 施金餘派, 流爲南庶輩文章. 則如今世南黃, 不過倣效唐宋之軌轍, 二李(惠寰
　 이용휴, 懋官 이덕무), 不過摹擬施金之玄妙."

표출하기도 하였다. 그러나 이 과정에서 이덕무가 완전히 공안파의 논리에 동화된 것은 아니었다. 그보다는 오히려 이덕무는 공안파의 문예론을 자기 논리화 하는 과정을 통해서 좀더 진전된 문예 인식에 도달했을 것이다.

## 3. 공안파 문예 논리와의 접합점과 내면화 과정

### 1) 의고(擬古)에 대한 비판과 검증

이덕무와 공안파는 모두 명대의 의고문파에 대한 비판에 동의한다. 더욱이 이 때 의고(擬古)에 대한 양자의 비판 논거는 매우 유사하다. 16세기 중국 문단에서 커다란 영향력을 발휘하며 의고문파를 형성했던 전후칠자 창작 논리의 핵심은 "문필진한 시필성당"(文必秦漢 詩必盛唐)으로 압축되는 과거의 문학적 성취를 다시 재현하자는 것이었다. 그러나 원굉도는 「제대가시문서」(諸大家時文序)에서 "이른바 고문이란 것은 금일에 이르러서는 폐단이 극심하다. 무엇 때문인가? 한(漢)을 배우처럼 닮는 것을 문이라 하지만, 그것은 문이 아니다. 당(唐)에 노예가 된 것을 시라 하지만, 그것은 시가 아니다. 송(宋), 원(元) 여러분이 흘린 침을 가져다가 윤색하여 사곡(詞曲)의 대가들이라고 하는데, 그들은 사곡의 대가들이 아니다. 대개 옛것일수록 더욱 천근하고 비슷할수록 더욱 가짜다. 그러니 천지간의 참 문장[眞文]이 점차 소멸하여 거의 없어지고 말았다."[8] 라고 하여 전범과 유사할수록 더욱 사이비임이 확실해지는 역설적인 상황을 지적하고 있다. 결국 그것은 가짜가 된다. 이덕무 역시 「초정시고서」(楚亭詩稿序)에서

---

8) 袁宏道, 「諸大家時文序」, 『袁宏道集箋校』, "所謂古文者, 至今日而敝極矣. 何也. 優于漢謂之文, 不文矣: 奴于唐謂之詩, 不詩矣. 取宋元諸公之餘沫而潤色之, 謂之詞曲諸家, 不詞曲諸家矣. 大約愈古愈近, 愈似愈贋, 天地間眞文漸滅殆盡."

"세대마다 각기 시가 다르고 사람마다 각기 시가 다르니 시는 남의 것을 도습해서는 안 된다. 도습한 것은 가짜다."[9]라고 하였다. 어떠한 형태로든지 과거의 고문만을 모방하며 도습할 때는 고문도 아니고 진문도 아닌 가짜 문장이 되고 만다는 양자의 논조는 친연성이 매우 깊다.

그러나 이덕무의 여러 글에서 보이는 문예 인식의 관점에서 볼 때, 그는 기본적으로 복고의 논리를 가지고 있었으므로 그가 의고문파를 일방적으로 비판한다고 보기는 어렵다. 왜냐하면 이덕무 역시 진고(眞古)의 논리를 바탕으로 하는 상고(尙古)의 태도를 취하고 있었기 때문이다. 그는 조선의 유자적 문인으로서 과거에 이룩되어 당대에도 지켜져야 하는 전범으로서 진고는 마땅히 숭상해야 한다는 태도를 지닌다. 또한 전후칠자(前後七子)의 작품과 문학론에 대해서도 상당히 긍정적인 관심을 가지고 있었다. 그는 이몽양과 왕세정의 문집들을 두루 빌려서 읽었으며 관심이 가는 명문을 중심으로 반복해서 곱씹고 상세히 정리해서 초록으로 만들어 두었다.[10] 주 (10)에서 언급했듯이 이덕무가 이들 세 명의 명대 문인에게 가졌던 애정은 대단한 것이었다. 윤근수가 도입하기 시작했던 전후칠자의 문예론은 16세기 말에서 17세기 전반에 걸쳐서 조선 문인사회에서 새로운 문체적 변화를 시도하는 진한고문파(秦漢古文派)를 성립시켰다. 이덕무의 경우에도 이 의고문파 문예론의 수용을 통한 문장과 시의 작법과 풍격 등에 대한 기술적인 배움의 필요성은 인정하고 있었다. 그는 의고문파의

---

9) 이덕무, 「楚亭詩稿序」, 『간본아정유고』 3, 『청장관전서』 52권, 국역본 4권, 74쪽, "代各有詩, 人各有詩, 詩不可相襲, 相襲贋詩也."

10) 이덕무, 「족질 복초 광석에게」, 『아정유고』 7, 『청장관전서』 15권, 국역3, 115쪽 / 이덕무, 「족질 복초 광석에게」, 『아정유고』 7, 『청장관전서』 15권, 국역3, 112~113쪽/ 이덕무, 「李洛瑞 서구에게 주는 편지」, 『간본아정유고』 6, 국역4, 193쪽 이덕무는 족질인 이광석과의 편지에서 특히 이몽양의 글에 대한 애착을 드러내고 있으며, 왕세정과 이반룡의 문집 역시 친우들에게 빌려서 읽고 반드시 초록해서 소장하려고 노력했다.

부자연스러운 도습과 모방을 비판하면서도, 의고문파가 비판했던 과거시험용 팔고문(八股文) 위주의 정형화된 문체가 가진 문제제기에도 동의했다. 인위적인 태평성세만을 반복하며 아름답게 꾸미기만 했던 관각체(館閣體)의 부화함을 극복하고 선진시대의 웅혼한 고문을 추구한 의고문파의 문장과 문학에 대한 태도는 이덕무가 이들의 문을 명문으로 판단한 근거가 될 수 있었을 것이다.[11]

그러나 이러한 애정과 이해에도 불구하고, 이덕무가 의고문파에 대한 비판에서 공안파의 논리를 받아들이게 된 접점에는 모방과 도습의 문제가 있었다.

이우린(李于鱗)의 글은 과연 난삽하고 기이하다. 그러나 더러는 옛사람의 말을 억지로 조작해 내다가 그 골자가 불쑥 드러나, 마침내 문장의 악도(惡道)에 돌아가고 만 것이 있다. 또 다른 편(篇)들도 다 이와 같은 격식일 뿐, 새로운 변화로서 온갖 체제가 충층으로 드러나는 미(美)가 없다. 그 시는 기력도 있고 또 색향(色香)이 좋아서 보는 사람의 마음을 흐뭇하게 하는 것이 있으나 오언절구(五言絶句)만은 그의 장기가 아니며, 문장도 이헌길(李獻吉)보다 못 한 것 같다. 헌길의 시는 두소릉(杜少陵)의 것을 모방하려고 무진한 애를 쓴 점이 가증스럽다. 소릉의 추흥률(秋興律) 8수(首)가 있는데 헌길도 그 체제를 모방하여 추회(秋懷) 8수라 하였으니, 이런 점이 끝내 옛사람의 발 밑만 더듬은 결과밖에 되지 못하므로 안목을 가진 장자(長者)로 하여금 업신여기게 하고 또 애석히 여기게 한다. 이헌길의 '좌 의인(左宜人) 묘지(墓誌)'는 기이하고 또 치밀하여 좋아할 만하다. 이우린의 간독(簡牘)은 더러 볼 만한 것이 있지만, 의진소왕서(擬秦昭王書)만은 과연 무슨 어법(語法)인지 이해가 가지 않는다. 무릇 문장이란 비록 지극히 괴팍하고 기이한 것이라도 한두 차례 훑어보면 맥락(脈絡)이 저절로 드러나야만 좋은 문장이 되는 법인

11) 이덕무, 「李洛瑞 서구에게 주는 편지」, 『간본아정유고』 6권, 국역4, 193쪽.

데, 우린의 문장은 너무 거세어, 더러는 뼈가 부러지고 피가 막히는
듯한 폐단이 있다. 그가 아무리 한평생 두 사마씨[兩司馬氏 : 司馬遷과
司馬相如]를 모방해 왔지만 천(遷)과 상여(相如)는 말을 만들면 곧 웅건
(雄健)하고 혼연(渾然)하였으니, 이는 전한(前漢)의 원기(元氣)에 고취
되고 도야된 소치이다. 묘연한 일개 우린이 이들을 모방하려 하였을
뿐 아니라 도리어 능가하려 하였으니, 이것이 후세에 문장을 배우려는
자들의 한 가지 큰 병폐이다.[12]

　위 인용에서 이덕무가 의고문파를 바라보는 시각을 통해서 공안파
논리와의 유사성과 상이성을 추론할 수 있다. 전후칠자의 대표적인 인물
인 이몽양, 이반룡, 왕세정에 대한 비판적인 시각이 드러나고 있다. 이반룡
의 글이 가진 문제점은 옛 사람의 말을 억지로 조작하고, 골자를 불쑥
드러내어 문맥에 어울리는 자연스럽고 명료한 의미 전달이 되지 않는
것에 있었다. 그러므로 이러한 글은 난삽하고 기이해서 문장을 쓰는 자가
흘러서는 안 되는 도(道)인 것이다. 더욱이 이러한 창작 태도는 정형화된
격식에만 머무르게 되어서 의미가 포괄적으로 드러나는 풍성한 글이 될
수 없었다. 결구와 음조, 문장 형식 및 체제에 대한 전범을 무조건적으로
추종했을 때 나타나는 폐해에 대한 원굉도의 지적은 이덕무와 동일한
문제의식을 보여주고 있다. 원굉도는 전후칠자가 남의 것을 표절하는
것을 복고라고 여겨서 자구마다 끌어다가 맞추어서 눈앞에 드러나는 경치

---

12) 이덕무, 瓄雅,『嬰處雜稿』1,『청장관전서』5권, 국역본2, 37~38쪽, “李于鱗之文,
　　果佶崛而奇乎哉. 然往往强作古人語, 突露筋骨, 終歸文章惡道. 又諸篇皆一套, 無新
　　新變代, 各體層出之美. 夫具詩則有氣而且色爲, 種種悅心, 五絶則非其長也, 文則益
　　不如李獻吉. 獻吉詩極力學少陵處, 可憎殺. 杜有秋興八首之律, 李又以律, 倣其體題
　　曰, 秋懷八首, 此等處, 終出古人脚底, 使眼力長者, 悔之而且惜爲. 獻吉左宜人墓誌,
　　奇而且密可悅. 于鱗簡牘, 種種可觀, 其擬秦昭王書, 果是何語. 凡文章, 雖至怪極奇
　　者, 一再次細尋, 自有脈絡, 方是好文, 于鱗文强項, 有時而骨折血滯. 雖平生學兩司
　　馬, 顧遷暨相如, 出語輒雄渾, 盖漢之元氣所鼓, 索爾眇然一于鱗, 不但模像彷彿, 或
　　復欲凌以上之, 此是後也, 學文章者一種痼獘.”

를 버리고 찍어 넘쳐나는 말만을 작품 속에서 끌어 모았다고 통렬하게 비판했다.13) 이덕무나 공안파는 모두 의고문파가 실제 창작 과정에서 보여주는 어구와 문장 단위의 지나친 형식적 모방을 비판하고 있다.

이몽양은 두보의 시를 본받고자 하였지만, 그 체제만을 모방했을 뿐 시의 품격을 따라가지는 못했다. 이러한 이몽양에 대한 이덕무의 언급에서 주의해야 할 점은 모방적 창작이 가진 실제적인 문제점을 담론이 생성되는 맥락의 문제로 치환해서 이해하는 깊이 있는 시각에 있다. 그 첫째로 이덕무는 이몽양이 전한의 고문을 본받으려고 했지만, 그 경지에 이를 수 없었던 것은 그 문풍이 일어났던 시대에 이몽양이 살지 않았기 때문이라고 여겼다. 시대적 의미를 포괄적으로 드러내는 문풍의 맥락 안에서는 충분히 이해가 가능했던 어구나 표현이 시대를 달리하면 전혀 이해하기 어려운 지경이 되는 것이다. 글자나 어구를 모방할 수는 있지만 그것들이 사용되었고 풍성한 의미를 가질 수 있었던 시대적 맥락의 거세가 가진 문제점을 지적하고 있는 것이다. 둘째, 이덕무는 이몽양 스스로가 전범으로 삼은 대상 자체를 뛰어넘고자 했다는 점을 지적하고 있다. 형식 논리상으로도 전범을 뛰어넘는 새로운 창작은 전범의 지위 자체를 부인한다고 볼 수 있으므로 복고를 주장하면서 이루기에는 어려운 지향점이었다. 이몽양 스스로도 의고의 기치가 약해졌던 후반에는 자신의 문학을 옹호하는 논리로 이 점을 언급했지만,14) 문인 사회에서의 평가는 그 자신의

---

13) 袁宏道,「雪濤閣集序」,『袁宏道集箋校』, "夫法因于敝而成于過者也. 矯六朝騈麗釘䤴之習者, 以流麗勝, 釘䤴者固流麗之因也, 然其過在輕纖. 盛唐諸人, 以闊大矯之. 以闊矣, 又因闊而生莽. 是故續盛唐者, 以情實矯之. 已實矣, 又因實而生俚.……然其敝至以文爲詩, 流而爲理學, 流而爲歌訣, 流而爲哥訣, 流而爲偈誦, 詩之弊又有不可勝言者矣. 近代文人, 始爲復古之說以勝之. 夫復古是已. 然至以剿襲爲復古, 句比字擬, 務爲牽合, 棄目前之景, 摭腐濫之辭, 有才者詘于法, 而不敢自伸其才, 無之者, 拾一二浮泛之語, 幫湊成詩. 智者牽於習, 而愚者樂其易, 一唱億和, 優人騶子, 皆談邪道. 吁, 詩至此, 抑可羞哉!"

14) 이몽양은 두보와 같은 과거의 시인을 법식으로 삼아야 한다고는 하였지만 동시에

소망과는 부합되지 않았다. 이러한 이몽양이 부닥친 문제점을 이덕무는 분명하게 인식하고 있었다.

궁극적으로 이덕무와 공안파는 의고에 대한 비판을 통해서 도습과 모방이 실질적으로 진문을 만들어내지 못한다는 결론에 도달했다. 그것은 의고문파가 추구했던 가치에 대한 비판이라기보다는 오히려 창작 실천 과정에서 나타나는 문장 기술이나 문체상의 문제를 거론하는 것이었다. 오히려 이덕무는 의고문파가 주장한 과거용 팔고문에 대한 비판에 동의하고 있기도 하다. 그러나 이러한 비판 논리가 좀더 확대되어 창작 방법론상에서 모방이 아닌 독창적인 창작만을 강조해야 한다는 선택의 지점에 이르면 이덕무와 공안파는 서로 다른 입장에 선다. 그리고 이것은 공안파의 중요한 주장인 "불구격투 독서성령"(不拘格套 獨抒敍靈)에 대한 이해에서 좀더 선명하게 드러나고 있다.

다음의 글은 이덕무의 『청장관전서』에서 나오는 것으로 혹자와 이덕무가 대화를 통해서 공안파 문학 논리의 수용에 대해 갑론을박을 하는 모습이다. 이 대화에서 언급되는 명청 문인들은 당송파와 전후칠자, 공안파, 양명좌파에 해당한다.

혹자가 말하기를,

"또 만일 원유랑(袁柳浪)이 있어 좌편에 서문장(시위)을 우편에 깅진지(강영과)를 데리고 증퇴여, 도주망(도망령)의 무리를 몰고 와서 그대에게 묻기를 '문장에 어찌 정한 법이 있는가? 이치가 어찌 반드시 선민이 항상 설교한 것이며 말은 어찌 전현이 말한 것이라야만 하랴. 마땅히 얽매인 것을 쾌하게 벗어버리고 곧장 나아가면 문호는 우뚝 서 있고 동천은 따로 열려 있다. 혹 옛사람의 자구를 철습한다면 어찌 이름난

자신의 감정과 현재에 직면한 일을 옛 법식에 따라 시를 쓸 뿐이지, 옛 시의 어구를 그대로 답습하는 것은 아니라고 해명했다. 차주환, 『중국시론』, 서울대학교출판부, 2003, 302쪽.

문장이라고 말할 수 있는가.' 하면 그대는 어떻게 대답하겠는가."

하였다. 대답하기를,

"내가 마땅히 말하기를 '그것은 구속(拘束)이다. 만일 그대의 재주라면 가능할 것이다. 또 천하의 선비 중에 그대의 재주와 같이 초탈한 자를 골라서 이 방법으로 전한다면 또한 될법하나 천하의 재주가 초탈만으로 그치는 것이 아니고 전아한 자도 있고 평이한 자도 있다. 그런데 한결같이 모두들 새로운 것을 창출하는 것으로만 요구한다면 생각건대 도리어 그 본연을 잃고 날로 너무 높고 허원한 곳에 빠질 것이니 또한 도를 그르치는 것이 아닌가. 많은 선비를 진작시키는 문장이 어찌 한가지 율법뿐이겠는가. 국한하는 것이 아닐까. 재주의 기이함과 바른 것대로 하면 스스로 볼 만한 것이 있다. 억양, 여탈, 정규, 암풍, 순도, 반설 등 그 변화가 무궁하다. 다만 너무 저의 본연과 천진을 깎아 상하지 않게 하고 그 찢어진 것 썩고 더러운 것을 버리게 할 뿐이다. 또 예전 사람의 법도에 구속되는 것도 옳지 않고 모두 버리는 것도 옳지 않다. 스스로 잘 해석하고 환히 깨닫는 법이 있으니 사람마다 잘 터득하는 여하에 있을 뿐이다. 그대가 부산스럽게 천하 사람이 모두 내 명을 따르지 않는 것으로 큰 근심을 삼는다면 나는 끝내는 문으로 말미암아 도를 해하며, 허망한 말로 미친 듯이 방자하게 되어 용서할 수 없는 죄에 빠지게 될 것이라고 생각하니, 또한 슬프지 않은가. 그러나 천지 사이에는 없는 것이 없으니 그대가 새로운 말을 잘 만들어내는 것도 또한 없을 수 없다. 내가 다행히 그대의 문집을 읽고서 자랑하기를 기이한 구경을 하였다.'하리라."

하였다. 혹자가 말하기를.

"그대는 어느 것을 취하겠는가?"

하였다. 대답하기를,

"두 사람의 것을 모아서 각각 그 지나친 것을 버리면 될 것이다." 하리라.[15]

---

15) 이덕무, 「이목구심서」1, 『청장관전서』 48권, 국역본 8권, 9~12쪽, "或曰, 又若有袁柳浪左擁徐文長, 右携江進之, 駈曾退如陶周望輩, 來問於子曰, 文章安有定法哉.

24

혹자는 공안파 문인들이 주장하는 불구격투 독서성령(不拘格套 獨抒紋
靈)에 대한 이덕무의 견해를 묻고 있다. 여기서 성령은 작가의 개성을
표현하고 진심을 발현하는 것이다. 공안파는 성령으로부터 나온 것이
참된 시가 되며 "성정이 편안한 것은 억지로 강요해서 되지 않으며 성정이
이끄는 대로 실행하는 이가 바로 참된 사람16)이며 자신의 가슴 속에서
나오지 않은 것을 글로 써서는 안 된다고 강조하였다. 또한 마땅히 "사람이
말하고자 하는 말을 말해야 하며, 사람이 능히 말할 수 없는 바를 말해야
하고, 사람이 감히 말하지 못하는 바를 말해야 한다.17)고 하였다. 이러한
성령에 대한 강조는 개인적 정서의 발현을 옹호하고 복고에 대한 강경한
비판으로 이어졌다.

원종도는 복고의 병폐는 "모방하는 데 있는 것이 아니라 아무것도 알지
못하는 데 있다"고 갈파하고 "시대마다 문풍의 오르내림이 있지만 법은
서로 답습하지 않나니 각각 그 변화를 극진히 하고 그 취향을 극진히
해야 한다."고 하였다. 이러한 시대적 변화와 개인적 취향에 대한 옹호의
논리는 문학적 전범에 대한 회의와 거부를 가져왔다. 원굉도는 「설도각집

理何必先民所恒訓, 語何必前賢所恒道. 當快脫粘縛, 直段步武, 門戶則特立, 而洞天
則別開也. 或掇拾古人字句, 豈曰, 文章名世哉. 子當何答. 我當曰, 拘也. 若以子之才
則可. 且擇天下之士如子之才, 而善於超脫者, 傳之以此方亦可. 然天下之才, 非超脫
而止也. 有典雅者, 有平易者, 壹皆責之, 以別創新奇, 或恐反喪其本然而日趨于高曠
超絶之域, 不亦敗道乎. 振作多士之文章 豈一律而已哉. 無乃局乎. 仍才奇正, 自有
可觀, 抑揚與奪, 正規暗諷, 順導反說, 其變化也無涯. 但不使之太剝削其渠之本然與
天眞 去其滲滓腐穢而已矣. 且古人軌轍, 不可拘束, 亦不可專然抛棄. 自有妙解透
悟法, 在人人各自善得之如何耳. 子紛紛怒罵, 以天下人之不一齊從吾命, 爲大憂也,
則吾懼其末流仍文害道, 誣言妄談, 猖狂自恣, 至陷於不可赦之罪, 不亦悲乎. 然天地
間, 無所不有, 子之善創新語, 亦不可無也. 吾幸讀子集, 而託以爲奇觀. 或曰, 子奚取
焉. 曰集二子而各其棄酷焉可也."
16) 원굉도, 「識張幼于箴銘後」, 『袁宏道集箋校』, "性之所安 殆不可强 率性所行 是謂眞
人."
17) 뇌사패, 「蕭碧堂集序」, 『百衲閣歲星堂集』, "言人之所欲言 言人之所不能言 言人之
所不敢言."

서」(雪濤閣集序)에서 "옛 것이 어찌 반드시 높고 오늘날의 것이라고 해서
어찌 반드시 낮겠는가?"라고도 하였다. 혹자는 이러한 공안파의 제 논리
를 압축해서 이치와 문장이 반드시 전현을 따를 필요가 없고, 과거의
전범에 얽매이지 않을 때 이름 난 문장을 쓸 수 있다는 주장을 펼치고
있다. 결국 공안파는 객관의 통제가 작용하지 않는 완전한 주관적 정서의
표출을 주장하고 있는 것이다. 그리고 이러한 창작의 태도만이 의고의
폐단을 극복할 수 있다고 보았다.

이에 대해서 이덕무는 공안파의 주장을 따르는 것 역시 하나의 구속이라
고 하였다. 이 경우는 오직 초탈한 자만이 능히 할 수 있다고 보았다.
초탈한 자는 이미 주어진 법이 없어도 스스로 새롭고[新] 기이한 것[奇]을
문으로 만들 수 있는 자이다. 그러나 재주는 초탈함으로만 그치는 것이
아니다. 그리고 모두가 새로운 것만을 창출한다면 이미 이루어졌던 것들
은 차츰 사라지게 된다. 이것은 곧 본연을 잃게 되는 과정이 되는 것이다.
본연과 멀어져서 높고 허원한 곳에 빠질 것이니 이것은 곧 지켜야 할
도를 그르치는 것이다. 이덕무의 이러한 주장은 공안파의 중심 인물인
원굉도를 재녀에 비유하면서 지나친 재주의 상승이 공허함을 가져온다는
주장에서도 그 인식의 일단을 짐작할 수 있다.[18]

이 대답을 살펴보면 결국 이덕무는 의고문파에 대해서는 지나친 형식주
의를 비판했고 공안파에 대해서는 주관의 독창성만을 강조하는 내용주의
를 비판하고 있다. 결론적으로 이덕무는 각각의 경우에서 지나치게 편향
됨을 버리고 문의 실질을 취한다는 절충론을 취하는 셈이 된다. 그리고

---

18) 이덕무, 「이목구심서」 2, 『청장관전서』 49권, 국역본 8권, 103쪽, "文章을 閨人(안
방의 여인)과 비유하는 법인데, 종백경은 숙녀이고, 袁中郞은 才女이다. 두렵고
두렵기는 조금 재주가 있으면서 기운을 부리는 것이고, 민망하고 민망한 것은
전연 알맹이가 없으면서 말을 재잘거리는 것이다. 하늘이 高遠한 것이 아니지만
만물이 모두 하늘에 덮여 노니는 것은 하늘이 공허하기 때문이니, 마치 고기가
물에 덮여 노니는 것과 같다."

이것은 결국 창작 주체가 어떠한 자세로 대상을 재창조하느냐에 달린 문제였다.

## 2) 대안으로서의 중도(中道) 추구

의고에 대한 이덕무의 문제의식은 결국 무엇을 어떻게 추구해야 하며, 추구해야 할 내용은 무엇인가에 대한 고민으로 이어졌다. 이 때 창작 주체의 도덕적 정당성을 중요시 여기는 이덕무의 문학관은 이러한 주체가 추구해야 할 가치로서 중도(中道)의 문제를 거론했다. 이덕무는 도를 일상 생활에서 지극히 가까운 것으로 보았다. 그러므로 일상의 인사와 인리를 제대로 아는 자가 도(道)를 체현하는 자이다. 이덕무가 추구하는 도의 구체적인 내용은 바로 중도(中道)였다. "인사를 모르는데 어떻게 천리를 알며, 인리를 모르는데 어떻게 역리를 알겠는가"[19]라고 한 것에서 그가 말한 도란 본체의 측면에서는 전통적인 육경의 도이지만 작용의 측면에서는 인사와 인리 즉 경제와 실용 등의 일상의 도라 할 수 있다.[20] 그러므로 문장을 쓸 때 역시 호기(好奇)하려거나 꾸미는 것을 경계했다.

이러한 중도를 얻는 방법은 옛 것을 참작하고 지금을 헤아리는 작고량금 (酌古量今)에 있다.[21] 옛 것이 지금의 현실과는 동 떨어져 보이는데 그것만

---

19) 이덕무, 「歲精惜譚」, 『嬰處雜稿』 1, 『청장관전서』 5권, 국역본 2권, 23쪽.
20) 금동현, 『조선후기문학이론연구』, 보고사, 2002, 111쪽.
21) 이덕무, 「歲精惜譚」, 『嬰處雜稿』 1, 『청장관전서』 5권, 국역본 2권, 23쪽, "겸양을 誇矜에 비하면 그 격차가 하늘과 땅 같다. 겸양하는 자는 언제나 부족함을 탄식하면서 유여한 데로 나아가고, 과긍하는 자는 유여함을 기뻐하면서 부족한 데로 물러나게 된다. 그러나 과도한 겸양이나 과도한 과긍이 다 末流의 폐단이 있는데, 겸양에 의한 폐단은 더디고 작지만 과긍에 의한 폐단은 빠르고 크다. 세속에서 벗어난 선비는 일마다 옛것을 따르려 하고, 세속에 흐른 사람은 일마다 지금을 따르려 하는데, 이는 다 과격하여 中道를 얻기 어렵다. 여기에서 옛것을 참작하고 지금을 헤아리는 좋은 방도가 얼마든지 있으니, 사군자가 中正한 학문을 하는 데에 무슨 해로움이 있겠는가?"

을 맹목적으로 추종하면 해괴해진다. 그러므로 옛날[古]을 따르되 지금을 헤아려야 하는 것이다. 이와 같은 논리는 학문을 하는 방법론에도 그대로 적용된다. "옛 것을 배우면서 거기에 빠져 버리는 것은 진정한 상고(尙古)가 아니다. 옛날과 오늘날의 일을 서로 참작하는 것이 바로 오늘날의 참된 상고이다"[22]라고 하였다. 결국 문제는 고(古)의 내용이며, 고를 어떻게 현실 속으로 가져오며 고문의 실질을 지금의 창작 행위 속에서 재현할 수 있느냐 하는 점이다. 이것은 곧 작고짐금(酌古斟今)이며 작고량금(酌古量今)이 된다. 이렇게 해서 얻을 수 있는 것이 바로 중도이며, 중도를 얻는 것은 어려운 일이다.

> 한(漢) 나라 문장들은 자기와 다른 사람은 용납했고, 송(宋) 나라 문장들은 자기와 다른 사람을 배척했고, 명(明) 나라 문장들은 자기와 다른 사람을 업신여기고 또한 꾸짖거나 원수처럼 여긴 사람도 있었으니, 원미의 무리는 업신여긴 사람들이고 중랑(中郞)의 무리는 꾸짖은 사람들이며 수지(受之)의 무리는 원수처럼 여긴 사람들로서, 세도(世道)의 고저를 볼 수 있다.[23]

문학을 통해서 중도를 얻는 방법은 다른 문인, 다른 세대, 다른 창작 태도를 용납하는 데 있다고 보았다. 그러므로 한나라 문장가들은 자기와 다른 사람을 용납했고 송나라 문인들이 다른 사람을 배척했다고 보고, 양자 중에서 더욱 존숭되어야 할 태도로서 한나라 문장을 거론했다. 그리고 명나라 문인들 중에서 왕세정의 의고문파는 다른 사람을 업신여겼고,

---

22) 이덕무, 「學習」, 『士小節』三, 『청장관전서』, 국역본, "學古而泥 非眞古也. 酌古斟今 今眞古也."
23) 이덕무, 「이목구심서」 2, 『청장관전서』 49권, 국역본 8권, 103쪽, "漢文章, 異己者容之, 宋文章, 異己者斥之, 明文章, 異己者侮之, 又有罵之仇之者, 元美輩, 侮焉者也, 中郞輩, 罵焉者也, 受之輩, 仇焉者也, 可以觀世道升降也."

공안파는 다른 사람을 꾸짖었으며, 전겸익류는 심지어는 다른 사람을 원수처럼 여겨서 이들 모두가 문장의 중도를 잃었다고 보았다. 결국 명나라 문인들은 의고문파나 공안파, 경릉파 등 모두가 다양한 시대의 유파나 사조를 두루 배워서 그 장점을 얻지는 못했음을 지적했다. 중도란 단순히 이도저도 아닌 중간 지대가 아니라, 오히려 특정 유파에 얽매이지 않으면서 장점을 취하는 것이다.

도학과 문장의 관계의 측면에서 보자면 그는 기존의 재도론에서 문학을 도학에 종속적인 것으로 보던 관점으로부터 '문장으로 스스로 즐거워하고 도학으로 스스로를 지키는 사람'을 높이 평가함으로써 문학의 가치와 위상을 도학의 그것에 상응하는 차원으로 끌어올렸다고 볼 수 있다. 동시에 추구해야 할 문예적 가치로서 중도를 강조하는 것이다. 그리고 이러한 이덕무의 문학관은 그 내부 논리상 소설과는 상충될 수밖에 없었다. 이덕무는 도덕적 정당성의 재현으로서 문(文)이 가지는 의미를 탈색시키는 소설류를 비판할 수밖에 없었다.[24] 결국 이덕무는 문이 가져야 하는 도(道)로서의 정체성을 강조하기 위해서 소설에 대한 비판으로 담론을 확장했다. 그리고 이 점에서 공안파와 이덕무는 서로 다른 입장을 보여준다.

이덕무는 소설 읽기에 대해서 비판적인 관점을 가지고 있었다.[25] 영조 39년(1763) 계미년에 쓴 「세정석담」(歲精惜譚)에서는 이덕무의 이러한 생각이 잘 드러나고 있다.

소설(小說)은 가장 사람의 심술(心術)을 무너뜨리는 것이므로 자제들에게 보지 못하도록 하여야 한다. 한 번 거기에 집착하면 헤어나지

---

24) 금동현, 앞의 책, 112쪽.
25) 이덕무의 소설배척론에 대해서는 『고전문학연구』 6집(1991)의 「이덕무 소설 배척론 재고」에서 간략하게 검토하고 있다. 소설무용론을 주장하는 이덕무의 견해는 「歲精惜譚」(『嬰處雜稿 1』), 「書族姪復初光錫」(『雅亭遺稿 7』), 『耳目口心書 6』 등에서 자세하게 드러나고 있다.

못하는 자가 많게 된다. 명나라 청원(淸源) 홍 문과(洪文科)의 말에 "우리
나라 소인(騷人)과 묵객(墨客)들이 완사계(浣沙溪)·홍불기(紅拂記)·
절부기(竊符記)·투필집(投筆集) 등을 지었는데, 무릇 혈기가 있는 자들
이 분발할 줄 알게 하였다. 이는 진실로 사람의 마음을 감동시키는
데 한 가지 도움이 되었으니 훌륭하다 이르겠다."고 하였는데, 슬프다!
이 어찌 될 법이나 한 말인가? 내가 듣건대, 명나라 말기에 유적(流賊)들
이 많이, 『수호전』(水滸傳)에 나오는 강도들의 이름을 도용했다고 하는
데, 이것도 사람의 마음을 감동시키는 데 한 가지 도움이 된 것이라고
말하겠는가? 내가 일찍이 『수호전』을 보았지만, 인정(人情)과 물태(物
態)를 묘사한 데는 그 문사(文思)가 교묘하여 소설 중의 우두머리이며
녹림(綠林) 중의 동호(董狐)라고 이를 만하다. 그러나 사대부들도 끝내
거기에 현혹되었고, 또 일본(一本)에는 종백경(鍾伯敬)이 비평(批評)했
다는 말까지 있는데, 백경의 제 정신을 상실했음이 어찌 그 지경에까지
야 이르렀겠는가? 이는 부화를 좋아하는 무리들이 백경의 이름을 빌어
간행하여 그 글을 중시하도록 만든 것이 아닌가 생각된다.

　　또한 김성탄(金聖嘆)이란 자가 나타나 제멋대로 찬평(讚評)하기를
"천하의 문장이 『수호전』보다 앞설 것이 없으므로, 『수호전』만 잘 읽고
나면 사람이 여유작작하게 될 것이다."고 떠들어대었고 또 방자하게
"맹자는 전국 시대 유사(遊士)의 습관에서 벗어나지 못했다."고 하였다.
내가 비록 성탄이 어떠한 위인인지는 자세히 알지 못하지만, 망령되고
비루하고 어긋난 자임은 이것으로써 짐작할 수 있으며, 그 말함이 억양
이 교묘하여 사람의 마음을 잘 현혹시켰으니, 재주꾼은 재주꾼이다.
과연 시내암의 좌구명이요 법문의 송강이라 이를 만하다. 생각하건대,
시내암이 금수(錦繡) 같은 재주로 한 덩이의 분한(憤恨)이 가슴속에
축적되어 있는 관계로 그와 같이 사실이 없는 말을 드러내어, 한평생
세상을 저주하던 마음을 쓴 것이다. 그러나 그 마음은 비장하고 괴로웠
다 하겠지만 그 죄는 머리털을 뽑아 세어도 속죄할 길이 없을 것이다.[26]

26) 이덕무, 「歲精惜譚」, 『嬰處雜稿』 1, 『청장관전서』 5권, 국역본 2권, 21쪽, "小說最
壞人心術, 不可使子弟開看. 一着於此, 淪沒者多. 明朝淸源洪文科曰, 我朝騷人墨

이덕무는 소설은 사람의 심술을 무너뜨린다고 전제하고 있다. 반면에 명나라의 홍문과는 명의 소인 묵객이 극과 소설을 써서 무릇 혈기가 있는 자들을 분발하게 했다고 칭찬했다. 즉 이덕무의 입장과 명나라 홍문과의 입장은 심에 대한 소설의 효용을 서로 완전히 대립적으로 파악하고 있다. 이덕무는 소설이 심리적 안정을 깨뜨리는 것으로 보았다면 홍문과는 그것이 의기를 북돋울 수 있는 것으로 보았다. 그래서 이덕무는 홍문과의 논리를 반박하기 위해서 여러 가지 근거를 들고 있다. 그 첫째는 명말의 유적들이 수호전의 이야기를 자신의 행위로 끌어들여서 그 이름을 사용했다고 하는데 이것도 사람의 마음을 움직인 것이냐고 반문하고 있다. 즉 악인의 악심을 북돋운 것도 정당하냐는 것이다. 더 큰 문제는 이 폐해가 사대부에게까지 이르고 있음을 강조했다.

그 후에는 창작 주체의 문제점을 거론한다. 이덕무는 먼저 소설에서 인정과 물태를 과감하게 드러내는 점을 평가했다. 『수호전』은 인정과 물태를 묘사하는 데는 소설 중의 우두머리이고 녹림 중의 직필 사관과 같다고 하였다. 그러나 시내암이 훌륭한 재주를 가졌지만, 가슴 속에는 분노와 한이 쌓여서 사실이 없는 말을 조작하여 세상을 저주하던 마음을 발로시켰다고 보았다. 결국 이덕무가 지적하는 바는 문장을 쓰는 주체가 도덕적인 평상심을 유지하지 못했다는 것과 사실이 없는 말을 조작했다는 것이나. 이목에는 기쁘지만 힘써서 해야 할 실(實)이 없는 허황된 글이라고

客, 作浣紗紅拂 竊符投筆等記, 凡有血氣者 咸知奮發. 誠感激人心之一助, 可謂盛矣云. 噫噫, 爲足道哉. 余嘗聞明末流賊, 多冒水滸傳中强盜名字, 是亦感激人心之一助哉. 余嘗看水滸傳, 其寫人情物態處, 文心巧妙, 可爲小說之魁, 合號綠林董狐. 然士大夫一向沉湎, 一本有鍾伯敬評批者, 伯敬之顚倒, 乃如是耶. 意者浮薄輩, 借伯敬名字, 入梓以重其書歟. 又有金聖嘆者, 姿意評讚, 有言天下之文章, 無出水滸右者, 善讀水滸, 其爲人綽綽有裕, 又肆然罵孟子, 爲未離戰國遊士之習云. 雖不詳知聖嘆之爲何許人, 而其狂妄鄙悖, 從玆可知也, 其爲言也, 抑揚眩亂, 才則才矣, 可謂耐菴之丘明, 法門之宋江矣. 意者, 耐菴以錦繡之才, 有一塊寃憤, 疊鬱於中, 發此無實之言, 叙其平生罵世之心歟. 其心則悲且苦矣, 其罪則擢髮難贖也."

보았다. 이러한 창작 주체에 대한 비판은 소설을 읽고서 그것을 칭찬하고 논평한 사람과 경전을 등한시하고 소설 탐독에 빠진 독자에게까지 확대되고 있다. 즉 이덕무는 소설을 쓰고 비평하고 읽는 독서 소통 과정의 모든 참여자들이 허황된 거짓을 확대 재생산하여서 세상을 어지럽힌다고 보았다. 그러므로 마땅히 소설을 검열하고 유통을 막고 금제해야 한다고 주장하였다.[27)]

비판의 초점은 소설 평비본을 만들어서 책 자체에 예술적인 권위를 부여하는 평자들과 안내자들에게 맞춰졌다. 이 때 김성탄이나 공안파류의 인물들이 문제가 되었다. 먼저 이덕무는 소설을 정상적이고 정당한 문학 혹은 문장으로서 취급하지 않고 읽어서는 안 되는 저작물로 배제하였다. 이덕무는 먼저 소설의 소재가 사회적 금기라고 정의 내린다. 부도덕한 남녀의 애정만을 거듭하고 음탕하며 유적의 분노나 싸움을 즐겨 다루며, 해괴한 이야기를 나열하는 소설의 이야기들은 당위적으로나 경험적으로 문장을 통해서 도를 추구해야 하는 조선 지식인 사회에서는 기피해야 하는 대상이다. 그러므로 이러한 주제는 지식인 사회의 엄숙함 속에서는 공개적으로 추구될 수 없는 것이었다.

두 번째 배제 작용은 소설에 대한 긍정적인 담론을 생산하는 사람의 담론을 비판하는 데 중심을 두고 이루어졌다. 이덕무가 김성탄에게 가한 비판은 먼저 김성탄의 논리 자체에 대한 것이다. 김성탄은 교묘한 억양으로 독자의 마음을 현혹하는 글을 썼지만, 근거 없이 맹자를 비판했고 수호전을 천하의 명문으로 평가했으니, 그 감식안이 형편없다고 보았다. 더욱이 사람 자체가 유교적 문학론의 입장에서 보았을 때 정상적이고 합당하지 않다는 판단을 내리고 있다. 즉 이덕무는 소설의 이야기를 문학적 소재로서 배제하고 동시에 비난의 대상이 되었던 김성탄 소설론을

---

27) 이덕무, 「歲精惜譚」, 『嬰處雜稿』 1, 『청장관전서』 5권, 국역본 2권, 22쪽.

문으로도 볼 수 없는 허황된 소리로 치부하는 이중의 배제를 진행시켰다. 결과적으로 소설은 문학담론 속에서는 정상적인 작품으로 존재해서는 안 되는 것이었다.

이러한 이덕무의 태도는 원굉도와는 사뭇 다르다. 원굉도가 소설 장르가 가진 다양성 추구를 받아들이고 있다면 이덕무는 그렇지 않다. 다음의 원굉도의 글을 살펴보자.

(1) 사람들이 수호전을 기괴하다고 하였는데, 과연 기괴하도다. 내가 매번 십이경 또는 이십일사를 읽으려 하면, 한 번 책을 펼칠 때마다 홀연히 잠이 왔었는데, 수호전만큼 명백하고 효창하며, 말마다 이상의 일인지라 나로 하여금 계속 책을 완미하며 손에서 놓지 않게 하는 것은 없었다.[28]

(2) 마을에 독서를 좋아하는 이가 있었는데, 십년을 아무말이 없다가 하루는 갑자기 책상을 치고서 미친 듯이 소리 지르기를 "뛰어나도다! 이탁오 노인은 나의 스승이로다"라고 하였다. 객이 놀라 그 까닭을 물으니 다음과 같이 말했다. "사람들이 「수호전」을 기이하다고 하는데, 정말 기이하다. 내가 매번 십삼경이라 이십일사를 뽑아 책을 펼쳐 읽기 시작하기만 하면 갑자기 졸음이 왔는데, 「수호전」은 의미가 명백하고 분명하며, 쓰인 언어가 일상에 쓰이는 것이어서 내가 이 책을 가지고 있기만 하면 손에서 책을 뗄 수가 없으니, 「수호전」 같은 책은 없는 것 같다. 이탁오 선생이 이러한 정신을 드러내지 않았더라면, 작가와 독자가 모두 천 년 동안이나 꿈속을 헤매었을 것이다."[29]

---

28) 원굉도, 「東西漢通俗演義, 序」, 『袁宏道集箋校』, "人言水滸傳奇, 果奇, 余每擒十二經或二十一史, 一展卷卽忽忽欲睡去, 未有若 水滸之明白曉暢, 語語家常, 使我捧玩不能釋手者也."

29) 袁宏道, 「東西漢通俗演義序」, 『袁宏道集箋校』, "里中有好讀書者 緘嘿十年 忽一日 拍案狂叫曰 異哉 卓吾老子吾師乎. 客警問其故曰 人言水滸傳奇 果奇 予每擒十三經 或二十一史 一展卷卽忽忽欲睡去 未有若水滸之明白曉暢 語語家常 使我捧玩不能

원굉도는 수호전의 글이 명백하고 효창하여 완미할 만하다고 평가했다. 수호전은 십삼경이나 이십일사에 비견되며 사람들에게 어떤 분명한 의미와 다양한 일상의 소리를 전달해준다고 보았다. 그러므로 마을의 독서를 좋아하는 이의 입을 빌려서 수호전을 평비한 이지의 탁월한 비평적 눈을 칭찬한 것이다. 이지와 원굉도는 수호전류를 십삼경과 사기의 위치에 놓았다. 이것은 소설을 구성하는 요소에 대한 이해의 차이와 더불어서 소설 속 인물이 가진 목소리의 격렬함과 다양성을 인정하는 자세에 기인한다. 공안파의 사상적 기저였던 이지는 수호전은 작가가 분노했기 때문에 쓴 글이었고 그것은 충성과 의리를 가진 창작자의 당연한 처사라고 보았다.[30] 이지는 분한 마음이 없는데도 글을 짓는 것은 마치 춥지도 않은데 몸을 떨고 병에 걸리지도 않았는데 신음하는 것과 같다고 하였다. 강력한 감정의 분출은 글을 쓰는 가장 근본적인 동기이며 이러한 감정 표현이야말로 볼 만한 글을 이룬다고 보았다. 앞서 홍문과가 주장한 의기를 북돋는다는 말과 동일하다.

그러나 이러한 적극적인 감정의 옹호는 자칫 무절제로 흐르기 쉬웠을 것이고 이덕무는 이 점을 받아들일 수 없었다. 사람들은 기이하고 별스런 이야기를 왜 좋아할까. 이것은 언어적 상상력을 자극적으로 추구하는 사람들의 미적 감정에서 충동된 것이다. 일상적인 반복으로부터 벗어나서 자극적인 세계로 몰입하여 자신의 현재와 현재 너머의 상상의 세계를 추구하는 것은 자연스럽다. 그리고 이 상상의 세계에서는 한 명의 탁월한 인물이 도덕적인 목소리를 줄곧 내는 곳이 아니다. 이 세계는 다양한 사람이 나타나서 격렬한 목소리를 내기도 하고 시끌벅적하고 다양한 목소

---

釋手者也. 若無卓老揭出一段精神 則作者與讀者千古俱成夢境."
30) 이지, 「忠義水滸傳序」, 雜述 권3, 『焚書』, "太史公曰, 說難孤憤, 賢聖發憤之所作也. 由此觀之, 古之賢聖, 不憤則不作矣. 不憤而作 譬如不寒而顫, 不病而呻吟也, 雖作 何觀乎. 水滸傳者 發憤之所作也."

리가 들리는 곳이다. 그러므로 이러한 다원적인 목소리 속에는 음란하고
사람의 성정을 무너뜨리는 목소리도 섞여드는 것이다. 공안파 문인들은
이러한 다원성을 수용할 수 있었다. 반면에 사대부의 문이 추구해야 하는
중도의 가치를 강조하는 이덕무는 이것을 수용하지 않았다.

결국 이덕무는 이러한 문이라고 볼 수 없는 문의 폐습을 막는 시작은
우선 주체가 타인의 선을 좋아하는 데에서 시작된다고 보았다. 이덕무는
『예기』(禮記)의 "화순적중 영화발외"(和順積中 榮華發外)를 선호하고 있
다고 하였다.[31] 여기서 화순은 시내암의 분한과 대립되는 것이다. 그리고
이러한 치우치지 않는 일상의 조화를 위해서는 중도를 추구하는 경서의
독서가 필요하다고 주장한다.[32] 정서적 안정과 조화는 결국 대상에 대한
부정직한 조작을 피하게 되고 허가 아닌 실이 드러나는 문장을 쓰는 토대
가 된다고 본 것이다.


## 4. 공안파와의 문예 인식상의 공유 지점과 그 의미

공안파와 이덕무는 조선 후기 문예담론의 장에서 주요한 쟁점 사안에
대해서 서로 유사하거나 대립되는 견해를 보여준다. 그 중에서 뚜렷한
쟁점이 바로 '의고'와 '소설수용'의 문제였다. 이 쟁점을 둘러싼 담론을
통해서 이덕무는 자신의 문학관 속으로 공안파의 논리를 수용하거나 배제
하면서 내면 논리의 체계를 세워나갔다. 수용자의 입장에서 이러한 내면
화 과정은 외부의 문예론을 통해서 보다 진전된 문예 인식으로 도달할
수 있는 토대가 된다.

의고의 내용과 범위에 대한 쟁점은 결과적으로 의고 자체에 대한 복고

---

31) 이덕무, 「歲精惜譚」, 『嬰處雜稿』 1, 『청장관전서』 5권, 국역본 2권, 23쪽.
32) 이덕무, 『간본 아정유고』 제7권, 문, 朴在先 齊家에게 보내는 편지, 국역4, 205쪽.

(復古)의 정당성을 인정할 수 있느냐 하는 점이다. 공안파의 복고 논거는 그 방점이 현재에 놓여 있다면 이덕무는 이 현재의 방점을 받아들이면서도 고(古) 자체가 가진 완전성과 전범성을 포기하지 않았다. 공안파에게 고는 극복해야 할 오류라면[33] 이덕무에게는 여전히 지켜야 할 문예적 가치였다. 그러므로 그의 현재 논리는 끊임없이 고(古)에 대한 추구로 회귀한다. 그리고 이 고(古)의 진실된 모습을 밝히고 그것을 따라서 현재를 해결하려는 논리를 전개하고 있는 것이다. 이러한 인식 태도는 이덕무의 문예창작 방법론이나 비평론에도 적실하게 반영되었다. 그러므로 결국 이덕무가 주장하는 창작의 방법상에서 전범으로 삼는 고(古)는 의고문파가 구체적으로 제시한 문으로서의 선진양한(先秦兩漢) 시로서의 성당(盛唐)이라는 주어진 범주를 뛰어넘는 보편성을 지향하고 있었다. 즉 구체적인 전범을 특정 시대의 특정 문체나 문학 양식으로 제한하는 차원이 아니라 일반적인 문예 가치의 차원으로 그 의미망을 다시 확장시켰다.

이 경우에 고의 내용은 이상적 전범으로서 '천진'(天眞)이 드러나는 풍아와 같은 것으로 자리매김한다. 그리고 창작의 원리로서 진(眞)과 정(情)의 문제로 논의가 확장되었을 때도 이덕무는 공안파의 논리와 다시 조응한다. 무엇보다도 조선의 문인들의 관심과 호응을 이끌어낸 것은 공안파 문인들의 글 속에서 나오는 정(情)에 대한 강조였다. 이덕무 역시 꾸밀 수 없는 참된 마음을 발현하고 그것을 통해서 개성적인 창작을 강조하는 공안파의 논리와 유사한 주장을 했다. 공안파 문학론의 핵심은 진(眞)과 정(情)이었다. 정이 드러나면 진심(眞心)[34]이고 이것이 시로써 표출되는 것이 바로 진시(眞詩)이다.

---

33) 陶望齡,「徐文長三集序」,『歇庵集』.
34) 원굉도,「德山塵談」,『袁宏道集箋校』, "孟子設性善, 亦只說得情一邊, 性安得有善之可名 且如以惻隱爲仁之端, 而擧乍見孺子入井以驗之. 然今人作見美色而心蕩, 乍見金銀而心動, 此亦非出於矯強, 可俱謂之眞心耶."

(1) 그러므로 나는 오늘날의 시문은 전해지지 않을 것이라고 말하는
것이다. 만일 그 중에 전해지는 것이 있다면 혹 오늘날의 여염부인이나
아이들이 노래하는 '벽파옥'(擘破玉), '타초간'(打草竿) 같은 것일 것이며,
이것들은 오히려 들은 것이 없고 아는 것이 없는 진인(眞人)들이 지은
것이므로 진성(眞聲)이 많으며, 한위시(漢魏詩)의 찡그림을 흉내내지
않고, 성당시(盛唐詩)의 걸음걸이를 배우지 않으며, 천성에 따라 표현하
여 사람의 희로애락(喜怒哀樂)과 기호정욕(嗜好情欲)을 펼칠 수 있으므
로 좋아할 만한 것들이다.[35]

(2) 근심이 극에 달하면 읊었으니, 가난하고 병들고 무료한 고통을
시로 표현했으므로 모두 우는 것 같고 욕하는 것 같아, 그 삶의 슬픔과
길 잃은 느낌을 이기지 못하였다. 나는 그것을 읽고 슬퍼한다. 대체로
감정이 지극한 말은 저절로 남을 감동시키니 이는 진시(眞詩)라 하며
후세에 전해진다.[36]

정은 이성의 합리적 통제라기보다는 인간 본래적 욕망에 충실한 감정이
다. 그러므로 이 정은 아름다운 여인을 보면 마음이 뛰고 금과 은을 보면
갑자기 마음을 움직이게 만드는 동인이 된다. 이러한 마음은 억지로 생기
지 않고 자연스럽게 우러나오기 때문에 거짓이 없는 진심이 된다. 그리고
이 진심이 지극한 말이 저절로 남을 감동시키니 그것이 진시가 되는 것이
다. 이 논리 과정을 따라가면 진인과 진심, 진시가 하나의 일관된 궤도
위에 놓임을 알 수 있다. 그리고 논리의 출발이 되는 진인은 결국 위진의

35) 袁宏道, 「敍小修詩」, 『袁宏道集箋校』, "故吾謂今之詩文不傳矣, 其萬一傳者, 或今
閭閻婦人孺子所唱擘破玉打草竿之類, 猶是無聞無識眞人所作, 故多眞聲, 不效顰於
漢魏, 不學步於盛唐, 任性而發, 尚能通于人之喜怒哀樂好情欲, 是可喜也."
36) 袁宏道, 「序小修詩」, 『袁宏道集箋校』, "愁極則吟, 故嘗以貧病無聊之苦, 發之於詩,
每每若哭若罵, 不勝其哀生失路之感. 予讀而悲之. 大槪情至之語, 自能感人, 是謂眞
詩, 可傳也."

찡그림, 성당시의 걸음걸이를 배우지 않는 자이며 천성에 따라서 희노애락을 펼치는 자이다. 그러니 이러한 진인에 대한 규정을 배우지 않은 일반인, 초동급부의 천진한 심리로 환원될 수 있다.

다음은 이덕무가 거론한 정(情)이다.

> 나는 이별할 적에 짓는 시는 매우 슬프고도 애타게 짓는 것이 당연하다고 여긴다. 사단의 측은지심과 칠정의 애가 바로 이 경우를 위해서 준비된 것이다. 이런 슬픔을 쌓아만 두고 발산하지 않는다면 어느 때 쓴단 말인가.[37]

이 글에서는 슬픈 감정을 억제하는 이성적 태도에 대해 일단의 문제를 제기하고 있다. 이는 감정을 제어하고 초자아적인 윤리 자세를 드러냄을 중히 여기는 전통 유학자적 입장과는 거리가 있다고 볼 수 있다. 인간을 규격화된 구조에 가두지 않고 생동하는 존재로 파악코자 하는 자유롭고도 진지한 노력의 일면으로서 매우 의미 있는 것이다. 더구나 이별시는 슬픔과 애닲음을 곡진하게 표현하는 것이어야 한다고 했는데, 이처럼 문학에 있어 미적 감정의 가치를 깊이 인식했다는 점은 대단히 의의 있는 것이라 하겠다.[38] 그러나 이런 진정으로부터 출발한 진시와 진문에 대한 연속적인 사고는 자칫 진정의 방만함과 격절함으로 흐를 위험성이 있었다. 더욱이 원굉도의 정(情)은 성리학적인 성정론에 기반한 단순한 개인적 감정의 발현이 아니라 이단적인 요소가 개입할 여지가 있었다. 죽음을 불사하는 인간 본래의 강력한 감정으로서의 정을 강조하는 논리는 존재의 일상을 벗어나 불교적인 선의 색채를 띤 것이었다. 그러므로 이덕무는 「사소절」에서 이러한 방만한 감정의 분출을 적극적으로 차단하려고 하였던 것이

---

37) 이덕무, 「天涯知己書」, 『청장관전서』 권63, 국역본11권, 13쪽.
38) 이화형, 『이덕무의 문학연구』, 집문당, 1994, 284쪽.

다.[39] 이덕무는 정의 발현을 인간적인 욕망 추구의 완전한 자유로까지 확대하지는 않았다. 그는 도덕적 자아의 필요성을 지지했으며 그러한 자아를 통한 사물 인식이 시와 글 속에서 드러나야 한다고 보았다.

이 당시 사람들은 박지원이 원굉도나 김성탄을 본떠서 썼다고 판단한 글을 읽고서 눈이 밝아지고 마음으로 기뻐했다는 기록을 남기고 있다. 이것은 홀연히 깨닫게 되는 현묘함이라고 할 것이다. 이것은 글쓴이나 그 글을 읽는 사람이 모두 문학의 효용을 성(性)이 아니라 정의 표출로 받아들였음을 보여준다. 더욱이 원굉도와 같은 공안파 작가들이 주로 썼던 소품문에 대해서 당대의 사람들이 어떤 태도를 취했는지 능히 짐작할 수 있다. 또한 이덕무, 이용휴, 유만주 등은 이 시기의 대표적인 소품 작가들이었다. 고문이나 주소체 산문이 이지적이고 교훈적, 관념적인 내용을 위주로 글쓰기를 하였다면 소품문은 감성적 글쓰기를 지향함으로써 기왕의 산문과는 현저하게 다른 취향과 특색을 보여주고 있다. 작자의 독특한 주관을 강하게 느낄 수 있는 빛깔과 음향 및 정조를 보임으로써 소품문은 대체로 시정이 풍부한 글이 되었다. 특히 일부 소품 작가는 자기 고백적이고 주관에 깊이 감염된 글을 씀으로써 이해를 띠었다. 절제를 미덕으로 하는 조선의 사대부 문학에서 자기 고백적 산문의 출현은

---

39) 이덕무, 「性行」, 『사소절』1, 『청장관전서』, 국역6, "부박한 천부가 의관을 정제하고 위의를 가다듬는 사람을 보고 미워하여 조소하기를, '저것은 모두 가식이다. 속에는 욕심이 가득하면서 억지로 조심하니 이익 될 것이 없다. 이것은 우리처럼 솔직하여 옷을 벗고 싶으면 벗고, 맨발을 하고 싶으면 하며, 노래하고 웃고 성내고 꾸짖는 것을 마음 내키는 대로 하고 食色과 貨利를 내가 좋아하는 대로 따르는 것만 못하다'라고 말한다. 그러나 나는 이렇게 생각한다. 가령 어떤 두 사람이 밥을 대하매 먹고 싶은 마음은 마찬가지인데, 한 사람은 공경한 태도로 사양하면서 먹고, 한 사람은 방자한 태도로 마구 훔쳐먹는다고 할 때, 먹는 것은 비록 같지만 착하고 착하지 못한 것은 판이하다. 그런 유풍은 慾을 眞性으로 삼은 중국의 이탁오, 안산농, 하심은과 남녀가 마음대로 음란하게 구는 것을 하늘이 명하는 바로 삼고서 '나는 마땅히 하늘을 따르리라'고 한 우리나라의 허균에 이르러 그 폐단이 극심하였다."

18~19세기 산문 영역의 뚜렷한 한 특징으로 내세울 수 있다.[40]

공안파의 인간 정에 대한 옹호와 긍정은 감정을 그대로 문장과 시 속에서 드러내는 글쓰기로 연결될 수 있었다. 정을 표현하거나 드러낸다는 것이 어떤 글쓰기의 구체적인 작법을 제시해 주는 것은 아니다. 이 논리에 근거하지 않는 좀더 오래된 과거의 글쓰기도 그 격식에 대한 강조를 제거한다면 실제로는 정의 표현에 해당되는 것도 있기 때문이다. 그러므로 이 시기에 공안파의 정을 강조하는 문예론이나 창작물이 조선 후기 문인들이 글쓰기에 전반적이고 직접적으로 관여하는 방법론이었다고 단언할 수는 없다. 그러나 명말 청초의 청언소품류에 대한 독서와 그것을 읽고 난 후 문인들이 자신의 글쓰기 과정에서 유사한 시도를 할 수 있었던 것이다. 이덕무 역시 단아한 주정적인 소품 산문과 유기(遊記)들을 다수 창작했다. 그리고 이러한 글쓰기를 옹호하는 거대한 이념적 토대를 공안파의 문예론에 기댈 수 있었을 것이다.

공안파류의 문학은 18세기 후반 조선 문인들에게 창작과 이론 양 측면에서 변화의 고리를 가져왔다. 이 때 어떤 새로움을 문학창작론에서 찾는 방법은 크게 두 가지이다. 그 중의 한 방법은 기존의 틀과 규범 안에서 새로움을 추구하면서 소재나 제재의 확장을 도모하는 것이다. 또 다른 것은 완전히 다른 양식을 개척하는 것이다. 대개 첫 번째의 경우에 사대부들은 피지배계층의 문예인 민가나 속요, 가담항어들 속에서 소재나 기법을 차용하였다. 그리고 이 경우에 사대부들은 이 문예의 담당자가 민(民)이라는 측면에서 옹호의 논리를 만들어냈다. 백성과 더불어서 유교적 공동체를 실현해야 한다는 사대부적 정체성은 노래와 글 속에서도 백성의 관심과 이해를 살펴야 한다는 논리와 자연스럽게 융합된다. 그러므로 문제는

---

40) 안대회, 「조선후기 소품문의 성행과 글쓰기의 변모」, 『조선 후기 소품문의 실체』, 태학사, 2003, 39쪽.

두 번째에서 나타난다. 새로운 양식인 소설을 도입하는 과정에서는 이것의 출현을 가져온 가치관이나 새로운 규범이 기존의 문학 관념이나 전범과 상충되는 경우가 나타나기 때문이다. 그리고 이 때 기존의 문학 전범으로부터 보다 자유로운 작가나 비평가, 이론가만이 이 문학 양식을 깊이 있게 향유하고 발전시킬 수 있었다.

이런 점에서 볼 때 이덕무는 개인의 유자적 도덕관을 바탕으로 점진적이고 내면적인 수용을 보인다. 즉 자신의 창작 과정에서는 진전된 변화 양상을 수용하고 있으면서도 그것의 바탕을 이루어야 할 의식은 여전히 보수적인 형태로 남아 있었다. 이러한 경우에 선택할 수 있는 문학 양식은 문장의 고전적 격을 떨어뜨리지 않으면서도 기존 문학 규범의 엄숙성으로부터는 비켜나 있는 청언소품류 같은 것이었다. 이덕무는 공안파의 논리가 가진 혁신성을 적극적인 문학의 사회적 실천 논리로 변용하지는 못했다. 그럼에도 불구하고 감성의 논리를 긍정하는 문학적 담론은 이전 시대의 문학이 추구했던 이성과 그것을 바탕으로 하는 규범적인 가치관과는 다른 것이었다. 이덕무는 공안파의 논리를 수용하는 과정에서 문예의 정당성만을 강조하는 시비론적인 관념에서 벗어났으며, 이것은 좀더 근대적인 문예관으로 다가서는 중요한 길목이 되는 것이다.

18세기 후반의 사대부나 사대부로 대표되는 지식층은 새로운 문예론을 수용해서 그것을 통해서 새로운 창작론을 실험하고자 할 때에도 전대로부터 이어져 온 강력한 문화 권력으로부터 자유로울 수 없었다. 그들은 이제까지 지배적인 담론을 구성하고 유지했던 문화 권력을 통해서 길들여진 문학적, 예술적 감각이 있었다. 그래서 그들은 소설이나 시, 문학이나 예술이 어떠한 형식을 가지면 무엇을 추구해야 한다는 어떤 정론이 있었다. 그리고 이 정론을 유지할 수 있는 시대적 논리를 만들어내고자 하였다. 그러므로 새로운 사고 방식의 변화가 단기간에 일어날 수가 없었다. 그리고 이러한 사고 방식의 변화가 일어나기 위해서는 외부적 충격을 통해서 혹은 강요하는 외부적 힘을 통해서야 이루어졌다. 이 때 조선 문인들에게 가해졌던 외부의 문화적 충격의 하나가 바로 공안파의 문예론과 그들에 의해서 옹호되었던 문학 양식이었다. 문학사적 변화의 국면에서 늘상 사대부가 취하는 자세는 새로움을 모색하는 것을 통해서 드러난다. 그리고 그 변화의 내용은 고전적 전범을 통해서 일정 부분은 합리화 되고 그러한 기저 위에서 새로운 것을 자기 식으로 개념화 하는 과정을 밟았을 것이다.

## 참고문헌

이하곤, 『頭陀草』, 한국문집총간 191, 민족문화추진회.
남유용, 『雷淵集』, 한국문집총간 217 · 218, 민족문화추진회.
박제가, 『貞蕤閣集』, 한국문집총간 261, 민족문화추진회.
성대중, 『靑城集』, 한국문집총간 248, 민족문화추진회.
유만주, 『欽英』.
이덕무, 『靑莊館全書』, 한국문집총간 257 · 258 · 259, 민족문화추진회.
강명관, 『조선후기 문학 예술의 생성 공간』, 소명, 1999, 1~401쪽.
강명관, 「이덕무의 소품문 연구」, 『고전문학연구』 22집, 한국고전문학회, 2002, 257~280쪽.
강명관, 「이덕무와 공안파」, 『민족문학사연구』 21호, 민족문학사연구회, 159~188쪽.
김성진, 「조선후기 문인들의 생활상과 소품체 산문」, 김도련 엮음, 『한국 고문의 이론과 전개』, 태학사, 1998, 587~605쪽.
심경호, 「조선후기와 공안파」, 『한국학문학연구』 34, 한국학문학회, 2004.
금동현, 『조선후기 문학이론 연구』, 보고사, 2003, 1~328쪽.
서경호, 『중국 문학의 발생과 그 변화의 궤적』, 문학과 지성사, 2003, 23~826쪽.
서경호, 『중국소설사』, 서울대학교출판부, 2004, 1~496쪽.
양회석, 「복고의 유형과 그 문학사적 기능」, 『중국문학』 39, 한국중국어문학회,

2003, 123~136쪽.

이종주, 「명청 소품문과 북학파 산문의 세계인식과 서사양식」, 김도련 엮음, 『한국
　　　고문의 이론과 전개』, 태학사, 1998, 533~585쪽.

# 김성탄 소설평비본의 영향으로 형성된 소설비평론과 문예미학

정 선 희

## 1. 서 론

조선후기에 고조된 중국서적 독서열기는 당시의 사대부, 문인들에게 널리 확산되고 이를 통해 사상적 · 문화적 변화가 야기되기에 이른다. 우리 문학사에서 18세기 이후 소설의 독서가 늘고 그에 대한 평가도 긍정적인 방향으로 선회하기 시작하는 것은 임 · 병 양란 이후 물밀듯이 들어온 중국소설의 독서가 영향을 주었을 가능성이 크다. 물론 자생적인 소설 전통의 축적과 내재적인 원인을 기반으로 한 것이겠지만 변화의 촉발은 중국소설의 독서에서 기인했으리라 추측할 수 있다. 이에 필자는 18 · 19세기에 문단에서 가장 많이 읽히고 자주 거론되었던 중국소설 중 명말청초 (明末淸初)의 문인 김성탄의 소설 평비본에 대한 독서 실태와 평가를 통해 그 수용태도를 살펴보았다[1].

김성탄(金聖歎 : 1608~1661)의 소설 평비본은 「제오재자서 시내암 수호전」(第五才子書 施耐庵 水滸傳)과 「제육재자서 왕실보 서상기」(第六才子書 王實甫 西廂記)가 대표적인데, 18세기의 남공철, 이덕무, 이상황 등

---

1) 정선희, 「조선후기 문인들의 김성탄 評批本에 대한 독서 담론 연구」, 『동방학지』 129집, 2005. 3(이 논문은 홍선표 외, 『17 · 18세기 조선의 외국서적 수용과 독서 문화』, 혜안출판사, 2006에 보완 · 재수록되어 있음).

여러 문인들의 글에서 그가 거론되고 있으며, 그의 소설 평비본에 대한 독서후평(讀書後評)과 독서후시(讀書後詩)들이 남아 있다. 당시의 문단을 주도하던 연암 박지원(燕巖 朴趾源)까지도 사람들이 자신의 글 중에서 원굉도와 김성탄을 본뜬 글을 가장 좋아한다고[2] 했던 것에서 그 정도를 알 수 있으며, 독서일기『흠영』(欽英)을 남긴 유만주(兪晩柱)[3]도 이용휴와 이덕무의 문체가 김성탄의 현묘(玄妙)함을 모의했다고 평할 정도였다. 조귀명(趙龜命)은 김성탄의 「수호전구서」(水滸傳舊序)를 좋아하여 자신의 시문집인『건천고』(乾川藁) 제6책 안쪽에 베껴 놓았고, 노긍(盧兢)이라는 문사는 「수호전」과 관련하여 「황혼리락오경와피작수호전칠십회」(黃昏籬落五更臥被作水滸傳七十回)[4]라는 장편의 시를 짓기도 하였다. 홍봉한(洪鳳漢)의 아들인 홍낙인(洪樂仁)이 김성탄 평비본 「수호전」을 읽은

---

2) 유만주,『흠영』6권 424면, 1786년 11월 26일, "其自許文章也則云, 吾之文, 有撫左公者焉, 有撫馬班者焉, 有撫韓柳者焉, 有撫袁金者焉. 人見其摹馬摹韓, 則便爾睫重思睡, 而特于其摹袁金者, 眼明心快, 傳道不置, 于是, 吾之文, 以袁金小品稱焉, 此固世人之爲也. 仍示其所序陰晴卷首效公穀者曰, 是古文也. 議效公穀則不佳, 效金袁則佳, 是其才, 長於實華之文章, 而短於純古正大文字也."

3) 유만주는『흠영』에서 자신이 독서한 일이나 독서평을 적으면서 교유 인물이나 당대 유명 문사들의 일화와 글들에 대한 평도 적어 놓아서 흥미롭다. 그는 金聖歎의 서적을 독서한 후에, 그가 엮은 문장은 신이한 그림과 같다거나, 「수호전」 평비의 말이 매우 신이하다거나, 문장가의 活法을 알겠다는 등의 평을 하면서, 세상에서 가장 뛰어난 문장인 성탄의 말을 뽑아서 베껴 적었다고 고백하기도 하였다. 그는 燕巖의 글에서도 金聖歎의 흔적을 찾아내고 있는데, 위에서 언급한 바와 같이 "연암이 金聖歎이나 원굉도를 본뜬 것은 잘 하였으니 그의 재주가 金聖歎류의 문장에는 능하다"라고 평가한 것이 대표적이다. 또한 "아버지를 모시고 연암(박지원)과 금대(이가환)의 문장에 대해 논했다. 문장은 매우 뛰어나지만 사람됨은 매우 잡스러우니 참으로 애석하다. 시본 제 1서·제2서와 評題를 꺼내 보았는데, 완전히 金聖歎의 「西廂記」 評批를 배웠지만, 반쯤 벙어리가 된 듯하여 제대로 이루지는 못하였다"라고 한 언급도 있었다. 자세한 것은 필자의 앞의 논문을 참고하기 바란다.

4) 김영진, 「조선후기의 명청소품 수용과 소품문의 전개 양상」, 고려대학교 박사학위논문, 2004, 47쪽.

후 지은 시 「청김역홍철독수호전」(聽金譯弘喆讀水滸傳)⁵⁾과 남인 명문의
일원인 홍의호(洪義浩)⁶⁾가 지은 시 「우열성탄평수호전희음」(偶閲聖歎評
水滸傳戲吟)⁷⁾에서도 시인들은 모두 김성탄의 문장에 감탄하였다. 서얼
문사인 이재운(李載運)은 김성탄의 「서상기」(西廂記) 평비본에 붙은 두
개의 서(序)를 본떠 「위서일통곡」(慰序一慟哭), 「사서이류증」(謝序二留
贈), 「하전후우지」(賀前後遇知)라는 세 편의 글⁸⁾을 지었기에 「서상기」
평비본에 침혹되었던 정도를 짐작할 수 있다. 19세기의 여항 시인 유최진
(柳最鎭)도 명·청의 글들을 필사한 『학산수초』(學山手抄)⁹⁾라는 책에 김
성탄 평비본 「서상기」 서문 「통곡고인」(慟哭古人), 「유증후인」(留贈後人)
을 베껴써 놓았다.¹⁰⁾

　정조의 문체반정(文體反正) 시에 가장 문제가 된 것도 바로 그의 소설평
비본과 명말청초의 공안파(公安派)의 문장들이었다. 특히「서상기」는 원
저자가 따로 있는데도 저자를 김성탄으로 줄 알 정도로 그의 평비본을
독서의 주대상으로 삼았다. 김정희의 번역으로 알려진 한글번역본 「서상
기」의 저본도 김성탄 평비본이며,¹¹⁾ 현재 남아 있는 주해(註解), 언해본(諺

---

5) 洪樂仁, 「聽金譯弘喆讀水滸傳」, 『安窩遺稿』卷之二, 19〜20쪽, "淸濁高低任舌牙,
　深宵憑几對燈花. 靖康傑俠歸崔藪, 聖歎文章冠稗家. 變化無窮驚鬼魅, 端倪莫測走
　龍蛇. 宮音羽調如相吐, 絶勝邊城聽暮笳." 국립중앙도서관본 표지에는 '安窩集'이
　라고 되어 있으나 목차에 '안와유고'라고 되어 있으므로 이 명칭을 취한다.
　이는 간호윤이 『한국고소설비평연구』(경인문화사, 2001, 113쪽)에서 처음 소개
　하였고, 뒤의 홍의호의 『水湖傳』 讀後詩와 이재운의 세 편의 글은 김영진이
　앞의 논문, 2004, 49쪽에서 소개하였다.
6) 그는 『서유기』를 읽고나서도 「閲西遊記又戲書」라는 시를 남기고 있는 것으로
　보아 중국소설을 애호했음을 알 수 있다.
7) 洪義浩, 「偶閲聖歎評水滸傳戲吟」, 『澹寧甀錄』 26책, 59쪽, "文人游戲筆, 第一种官
　書. 正史依仍幻, 靈心鬱欲舒. 蔘注眞境否, 金老善評歟. 世亂民爲盜, 宣和事足歔."
8) 심익운 외 저, 『江天閣消夏錄』, 국립중앙도서관 위창문고 소장본.
9) 柳最鎭, 『學山手抄』, 국립중앙도서관 위창문고 소장본.
10) 김영진, 앞의 논문, 57쪽.
11) 번역 서문에서 "前聖嘆後聖嘆"이라고 언급하기도 한다.

解本)들도 거의 이에 근거한[12) 것들이다. 김성탄의 평비본이 우리나라에
전래된 시기를 알려주는 구체적인 기록으로는 1775년에 역관을 통해 구입
했다는 기록[13)이 최초의 것으로 생각되며, 바로 다음 해인 1776년에 유만
주(兪晩柱)가 이를 읽고 나서 베껴적었다는 기록[14)을 남기고 있으므로
이 책들은 18세기 후반에 많이 읽힌 것으로 생각할 수 있다. 하지만 그
이전에도 암암리에 수입되어 문인들에게 애독되었던 것으로 보인다. 18세
기 전반기의 문인들도 독서후시나 독서기록들을 남기고 있기 때문이다.[15)

이렇게 조선후기 문인들의 김성탄 평비본에 대한 독서 열기는 대단했으
며, 영향력 또한 컸을 것이다. 이에 필자는 김성탄 소설 평비본의 독서와
함께 무르익은 우리 문단에서의 소설비평론(小說批評論)과 문예미학(文
藝美學)의 성숙에 대해 고찰해 보고자 한다. 즉 18·19세기의 문인들과
소설 작자들이 김성탄 평비본에서 어떤 점을 높이 평가하여 배우고 익혔는
지, 그래서 자신들의 글쓰기와 소설 비평과 창작에 어떤 방식으로 수용하
고 참고했는지를 고찰하려 하는 것이다.[16) 마지막으로 김성탄의 소설평
비본의 독서가 작자와 비평자에게 직접적으로 영향을 미쳤다고 여겨지는

---

12) 조선후기에 간행된 7종의 주석, 언해본 중에서 6종이 金聖歎의 評批本을 저본으
로 하였다. 김학주, 「조선간 「서상기」의 주석과 언해」,『조선시대 간행 중국문학
관계서 연구』, 서울대학교출판부, 2000, 277~298쪽.

13) 李圭景, 「小說辨證說」,『五洲衍文長箋散稿』권7, 동국문화사, 1969, 230쪽, "聖歎
被禍之事 不少槪見於書史. 譯人金慶門入燕 有人潛道之如此 其書絶貴. 我英廟乙
未 永城副尉申綏 使首譯李謹始貿來一冊 直銀一兩 凡二十冊 版刻精巧."

14) 유만주,『흠영』1권, 1776년 11월 15일, 서울대 규장각 소장본, 259쪽, "抄絶世奇文
聖歎之言."

15) 자세한 것은 정선희, 앞의 논문 참조.

16) 조선후기 金聖歎 評批本의 수용에 대해서 살핀 논의로는 한매(「조선후기 金聖歎
文學批評의 수용양상 연구」, 성균관대학교 박사학위논문, 2003)의 연구가 대표
적이며, 소설론이나 소설비평을 검토하는 다음과 같은 연구들에서 부분적으로
언급되었다. 김경미, 「조선후기 소설론 연구」, 이화여자대학교 박사학위논문,
1993 ; 간호윤,『한국 고소설비평 연구』, 경인문화사, 2001 ; 이문규,『고전소설
비평사론』, 새문사, 2002.

「광한루기」(廣寒樓記)를 통해 그 실제적 양상을 분석하도록 하겠다.

## 2. 조선후기 소설비평론과 문예미학의 발전

앞에서 언급했듯이 조선후기의 문인들은 김성탄의 소설 평비본을 독서
한 후에 이를 강도 높게 칭탄하는 경우가 많았으며 베껴쓰거나 암기하는
경우도 종종 있었다. 이러한 독서를 통해 우리 문인들은 소설 비평법을
익혀 갔으며, 소설의 문예미학적인 측면까지 고려할 수 있는 감식안(鑑識
眼)을 가질 수 있었던 것으로 보인다. 하지만 이러한 외적인 문화충격과
함께 문단 내부의 역량도 무르익고 있었던 것도 사실이다. 18세기 우리
문단에서는 문인들 간에 시문을 상호 비평하는 풍조가 성행하고 있었다.
특히 동계 조귀명의 『건천고』(乾川藁)에 대해서 임상정(林象鼎), 이천보
(李天輔), 이정섭(李廷燮) 등의 문인들이 평점(評點)17) 형식의 비평을 한
것에 주목할 수 있다. 여러 문인들이 다양한 시각으로 다양한 형식과
내용의 비평을 가하였는데, 이는 제반 창작기법에 대한 기교론적 비평과,
작품 전체를 비평 대상으로 하는 심미론적 비평을 포함하는 것으로, 기존
의 고문류(古文類)나 시화류(詩話類)에서의 평과는 달리 당대의 작품을
대상으로 하여 당대 문단의 상황을 역동적으로 파악할 수 있게 한다는
면에서 의의가 있다.18) 아울러 김춘택(金春澤)과 이희지(李喜之)의 상호

---

17) 評은 작가와 작품에 대한 평론을 범칭하며 일반적으로 批와 구분 없이 사용되기
도 한다. 하지만 평은 형식에서 원작과 분리되어 사용되는 반면, 비는 원작과
결합되어 사용되며 붙는 위치에 따라 首批, 尾批, 眉批, 旁批, 夾批 등으로 나뉜다.
點은 圈點의 줄임말로 文句의 측면에 사용하여 문장 중 精彩 있는 부분이나
중요한 부분을 표시하거나 제목 아래에 사용하여 수준의 고하를 표시하는 기능
으로 사용되었다. '평점'이라고 부르는 것이 익숙하기는 하지만 金聖歎의 경우에
는 '평비', '평비본'이라고 부르는 것이 일반적이기에 본고에서도 이같이 호칭하
였다.

48

비평, 신정하(申靖夏)의 시문 초고본(草藁本)에 대한 벗들의 비평, 이덕무와 성대중의 시문 상호 비평 등을 들 수 있다. 특히 청성 성대중(靑城成大中)이 지은 필기잡록(筆記雜錄)인『청성잡기』(靑城雜記) 3책본 중 제1책에는 이덕무가 작품 총평과 구절 평, 두평(頭評), 두주(頭註)를 써 놓았으며 중요 구절에는 권점(圈點)도 찍었다. 반대로 이덕무(李德懋)의『영처집』(嬰處集)에는 성대중이 서문과 평(評)을 남겨 놓았다.[19]

이렇듯 18세기에는 당대의 문인 상호간에 시문을 비평하는 풍토가 무르익었으며 특히 평비(評批) 형식으로 하는 경우가 종종 있었는데, 평비라는 비평 방식의 특성상 글의 사상적·내용적 측면뿐만 아니라 문예미학적 측면에 대한 관심도 증폭되었으리라 여겨진다. 이렇게 평점 형식의 비평이 성행하게 된 데에는 전통적으로 내려오던 시문 평점이라는 비평방식의 활성화라는 요인뿐만 아니라 당시의 문인들이 탐독하고 찬탄해 마지않았던 김성탄의 평비본 독서의 영향도 컸으리라 짐작된다. 더욱이 조귀명이나 성대중, 이덕무 등의 경우 김성탄의 소설 평비본을 애독하던 사람들이기에 그 영향관계를 상정할 수 있는 것이다. 앞에서 언급했듯이 조귀명은 김성탄의 「수호전」 평비본의 서문을 좋아하였기에『건천고』제6책 안쪽에 베껴 써 놓았으며, 성대중은 「수호전」 그림에 「서구십주수호축후」(書仇十洲水滸軸後)라는 글을 썼고, 이덕무도 김성탄에 대해 부정적인 평가를 하기는 했지만 그의 소설본을 탐독하였다.

이들이 애호했던 김성탄의 소설 평비[20]는 종래의 평점(評點) 형식을

18) 강민구, 「영조대 문학론과 비평에 대한 연구」, 성균관대학교 박사학위논문, 1998, 384쪽.
19) 김영진, 「청성과 청장관의 교유 「청성잡기」」, 『문헌과 해석』 22, 문헌과 해석사, 2003.
20) 이에 대해서는 필자의 앞의 논문 중 「2장 명말청초의 김성탄 소설 評批本의 특성」에서 자세히 기술하였다. 여기서는 본고의 논의에 필요한 부분만을 중심으로 언급하도록 하겠다.

날 정도라고 하면서 「수호전」이 108인의 성격을 108가지로 묘사해 낸 점을 높이 평가하였기 때문이다.[24] 유만주는 또 「서상기」의 몇 구절들을 베껴 쓰고는 절묘하다고 칭탄하기도 하였으며,[25] 동시대 문인의 글을 평가할 때에 기준으로 삼기도 하였다.

이상과 같은 단편적인 소설 비평론들이 발전하여[26] 드디어는 평비본(評批本) 소설 작품이 탄생하게 되는데,[27] 그 최초가 되는 것이 1809년에 석천주인(石泉主人)이라는 문사(文士)가 쓴 「절화기담」(折花奇談)이다.

---

24) 예를 들어, 인물의 거친 성미를 묘사하는 데도 여러 가지 수법이 있다고 하면서 노달의 거침은 성질이 급한 것이고 사진의 거침은 멋대로 하는 소년의 기질이고 이규의 거침은 야만적인 것이며 무송의 거침은 구속받지 않는 호걸의 기질이고 완소칠의 거침은 비분을 삭힐 데가 없는 것이며 초연의 거침은 기질이 나쁜 것이라고 구별하여 평하였다.

25) 『흠영』 4권, 1781년 9월 17일, 80쪽, "曾見小說中, 往往形容行途羈旅之狀, 殆畫之不如 : '下下高高, 道路拘折, 四野風來, 左右亂趨.……一路上見了, 荒郊野途, 枯木寒鴉. 疎林淡日影斜暉, 暮雪凍雲迷晩渡. 一山行盡一山來, 後村已過前村望. 止見一天露氣, 滿地霜華. 曉星初上, 殘月猶明. 燈兒是不明, 夢兒是不成. 淅冷冷, 是風透疎櫳, 忒楞楞, 是紙條兒鳴,' 皆妙絶."

26) 필자는 우리 소설비평론의 발전상을 여실히 느낄 수 있는 「三韓拾遺」 序文, 跋文에서 김성탄의 직접적인 영향을 찾아내기 위해 「序義烈女傳後」를 쓴 洪奭周, 「義烈女傳序」를 쓴 洪吉周, 「題香娘傳後」를 쓴 洪顯周, 「三韓義烈女傳序」를 쓴 金邁淳의 문집들에서 독서한 흔적을 찾아보려 하였다. 홍석주의 『淵泉集』(한국문집총간 293~294권)을 검토한 결과, 11권의 중국서적을 언급했으나, 소설은 「삼국지」 한 권뿐이었다. 김매순의 『臺山集』(한국문집총간 294권)에서도 15권의 중국서적을 독서한 기록을 찾았으나 대부분 경전이었고 소설 관련 기록은 없었다. 아울러, 이상황과 더불어 예문관에서 숙직하면서 당송 시대의 각종 소설과 「平山冷燕」 등의 서적들을 보다가 정조에게 들키기도 하였고 「五臺劍俠傳」을 짓는 등 소설에 대한 관심이 높았던 김조순의 『楓皋集』(한국문집총간 289권)을 검토하였으나 역시 11권의 중국서적을 독서한 기록만 있을 뿐 소설을 독서한 기록은 없었다. 그렇다고 해서 이들이 중국소설을 전혀 읽지 않았으리라 생각할 수는 없겠지만 직접적인 독서 기록을 찾아보려 하였던 필자의 의도에는 부응하지 못하는 결과를 얻었다.

27) 김성탄의 소설평비본을 수용하여 문학작품을 창작한 경우로 李鈺의 「東廂記」(일명 金申夫婦賜婚記), 「讀楚辭」, 정약용의 「不亦快哉行」 등을 더 들 수 있으나 본고에서는 소설 창작의 경우로만 제한하기로 한다.

가장 효율적으로 변형시켜 독자를 더욱 친숙하게 자신의
과 동시에 자신의 견해를 더욱 적극적으로 표명한 것으로
서위(徐渭), 이지(李贄), 탕현조(湯顯祖) 등 이른바 태주
문인들에게서 절정에 이른 평점 비평의 방식은 이후 공
陵派)에 이르러 그 영역을 넓혀 시문뿐 아니라 소설과
양식에까지 확장되고 거기에서 더욱 혁신적으로 발전
혹은 재편집21)에까지 이르게 되었다.22) 그러면서 문
장 구성법, 문장 감상법 등에 대해 말하였고, 인물론
창조의 중요성, 성격 묘사의 중요성을 역설하면서 인
방법 등을 논하였다.

그의 소설비평 방법을 수용하여 소설을 비평한 예
작품을 숙독했던 유만주의 경우를 들 수 있다. 그는
때에 이 작품에서 각계각층의 여러 인물들이 적확
점을 들어 호평하였는데,23) 이는 김성탄이 소설을
방법이다. 그는 인물 성격의 묘사에 따라 작품 전체

---

21) 「수호전」의 경우, 당시에 성행하던 容與堂 100회본
    등 의적들이 왕조에 충의를 다하는 제70회 이후 부
    내용이라며 삭제해 버리고 작품 제목에서도 '충의'
    제1회도 개작하고, 작품 중간부분에서도 상당한 수
    경우에도 당시 유행하던 본의 제5折이 關漢卿의
    원작과 거리가 멀다고 하면서 삭제하고 평어들을
    비평하였다. 이렇게 원작을 개작하는 정도의 평
22) 홍상훈, 「김성탄과 동아시아 서사이론의 기초－金
    이론』 9, 1995, 175~176쪽.
23) 『흠영』 5권, 1784년 4월 24일, 217쪽, "水滸寫大
    孝子・義僕・奸雄・謀士・勇士・眞人・道士・
    生・平民・胥役・士卒・工匠・水戶・漁人・
    君・奸臣・贓官・汚吏・淫女・姦夫・偸兒・强
    才子, 安得此此."

이에는 저자의 자서(自序), 그의 친구인 듯한 남화산인(南華散人)의 서(序)
와 추서(追序), 각 회(回)의 앞에 붙인 회수평(回首評) 세 편, 본문 중간에
있는 미비(眉批) 등이 붙어 있는데 이들을 합하면 작품 전체 분량의 1/5
정도 되므로 큰 비중으로 서술되고 있는 것이다. 이런 형식은 중국의
소설 평비본 형식을 본받은 것이라 할 수 있는데, 특히 이 작품의 서문에서
는 「서상기」에 대해서 다음과 같이 언급하고 있기에 김성탄 평비본과의
관련을 상정할 수 있다.

> 이제 이 「절화기담」 이야기는 바로 내 친구 이 아무개가 실제로 겪은
> 일이다. 이 한 편의 뜻을 자세히 살펴보니 대략 원진과 앵랑이 만난
> 일과 매우 비슷하다. '첫 번째 기다리다, 두 번째 약속하고, 세 번째
> 만나고, 네 번째 만났으나 끝내 이루지 못했다'고 한 것이 그러하다.
> 간난이가 스스로를 소개한 것과 홍랑이 장군서에게 욕심을 낸 것은
> 서로 조응이 된다.[28]

「서상기」의 근원이라고 언급되는 「회진기」(會眞記)의 작자인 원진(元
積)이 앵앵을 창조한 일과 비슷하다고 하고 있으며, 홍랑, 장군서 등의
인물도 모두 「서상기」 속의 인물이다. 또한 보편적인 평비 방식인 회미평
(回尾評)이 아닌 회수평(回首評)을 하고 있다는 점에서도 김성탄 평비본과
유사하다고 할 수 있다. 이렇게 「서상기」를 자연스럽게 떠올리고 평비하
는 방법도 모방하고 있기에 「서상기」 평비본을 익숙하게 독서했던 문인이
비평했을 가능성이 크다. 아울러 이 작품의 작자와 비평자는 절친한 친구

---

28) 「折花奇談」 序, "今此折花之說, 卽吾友李某之實錄. 詳考一篇旨意 則大略與元積之
遇鶯娘, 恰相彷彿, 其曰, '一期二約三會四遇, 竟莫能遂.' 其曰 鸞也之自媒, 與紅娘
之解鬟, 遙遙相照"(번역은 김경미 · 조혜란 역주, 『19세기 서울의 사랑—절화기
담, 포의교집』, 도서출판 여이연, 2003, 32~33쪽. 앞으로 작품의 인용은 이
책에 의거한다).

사이이기에 독서경험도 비슷할 것이라고 생각할 수 있다. 기혼 남녀의 사랑이라는 파격적인 소재를 사용한 점이나 인간의 진솔한 감정을 표출한 점 등도, 김성탄이 주장한 바[29] 남녀간의 情事를 밥을 먹거나 잠을 자는 것처럼 인간의 필수적이고 자연스러운 일상의 일부라고 했던 데에서 감발되었을 수 있다고 본다.[30]

구성 면에서도 김성탄이 중요시하던 '변화무쌍'과 '문장의 기복과 전도, 반전' 등의 기법을 충실히 사용하였다. 작품 전체에서 주인공 순매와 이생이 얼굴을 본 것이 아홉 번이고 약속을 했다가 못 만난 것이 여섯 번이다. 이렇게 계속하여 약속이 어그러지거나 극적인 순간에 방해자가 나타나는 등 만남을 지연시키는 고도의 기법을 사용하고 있는 것이다. "기미가 없다면 일이 무엇에서 비롯되겠는가? 기미가 약간이라도 있어야 일이 일어나고 인연이 조금이라도 싹터야 정이 움직이기 시작한다."[31]라는 비평자의 말처럼 작자는 서사의 복선과 기미의 필요성을 확실히 인식하고 사건의 교묘함, 의미의 세밀함, 말의 상세함 등에 주의를 기울였던 것으로 보인다. 비평자는 작가의 이런 점들을 칭찬하면서 사건전개의 연속성, 진실과 거짓의 적절한 교착(交錯) 등의 기교에 감탄하고,[32] 문장이 자세하

---

29) 金聖歎, 「西廂記」 제4장 1회 회수평. 본고에서는 곽송림 편(1987), 『西廂記編』(산동문예출판사) 내의 「第六才子書西廂記」를 대본으로 한다. 「第六才子書西廂記」는 다음과 같은 체제로 되어 있다. 卷一 序一, 序二, 卷二 讀「第六才子書西廂記」法, 卷三 會眞記 略, 卷四 第一之四章, 卷五 第二之四章, 卷六 第三之四章, 卷七 第四之四章, 卷八 續之四章.

30) 이 작품의 의의로 "지금, 조선의 일을 다루었고, 사건을 절실하게 묘사했으며, 뜻이 지극하고 정이 돈독한" 점을 꼽을 수 있는데(정길수, 「「절화기담」 연구」, 서울대학교 석사학위논문, 1999), 이 점도 김성탄이 강조했던 '지금, 여기', '진정성', '절실함' 등과 상통한다.

31) 김경미·조혜란 역주, 앞의 책, 35쪽.

32) 「折花奇談」 제3회 回首評, "의취가 끝이 없고 정서가 다 갖추어져 있으나 읽는 사람들은 다만 사건의 교묘함, 이생의 호방함, 순매의 아름다움만 알 뿐 문장의 공교로움, 의미의 세밀함, 말의 섬세함, 감정의 깊이는 알지 못한다. 노파는

고 곡진한 점도 높이 평가[33])한 것이다.

한편 1852년에 창작된 「한당유사」(漢唐遺事)[34])라는 한문소설도 김성
탄의 소설 평비본 형식을 본받아 창작된 작품이다. 조선연구회 간행본
앞부분에 '목록' 면이 있는데, '목록'이라는 문구 바로 아래에 '석재외서'(石
齋外書)라고 쓰여 있다. 이는 「성탄외서」(聖歎外書)를 모방한 부제이므로
이 책의 작자 혹은 평비자, 필사자는 김성탄의 소설 평비를 익히 알고
있던 독자들이었으리라 생각된다. 이 작품에는 서(序) 2개, 자서(自序),
범례 6항목 및 독방(讀方) 13항목이 들어 있으며, 88회의 매 회 앞에 회수평
이 붙어 있고 본문 중간에 협비(夾批)가 붙어 있어, 소설 평비본의 형식을
제대로 갖추고 있다고 할 수 있다. 특히 협비는 작품의 어떤 부분에 대한
평비자의 반응이나 감상을 나타내는 경우, 앞으로 전개될 상황에 대한
자세한 정보를 전달하는 경우, 독자들의 흥미를 유발하는 경우, 등장인물
의 성격 형상화나 정황 묘사를 위해 「삼국지연의」(三國志演義)나 「초한전」
(楚漢傳) 등의 내용을 인용하거나 그 내용을 연상시키는 경우 등에 사용되
었다.[35])

이상에서 본 바와 같이 김성탄의 소설 평비본의 독서는 우리나라의
문인들이 소설을 비평하는 방법을 체득하는 방편으로 작용했으리라 여겨
진다. 소설의 서사 전개, 인물 창조, 문장 구성 등에 대해 강조하고 감식안을

---

간난이를 중매하려는 계획이 있었고, 간난이는 노파를 함정에 빠뜨리려는 의도
가 있었으니, 노파의 중매는 진실로 헛된 것이요, 간난이의 힐책 또한 헛된
것이다. 그러니 앞의 거짓과 뒤의 진실이 멀리서 서로 이어진다. 간난이는 진심으
로 이생을 대했으나, 이생은 거짓된 마음으로 대하였다. 진실로써 거짓을 대하고
거짓으로써 진실인 듯 이야기하니, 진실과 거짓이 서로 섞여드는 이치가 있다.
대단하구나. 작가의 기교여!"

33) 「折花奇談」追序, 앞의 책, 94쪽, "속되고 촌스럽지만 자세하고 곡진하니, 그대의
    문장이 크고도 지극하도다!"
34) 靑柳綱太郎 편, 『原文 和譯 對照 漢唐遺事 全』, 조선연구회 간행, 1915.
35) 조혜란, 「「漢唐遺事」연구」, 『한국고전연구』 1집, 1995, 170쪽.

일깨워주는 책을 여러 차례 읽은 후, 결국에는 소설에서도 문예미학적인 측면을 고려하여 유려한 수사와 공교한 문장 구성, 긴박하면서도 절절한 서사 구조를 창출할 수 있게 되었으리라 생각되기 때문이다. 그 결실이 실제 창작에서도 이루어져 「광한루기」(廣寒樓記) 같은 작품이 산출될 수 있었다.

## 3. 김성탄 소설평비본과의 관련을 중심으로 본 소설비평론의 실제

1845년에 창작되었으리라 추정되는 한문 춘향전 「광한루기」와 김성탄 소설 평비의 영향관계를 살핌으로써 19세기 중반에 무르익게 된 소설비평론의 발전상을 짚어보기로 한다. 「광한루기」가 내용상으로는 당대(唐代) 전기(傳奇)인 원진(元稹)의 「회진기」(會眞記, 일명 앵앵전(鶯鶯傳))에 더 가깝다[36]고는 하지만 서와 평비, 독법 등은 김성탄의 「제육재자서서상기」를 이어받은 것이 확실해 보인다. 이제 김성탄의 소설 평비의 특징적인 면과 「광한루기」에서 수용했다고 여겨지는 면들을 차례로 검토하기로 하겠다.

### 1) 작품 감상법

김성탄은 소설 평비본들에서 '독법'(讀法)이라는 항목을 설정하여 작품을 감상하는 방법을 상세히 제시하였는데, 그 중에서도 다음과 같은 조항들에서 독서 환경이 독서행위의 실질에 미치는 효과에 대하여 언급하고

---

36) 허용호, 「「광한루기」에 나타난 「춘향전」과 「서상기」」, 성현경 외 공저, 『광한루기 역주 연구』, 박이정, 1997, 150~158쪽. 앞으로 「광한루기」 인용은 이 책에 의거하며 쪽수만 밝히기로 한다.

있다. "「서상기」는 반드시 청소를 하고 읽어야 한다", "「서상기」는 반드시 향을 피우고 읽어야 한다", "「서상기」는 반드시 눈을 대하고 읽어야 한다", "「서상기」는 반드시 꽃을 대하고 읽어야 한다", "「서상기」는 반드시 하루 밤낮의 노력을 다하여 단숨에 읽어야 한다", "「서상기」는 반드시 반 달 혹은 한 달 간의 공력을 다하여 정밀하게 읽어야 한다", "「서상기」는 반드시 미인과 함께 앉아서 읽어야 한다", "「서상기」는 반드시 도인(道人)과 마주 앉아 읽어야 한다" 등의 구절들[37]이 그것이다. 여기서 그는 청소를 하고 작품을 읽어야 하는 까닭은, 가슴 속에 한 점의 먼지도 남아 있지 않은 상태에서 읽어야 하기 때문이고, 향을 피우고 읽어야 하는 것은 공경의 뜻을 나타내어 귀신이 통하기를 바라서이며, 눈을 대하고 읽어야 하는 것은 그 맑고 깨끗함을 바탕으로 삼기 위해서이고, 꽃을 대하고 읽으라고 한 것은 그 아름다움을 더해주기 때문이라고 하였다. 이렇게 마음을 비우고 작품의 아름다움을 최대한 감상해 보라고 제시하는 것은 실은 기존의 사람들이 「서상기」를 독서하는 방법을 부정하고자 하는 의도가 깔려 있다. 아울러 단숨에 읽어 그 시말을 전체적으로 한 번에 파악해야 하고, 그러면서도 한 달여의 공을 들여 정밀하게 읽으면서 그 자잘한 것까지 자세하게 궁리해 봐야 한다[38]고도 하였다.

이렇게 그는 소설을 읽는 물리적인 방법까지도 알려주고 있는데, 독자

---

37) 모두 金聖歎, 「讀第六才子書西廂記法」의 구절들이다. 차례로 원문을 제시하면 다음과 같다. "西廂記必須掃地讀之. 西廂記必須焚香讀之. 西廂記必須對雪讀之. 西廂記必須對花讀之. 西廂記必須盡一日夜之力, 一氣讀之. 西廂記必須展半月一月 之功, 精切讀之. 西廂記必須與美人並坐讀之. 西廂記必須與道人對坐讀之"(번역은 이상엽 역주, 「讀第六才子書西廂記法」, 『중국어문학역총』 7집, 영남대학교 중국 문학연구실, 1997, 213~240쪽 참조. 이하 이 작품 인용시에는 동일).

38) 이런 면들을 두고 조숙자(「「第六才子書西廂記」 硏究」, 서울대학교 중문과 박사학 위논문, 2004, 239쪽)는 김성탄이 자신의 소설평비본을 독자들을 향한 교육 수단으로 보고 자신은 선생님의 위치에서 학생을 가르치는 방식으로 서술하는 경향이 크다고 평가하였다.

56

가 그렇게 해야 하는 까닭은 무엇보다도 작품을 독자 자신의 것으로 만들기 위해서이다. "천하 만세에 비단옷 입은 재자(才子)들이 성탄이 평비한 「서상기」를 읽으면 이는 그 천하 만세의 재자들의 문자이지 성탄의 문자가 아니다.³⁹⁾"라고 하여 독자가 이 작품을 읽으면 바로 그 사람의 글이 된다고 하였다. 적극적인 독서를 통해 저자 또는 평비자의 심중을 꿰뚫게 되면 서로 같은 마음을 갖게 된다고 생각한 것인데, 그리하여 절묘한 하나의 작품은 작가 한 명의 것이 아니라 공동의 것⁴⁰⁾이라고까지 말하고 있다. 아울러 그 이전 사람들은 「서상기」를 읽을 때에 남들에게 그 제목을 똑바로 이야기하지 않고 '소일거리로 읽는 책'[閒書]을 본다고만 하였는데 이제는 그러지 말라고 하면서 「서상기」에는 신이한 이치가 들어 있으니 다 읽고 나서 제사를 지내어 작가를 포상해야 하고 다 읽어낸 자기 자신도 포상해야 한다⁴¹⁾고도 하였다.

이러한 독법 제시를 「광한루기」의 평비자도 따라하고 있지만, 대신에 김성탄과 같이 조항을 많이 만들지 않고 열한 가지 정도로 항목을 대폭 줄이면서 좀더 상세한 설명들을 덧붙였다. 특히 앞부분의 네 가지 독법(讀法)은 김성탄의 「제육재자서서상기」(第六才子書西廂記)의 서문인 「유증후인」(留贈後人), 「통곡고인」(慟哭古人)을 변용하여 만들었는데, 그 중에서도 "음주를 통해 기운을 돕는다."는 항목에서 친연성이 두드러진다.

---

39)「독제육재자서서상기법」, 72칙, "天下萬世錦繡才子讀聖歎所批西廂記, 是天下萬世才子文字, 不是聖歎文字."

40) 위의 글, 75칙, "總之世間妙文, 原是天下萬世人人心裏公共之寶 決不是此一人自己文集."

41) 위의 글, 78칙, "讀西廂記, 便可告人曰讀西廂記, 舊時見人諱之曰看閒書, 此大過也"；위의 글, 79칙, "西廂記乃是如此神理 舊時見人教諸仟奴於紅氍毹上扮演之, 此大過也"；위의 글, 81칙, "讀西廂記畢, 不取大白酹地賞作者, 此大過也. 위의 글, 80칙. 讀西廂記畢, 不取大白自賞, 此大過也."

「광한루기」를 지은 사람은 분명 옛 사람에 대하여 통곡(慟哭)하고 후인(後人)들에게 남겨 주려는 뜻이 있었을 것입니다. 아! 나보다 앞서 천세 만세 동안 사람이 있었고, 나보다 뒤로 천세 만세 동안 사람이 있을 텐데 내 앞으로 천만세 동안 있었던 사람들은 내가 그 이름을 알지만 내 뒤로 천만세 동안 있을 사람들은 내가 그 이름을 알지 못합니다. 내가 이름을 알지 못하는 과거의 사람들은 나에게 남겨준 것이 있으며 내가 통곡하는 것은 그들의 자취입니다. 내가 이름을 알지 못하는 후인들에게 나 또한 남겨줄 것이 있게 되고, 그들이 통곡할 것 또한 나의 자취입니다.42)

위에 제시한 부분은 김성탄의 서문을 본받은 면이 많지만, 그 다음의 서술에는 작자의 개성이 좀더 많이 드러난다. "내가 통곡하는 대상이 되는 사람들은 모두 술을 마시는 사람들이며 내가 남겨줄 것이 있는 사람들도 모두 술을 마실 사람들입니다. 나는 옛 사람들이 술 마시는 것을 보지 못했지만 내가 술을 마시는 것으로 미루어 보건대 옛 사람 또한 나와 같았을 것이오.……"라고 하였기 때문이다. 이후에 제시되는 "거문고를 타면서 운치를 돕는다", "달을 마주하면서 정신을 돕는다"는 독법들은 「광한루기」에만 있는 것이며, "꽃을 보면서 격조를 돕는다"고 하는 독법도 「서상기」에서 아름다움을 느끼기 위해서라고 하는 단편적인 언급에서 나아가 천지인(天地人)의 원리와 꽃이 피고 지는 원리까지 동원하여 작품과 연관시켜 설명하는 점에서 김성탄의 경우에서 발전된 양상이라고 볼 수 있다.

이상의 네 가지 독법은 읽을 때의 분위기나 상황을 제시하는 것이라면, 그 다음에 제시되는 일곱 가지는 작품의 내용에 대한 평가나 소개라고 할 수 있는데 여기서 특별히 등장하는 인물이 '동홍 선생'이다. 이에 대해서

42)『광한루기 역주·연구』讀法, 16쪽.

는 비평법에서 살피기로 한다.

## 2) 비평법

김성탄의 소설 평비 방식의 특성 중 한 가지는 문장이나 등장인물에 대한 자신의 관점을 개진하는 과정에서 반대의견을 가진 이를 배치한다는 점이다. 그렇게 하여 결과적으로는 자신의 관점을 반복하며 명확하게 제시하는 방식인데, 이 때 반대 의견을 가진 이로는 앞뒤가 꽉 막히거나 멍청한 자들이 등장한다. 이들은 대체로 창(倀), 창부(倀父), 동홍선생(冬烘先生) 등으로 지칭되는데,『서상기』에서의 실례를 몇 가지 보도록 하자. "멍청한 놈들은 반드시 (앵앵이) 조심성 없이 절에서 노닐다가 낯선 사람에게 모습을 들키고 말았다고 말할 것이다",[43] "멍청한 놈들은 이해하지 못하고,…… 이렇게 생각하면 곧 진흙으로 빚어놓은 앵앵이 되는 것이다"[44] 등의 서술이 있다. 이렇게 평비자는 자신과 반대되는 의견을 가진 이들의 우매함을 비난함으로써 자신의 관점을 확고히 제시하는 방법을 사용하였는데, 이 같은 방식을 「광한루기」의 평비자도 종종 사용하고 있다. 명칭도 '창부'나 '동홍 선생'이라고 하여 똑같이 적용하였다.

· 동홍 선생이 「광한루기」를 본다면, 분명 "이것은 음서야, 음서!" 이렇게 말할 것이니, 이는 촌구석에서나 있을 법한 말이다. 이런 사람이 어떻게 음란한 것과 음란하지 않은 것을 알아볼 수 있겠는가?[45]
· 동홍 선생이 「광한루기」를 보면, 갑자기 머리를 흔들고 눈을 굴리며, "3년 동안 춘향이 어떻게 한 번도 화경에게 소식을 전하지 못하고, 화경도 어떻게 춘향의 소식을 듣지 못했겠는가? 이치에 닿지도 않으

---

43) 金聖歎,「第六才子書西廂記」, 一之一 驚艶, "忤奴必云, 蕩然游寺, 被人撞見."
44) 金聖歎,「第六才子書西廂記」, 一之一 驚艶, "倀乃不解……則是泥塑雙文也."
45) 『광한루기 역주·연구』讀法, 20쪽.

며, 말이 되지도 않는다."고 말할 것이다. 내가 보기에 이는 정말 촌구석
에서나 있을 말이다. 저 동홍 선생의 눈으로는 요즘에 술 파는 쭈그렁
할머니가 사냥꾼이나 어부에게 정을 붙이고 조석으로 왕래하는 것만
보았기 때문에, 천하의 인간들 가운데에는 특별한 재자가인(才子佳
人)이 있어 세상을 놀라게 할 만큼 빼어난 일을 한다는 것을 모르는
것이 당연하다.46)

　다음으로 김성탄이 소설을 평비하는 방법상의 특징 중의 하나는 광범위
한 논거들을 채용하여 자신의 관점을 뒷받침한다는 것이다. 『좌전』(左傳),
『맹자』,『전국책』(戰國策),『사기』(史記),『한서』(漢書),『논어』,『춘추』(春
秋), 두보나 구양수 등 문인들의 시구 등을 인용하여 논거로 사용한 것인데,
이렇게 다양한 글을 읽은 지식으로 소설의 문장을 평가하는 방식도 「광한
루기」의 평자에게서 보인다. "수산은 경전을 읽었고, 『사기』를 읽었고,
제자백가의 글을 읽었고, 구류(九流)와 삼교(三敎)의 글을 읽었고, 패관소
설(稗官小說)도 읽었다. 두루 천하의 글을 읽지 않은 것이 없어서 그 문장이
맞아 들어가기 어려울 것 같은 곳에서도 맞아 들어가므로……이들 창부
무리가 이 말이 무슨 말인지 어떻게 알아듣겠는가"와 같은 언급들이 그런
생각에서 나온 것이다.
　비평하는 구체적인 방식에서 김성탄은 아주 간략하게 '호'(好), '묘'(妙)
또는 '추'(醜)로 표현할 뿐, 더 이상의 논의를 하지 않기도 하고, 혹은 원문의
몇 배에 해당할 만큼 긴 비평을 쓰기도 하는데, 특히 상세히 설명하는
부분은 대개 자신이 개작한 부분에 정당함을 부여하거나 인물의 미묘한
심리를 분석하는 경우였다. 「광한루기」에서도 길고 짧은 비평문들이 들어
있지만 김성탄의 평비에 비해서는 현저히 줄어든 분량이다. 회수평(回首
評)이나 회미평(回尾評)을 제외하고는 대체로 짧은 감상에 그치고 있다.

---

46)『광한루기 역주 · 연구』讀法, 21쪽.

'기이하구나', '상세히도 그렸다', '교태롭기도 하다', '좋지', '마치 그 음성을 듣는 것 같구나', '기특한 김한', '올 때까지 왔구나', '오묘하구나', '이런 시절을 가장 견디기 힘든 법이다', '당연하다' 등 평하는 사람의 감정을 간단하게 표현하는 경우가 반 이상을 차지한다.

그러나 서사 전개상 독자들이 이해하기 힘들 것 같은 부분을 보완 설명하거나 주인공의 속마음을 알려주는 경우도 있어 독서에 도움을 주기도 하는데, 다음과 같은 경우들이다.

제6회에서 신임 행수 기생인 부용이 감옥에 있는 춘향을 방문하는 장면이 있다. 이 대목은 여타 춘향전 이본들에는 없는 장면이어서 독자들에게 생소한데다가 부용이라는 인물이 앞에서 잠깐 이름만 언급되었기 때문에 기억하기 힘들다. 이 때에 평비자는 "이름을 들은 지 오래되었다. 부용이 행수 기생이 되었으니 월매는 춘향 때문에 연좌되어 행수 자리에서 쫓겨났음을 알 수 있겠다."[47)]라고 하여 안내를 해 준다. '장철'이라는 사람도 부사의 빈객(賓客)인데 자주 나오지 않는 인물이라 기억하기 어렵다고 여겨 이 같은 사실을 일러주기도 하였다.

평비자는 때로는 감정에 복받친 모습을 보이기도 한다. '네가 호방하면 누군들 호방하지 않겠느냐?', '이게 너희가 말하는 단도직입적이라는 말이냐? 나는 더 이상 듣고 싶지 않다', '듣고 싶지 않다, 듣고 싶지 않아', '정말 고소하다', '한스럽고도 한스럽다', '말 한 번 잘 하네', '간사한 것' 등의 언급들도 종종 보이는데 주로 춘향을 힘들게 하는 경우에 분개한다.

한편, 비평할 때에 「서상기」를 비교의 중심에 두고 있기는 하지만 「광한루기」가 더 우월하다는 평가를 한다. 한 예로, 앵앵의 역할은 쉽지만 춘향의 역할은 어렵다거나 장군서(張君瑞)가 소인(小人)이라면 이화경(李花卿)은 대장부라는 언급에서 시작하여 급기야는 "대장의 기와 북은 「광한루

---

47) 『광한루기 역주·연구』, 84쪽.

기」에게 돌아가고 「서상기」는 어쩔 수 없이 항복의 깃발을 세우게 될 것을 어찌 모를 수 있겠습니까?"[48]라고 하기도 하였다. 하지만 "만약 뛰어난 문장력으로 천만 가지 변화를 주면서 옛 사람들의 성정을 끌어 당대인의 이목을 뜨이게 한 점에서라면 수산(水山)과 성탄이 같다고 해도 옳고 다르다고 해도 옳습니다"라고 한 점에서는 「광한루기」가 김성탄의 「서상기」 평비본의 장점들과 닮았음을 인정하고 있다고 하겠다.

### 3) 문장 표현법과 구성법

김성탄은 「서상기」 독법에서, 한 작품 속에는 많은 글들이 있는데 그러한 글들이 어떤 글들인지, 어디에서 시작하여 어디로 가는지, 어떻게 똑바로 가는지 아니면 곡절이 있는지, 어떻게 열리고 어떻게 모이며 어디에서 함께 가고 어디에서 몰래 지나가며, 어디에서 천천히 흔들리고 어디에서 나는 듯이 건너가는지 등을 반드시 살펴야 한다[49]고 하여 글을 읽을 때에는 그 구성의 전개양상을 파악하면서 갈등과 곡절이 어떤 식으로 만들어지고 풀리는지를 유념해야 한다고 하였다. 이는 소설의 구조는 완정하고 변화무쌍하다는 전제하에서 나온 말로, 「수호전」 독법에서 제시된 사항이기도 하다.

문장이 가장 절묘한 것은 눈으로는 이 곳을 보지만 바로 묘사하지 않고 오히려 멀고 먼 곳으로 가서 시작해 오며, 곡진하게 묘사하면서 장차 이 곳에 도달하려고 할 때에는 잠시 멈추었다가 다시 멀고 먼 곳으로 가서 발단을 바꾸어서 다시 시작해 오며, 다시 곡진하게 묘사하면서 이 곳에 도달하려고 할 때에는 또 잠시 멈추는데, 이와 같이 여러

---

48) 『광한루기 역주·연구』 廣寒樓記 敍二, 14쪽.
49) 金聖歎, 「讀第六才子書西廂記法」.

번 발단을 바꿔서 매번 모두 멀고 먼 곳으로 가서 시작해 오고, 곡진하게 묘사하면서 이 곳에 도달하려고 할 때에는 바로 멈추며, 더욱이 시선을 주목하는 곳을 더 이상 묘사하지 않고 사람들로 하여금 문장 바깥으로부터 어느 순간 갑자기 직접 볼 수 있게 해주는 것이다.[50]

여기에서 말하는 문장 구성법은 너무 직접적이고 단순하게 진행하지 말고 말하는 듯하다가 잠시 멈추고 멈췄다가 다시 시작하고, 진행하다가 다시 먼 곳으로 가고 그런 후에 다시 가까이 오는 등의 변화를 주면서 긴장감을 고조시키면서 주목하게 하라는 것이다.[51] 그러면서 사자가 공굴리기를 하듯이 구경하는 사람들이 사자의 재주 부림에 현혹되어 눈이 흐려지는 것처럼 작가도 문장을 쓸 때에 사방에서 붓을 가지고 좌에서 우로, 우에서 좌로 빙빙 선회하면서 더 이상 벗어나지도, 사로잡지도 않게 해야 한다[52]고 하였다. 또한 사건은 모두 시작과 끝이 있는 것이라면서 주인공 앵앵과 장생의 사랑을 꽃이 피고 지는 순환에 비유하기도 하였다. 또 역(逆)으로 정(正)을 드러내야 하며, 교묘한 암시를 통해 천천히 점차적으로 쓰면서 서로 연관성을 지니도록 해야 한다고 하는 등 표현과 구성의 면에서 섬세한 기교를 사용해야 함을 역설하였다. 예를 들기를, 앵앵이 처음 장생을 본 것이 첫 번째 단계이고 앵앵이 처음으로 장생과 관계를 갖는 것이 두 번째 단계이며 앵앵이 비로소 장생의 사랑을 받아들이는 것이 세 번째 단계라고 하였다.

이와 같은 문장 구성법은 「광한루기」에서도 서문에서부터 언급된다. 문장은 그림과 같아서 금강산을 그릴 경우 곧바로 1만 2천 봉을 그리면

---

50) 金聖歎, 「讀第六才子書西廂記法」, 16칙.
51) 이런 기법에 대해 이승수는 「김성탄의 사유와 글쓰기 방식」(『한국언어문화』 26, 한국언어문화학회, 2004)에서 "그물을 치되 잡지는 않는다"고 정리한 바 있다.
52) 金聖歎, 「讀第六才子書西廂記法」, 17칙.

그건 그림이 아니고, 맨 먼저 동해를 그리고 그 뒤에 바다 위로 들쭉날쭉 솟아 있는 여러 봉우리들을 그린 다음, 차례로 계곡 물과 돌, 절, 구름 속 암자 등을 그려넣은 후에 맨 나중에 우뚝 솟은 비로봉을 그려넣어야 진정한 명화라고 하면서 이런 묘한 기법을 갖고 있는 소설은 오직 「광한루기」뿐이라고 하였다. 이후에 다시 한 번 '춘화도 그리기'에 비유해서 설명하고 있는데, 춘화도를 잘 그리는 사람은 먼저 푸른 오동나무와 대나무 10여 그루를 그린 다음에 초가삼간이 오동나무와 대나무 사이로 은은하게 비치고, 굳게 닫힌 비단 창에는 달빛이 흐르고, 창 밖에는 남녀의 신발한 켤레씩만 있는 것만 그려도 방안의 즐거움이 눈에 보이는 듯이 표현되었다고 하면서 「광한루기」가 이런 경지라고 하였다.

이렇게 작자와 평비자는 소설구성의 기법과 문장표현법에 지대한 관심을 가지고 있으며, 또한 김성탄이 말한 바와 같은 은근하고도 효과적인 방법을 이용하려고 노력하기도 하였다. 이와 같은 시선으로 국문본 「춘향전」들을 보았을 때에 서사(敍事)의 비합리성과 논리정연하지 못함이 걸림돌이 되었을 것이다. 그래서 「광한루기」의 작자는 서사의 앞뒤가 긴밀히 조응되도록 노력했으며, 합리성을 추구하기도 한 것으로 보인다. 그리하여 「광한루기」는 '합리성을 바탕으로 하면서 전아미(典雅美) 또는 우아미, 숭고미, 언어의 함축미, 절제미를 추구'하였다고 평가[53] 받는 작품이 될 수 있었다.

### 4) 인물론

「광한루기」는 국문본 춘향전들과 판소리 춘향가에서 속화(俗化)된 주인공들의 모습을 비판하면서 그들을 재자가인(才子佳人)의 모습으로 형상화해 낸 점이 두드러져 보인다. 이는 중국의 재자가인 소설에 대한

---

53) 성현경, 「광한루기의 비교문학적 연구」, 성현경 외, 앞의 책, 1997, 197쪽.

독서와 함께 특히 김성탄의 「서상기」 평비본 독서의 영향이 지대하다고 보인다. 「서상기」는 재자가인 문학의 독보적 위치를 점하고 있다고 평가되기 때문이다.

- 「서상기」를 창작한 것은 오로지 앵앵을 위한 것이다.…… 앵앵을 묘사하고자 하였으나 묘사해낼 수 없어 그녀를 뒤로 미루고 먼저 장생을 쓴 것이니, 소위 구름을 그림으로써 달을 돋보이게 하는 화가들의 비법이다.[54]
- 그러니 때때로 홍낭[55]을 묘사하는 것도 또한, 꽃을 묘사하는데 도리어 나비를 묘사하는 것, 술을 묘사하는데 도리어 술자리를 감독하는 관리를 묘사하는 것과 같다. 나비는 실제로 꽃은 아니지만 꽃은 반드시 나비가 있어서 더욱 돋보이게 되며, 술자리 감독관이 실제로 술은 아니지만 술은 반드시 그가 있음으로 해서 더욱 돋보이게 된다. 홍낭은 본래 장생과 앵앵은 아니나 장생과 앵앵은 홍낭이 있어서 더욱 돋보이게 된다.[56]

이처럼 앵앵을 「서상기」의 중심인물로 보고 다른 인물들은 모두 앵앵을 묘사하기 위해 부차적으로 존재한다고 보는 시각은 「서상기」 독법에서도 열 개 정도의 항목에서 언급되는 내용이다.[57] 이와 같은 인물론은 「광한루

---

54) 金聖歎, 「第六才子書西廂記」, 一之一 驚艶 總評, "西廂之作也, 專爲雙文也.……將寫雙文, 而寫之不得, 因置雙文勿寫, 而先寫張生者, 所謂畫家烘雲托月之秘法."
55) 「서상기」에서의 홍낭은 「춘향전」에서의 향단이 정도의 역할이라고 생각하면 이해가 쉬울 듯하다. 그녀는 정의감 있고 솔직하고 시원스러운 성격을 지녔으며 앵앵과 장생의 인연을 만드는 데 공헌을 많이 하였고 사람의 마음도 잘 헤아려 중개 역할을 지혜롭게 해내는 인물이다.
56) 金聖歎, 「第六才子書西廂記」, 續之四 總評, "故有時亦寫紅娘者, 此如寫花却寫胡蝶, 寫酒却寫監史也. 胡蝶實非花, 而花必得胡蝶而愈妙. 監史實非酒, 而酒必得監史而愈妙. 紅娘本非張生鶯鶯, 而張生鶯鶯必得紅娘而愈妙."
57) 한 가지 예만 들기로 한다. "「서상기」가 홍랑을 묘사할 때 각별히 주의를 기울인 필치를 모두 세 번 사용하였다. 첫째는……홍랑을 묘사하는 것이 이 경지에까지

기」에서 그대로 수용된다.

> 「광한루기」를 읽는 사람은 먼저 형체와 그림자를 구분할 줄 알아야
> 한다. 남원은 그림자다. 광한루도 그림자다. 화경까지도 그림자다. 형체
> 는 춘향 한 사람뿐이다. 관직을 옮기는 것도 그림자이며, 행장을 꾸리는
> 것도 그림자다. 난간에 기대어 슬퍼하는 것도 그림자이며, 술을 가져가
> 축하하는 것도 그림자다. 형체는 이별 두 글자뿐이다.[58]

인물에 있어 주인공이 중요한 것과 더불어 이야기에서도 중심과 주변
내용을 구별하여 읽을 것을 요구하고 있다. 즉 소설을 감상할 때에는
작가가 초점으로 삼은 인물이나 사건을 중심으로 하여 작가의 의중을
정확하게 파악할 수 있어야 한다는 독법의 제시라고 할 수 있겠다. 이와
같이 주인공 중심의 묘사와 서사 진행을 강조한 김성탄의 언급 중에 흥미
로운 것을 몇 부분 더 보도록 하자.

> 약으로 비유하자면, 장생은 병이고 앵앵은 약이며 홍랑은 약을 조제한
> 것이다. 여기에 많은 조제가 있는데, 약으로 하여금 가서 병에 이르게
> 하거나 병이 와서 약에 이르게 한다. 그 나머지 부인네 등은 단지 약을
> 조제할 때에 사용되는 생강, 식초, 술, 꿀 같은 것이다.[59]

> 더 자세히 따져보면, 「서상기」는 역시 한 사람에 대해서만 쓴 것이니

---

이르게 된 것은 반드시 결코 홍랑을 묘사하기 위한 것이 아님을 깨달아야 하고,
전적으로 앵앵을 묘사하는 것임을 깨달아야 한다"(「讀第六才子書西廂記法」, 56
칙).

58) 『광한루기 역주・연구』「광한루기」제4회 석별 回首評, 60쪽.

59) 「讀第六才子書西廂記法」, 49칙, "譬如藥, 則張生是病, 雙文是藥, 紅娘是藥之炮製,
有此許多炮製, 便令藥往就病, 病來就藥也, 其餘如夫人等, 算只是炮製時所用之薑,
醋, 酒, 密等物."

그가 바로 앵앵이다. 만약 마음 속에 앵앵이 없었다면 어떻게 「서상기」
를 썼겠는가? 단지 앵앵을 위해 쓴 것이 아니라면 누구를 위해 썼겠는
가? 그러므로 「서상기」는 앵앵에 대해 쓴 것이니 도리어 누구를 위해
더 쓸 필요가 있겠는가?[60]

이렇게 소설의 중심은 주인공에게 있음을 강조한 김성탄의 논의에
적극 동조한 「광한루기」의 작자는 대다수의 평민 독자나 감상자를 고려하
여 남원군민 전체의 축제의 장인 것처럼 묘사되곤 하던 국문본 「춘향전」들
과 달리 주인공 중심의 서사 진행과 분위기를 만들어낸 것이다. 그러나
김성탄이 「서상기」가 오로지 앵앵 중심인 작품이라고 설명한 것과는 다르
게 「광한루기」에서는 춘향과 화경을 대등한 비중으로 다루고 있다는 점이
다르다.

「광한루기」가 국문본 「춘향전」과 크게 달라진 점 중 또 한 가지는 이도
령과 춘향의 신물(信物) 교환을 삭제한 점이다. 이에 대하여 작자는 이같이
해명한다.

어떤 사람이 수산에게 물었다.
"구본(舊本) 「춘향전」에서는 화경이 금 거울을 내어 정을 남기고,
춘향이 옥가락지를 받들어 이별의 선물을 함으로써 나중에 서로 확인하
는 징표로 삼습니다. 이는 연진의 칼이나 성도의 거울처럼 특별하다고
하겠습니다. 지금 「광한루기」에 이러한 구절이 없는 것은 무엇 때문입
니까?
수산이 말했다.
"화경은 천하의 위인이며, 춘향은 천하의 묘인입니다. 묘인이 위인을

60) 「讀第六才子書西廂記法」, 50칙, "若更仔細算時, 西廂記亦止寫得一個人者, 雙文是
也. 若使心頭無有雙文, 爲何筆下卻有西廂記, 不止爲寫雙文, 止爲寫誰. 然則西廂記
寫了雙文, 還要寫雖."

전송하고 위인이 묘인을 이별할 때에는 서로 마음이 통하여 영원토록
변함이 없는 것이 당연하거늘, 어떻게 거울 하나, 가락지 하나로 신물(信
物)을 삼겠습니까? 그리고 화경이 자취를 드러내는 날 춘향이 거울을
바치지 않는다면, 화경은 거울이 없다는 이유로 그 사람이 춘향이라는
것을 믿지 않겠습니까? 또 춘향이 감옥에서 나왔을 때 화경이 가락지를
보여주지 않는다면, 춘향은 가락지가 없다는 이유로 그 사람이 화경이
라는 것을 믿지 않겠습니까? 구본 「춘향전」이라는 것은 시골 무지랭이
들의 좁은 견해가 아닌 것이 없는데, 그대는 어찌하여 이것을 취하십니
까?"61)

　화경(이도령의 이름) 같은 위인이나 춘향 같은 묘한 사람은 거울, 옥가락
지 등의 신물을 확인하지 않고도 서로를 믿을 수 있기에 이런 것들을
주고받을 필요가 없다고 말하고 있다. 「광한루기」의 저자나 평비자는
이도령과 춘향을 은근한 정을 나누는 품위 있는 연인, 고귀한 성품의
재자가인으로 묘사하고 있기에 이 같은 변개가 필요한 것이다. 그런데
이렇게 인물을 재자가인으로 묘사한 것은 김성탄이 「서상기」를 음란성
논쟁62)에서 자유롭게 하고자 앵앵을 매우 고귀한 인물로 묘사하고 장생과
앵앵 두 남녀 주인공을 진정한 재자가인으로 평가하였던 것과 비슷한
양상이다. 우리나라에서도 19세기 전반까지 대다수의 양반들은 「춘향전」
이나 「춘향가」를 상스럽거나 음란하다고 보아 적극적으로 향유하려 하지
않았기 때문에 그런 평가에서 벗어나려면 우아하고 재주 있는 인물 형상이
필수 요건이었다고 보인다.
　다음은 「춘향전」의 독자라면 누구나 한 번쯤 의문을 품었음직한 대목,

61) 『광한루기 역주·연구』 「광한루기」 제4회 석별, 回尾評, 68~69쪽.
62) 그 한 예로 「서상기」는 淸代에 연출금지 외에 출판금지 항목에도 포함되었다고
　　한다. 그런데 당시 출판을 금지당한 「서상기」 목록과는 별도로 金聖歎의 「第六
　　才子書」가 따로 명시되어 있어 金聖歎 評批本의 영향력이 얼마나 막강하였는지
　　알 수 있다(조숙자, 앞의 논문, 246쪽).

즉 한양으로 올라간 이도령이 3년 동안이나 아무 소식이 없었던 점에 대한 평비자의 변호이다.

> 화경의 마음이라고 어찌 하루인들 춘향을 생각하지 않았겠는가? 결국 잘 울지 않기 때문에 좀처럼 눈물을 흘리지 않았고, 마음이 강해서 흔들리지 않았으며, 여색과 관련된 말은 듣지도 보지도 않았다. 어찌 좀스럽고 가련한 사람들처럼 화장품이나 바느질 도구를 사서 아침 · 저녁으로 부쳐주면서 스스로 정 많은 사람이라고 하겠는가? 이것은 화경이 할 짓도 못 되고, 춘향이 원하는 바도 아니다.[63]

이도령이 춘향을 늘 그리워하기는 했지만 아무런 행동을 취하지 않은 것은 좀스럽거나 연민의 정에 빠지지 않는 사람이기 때문이라고 하면서, 화장품 같은 작은 선물을 사서 자주 부쳐주면서 정 많다고 하는 이들과는 다름을 말하고 있다. 이런 설명은 결국 등장인물의 내면 심리를 설명해주는 것으로 독자가 작자의 의중을 제대로 파악해야 작품의 본질을 읽을 수 있음을 말해주는 것이기도 하다.

또한 김성탄은 소설작품의 인물들을 무엇보다도 생동감 있게 설정하고 묘사해야 함을 자주 역설하였는데, 「광한루기」의 특징적인 면 중의 하나가 여타 「춘향전」에는 등장하지 않거나 대수롭지 않게 취급되던 주변인물들이 이름까지 부여 받고 각자의 맡은 역할을 해 낸다는 것이다. 그렇게 함으로써 그 이전의 「춘향전」 이본들에서는 설명되지 못했던 부분들, 예를 들어 신임 부사는 춘향을 설득해 보지도 않고 바로 죽이려 들었을까, 춘향이 아무리 미인이라지만 반드시 춘향에게만 수청 들기를 바랐을까, 서울로 올라간 이도령은 어떤 마음이었을까, 방자는 어떤 과정을 거쳐 춘향의 편지를 이도령에게 전하게 될까 등등의 의문들을 풀어주는 내용이

---

63) 『광한루기 역주 · 연구』 「광한루기」 제7회 봉명, 回首評, 92쪽.

들어가게 되었다. 춘향 대신 신임 부사 원숭(元崇)에게 수청 드는 기생 매향(梅香), 행수 기생이면서 감옥에 있는 춘향을 계속 설득하는 부용, 신임 사또를 따라다니며 묘안을 짜거나 기분을 맞추는 식객 장철(張喆), 방자 김한(金漢), 신임 사또와 장철의 대화를 엿듣고 방자에게 알려주어 오빠인 방자가 이도령을 찾아 서울로 가게 만드는 기생 모란 등이 새롭게 설정됨으로써 그러한 의문들이 풀리게 되는 것이다.

## 4. 결 론

지금까지 필자는 18 · 19세기에 조선 문단에서 애독되었던 명말청초의 문인 김성탄의 소설 평비본에 대한 독서와 그에 따른 우리 문단에서의 소설비평론과 문예미학의 성숙에 대해 논하였다. 이 같은 논의는 18세기 이후에 소설의 독서가 늘고 그에 대한 평가도 긍정적인 방향으로 선회하기 시작하는 것이 임 · 병 양란 이후 물밀듯이 들어온 중국소설의 독서가 영향을 주었을 가능성이 크다는 데에서 시작되었다. 물론 사생적인 소설 전통의 축적과 내재적인 원인이 기반이 되었겠지만 변화의 촉발은 중국소설의 독서에 기인했으리라 여겨졌기 때문이다. 이에 당시에 문단에서 가장 많이 읽히고 자주 거론되었던 김성탄의 소설 평비본에 대한 독서 실태와 평가를 통해 그 수용태도를 살펴보았다.

그 결과 김성탄의 소설 평비본의 독서는 우리나라의 문인들이 소설을 비평하고 문장을 비평하는 방법을 체득하는 방편으로 작용했다고 생각되는 예들이 당시 문인들의 글들에서 언급되었음을 확인하였다. 소설의 서사 전개, 인물 창조, 문장 구성 등에 대해 강조하고 감식안을 일깨워주는 김성탄의 책을 여러 차례 읽은 후, 감탄하고 베껴쓰다가 결국에는 그의 글을 흉내내 본다든지 비평하는 방식을 도입하여 평비본 소설을 써보는 일에까지 이른 것이다. 그리하여 소설에서도 문예미학적인 측면을 고려하여 유려한 수사와 공교한 문장 구성, 긴박하면서도 절절한 서사 구조를 창출할 수 있게 되었는데, 그 결실이 바로 「광한루기」라고 보았다. 그래서 이 작품을 중심으로 하여 조선후기 소설비평론과 문예미학의 발전상을 짚어보는 일환으로, 평비본 형식으로 춘향전을 개작한 한문춘향전인 「광한루기」를 분석하였다. 세부적으로는 김성탄의 소설독법을 변용한 작품 감상법, 회수평(回首評)·회미평(回尾評)·협비(夾批) 등의 평비를 활용한 비평법, 문장과 소설작법을 학습하여 발전시킨 문장표현법과 구성법, 인물론 등에 대해 논의하였다.

이와 같은 논의를 통해 조선후기의 지식인, 문인들이 외국서적을 어떤 방식으로 접하게 되고, 이를 접한 후에 어떤 반응을 보이며, 그 반응이 촉매가 되어 어떻게 문화의 변동에까지 이르게 되는지를 실증적으로 고찰할 수 있었다.

## 참고문헌

### 1. 자료

곽송림편, 『西廂記編』, 산동문예출판사, 1987.

김매순, 『臺山集』, 한국문집총간 294권.

김조순, 『楓皐集』, 한국문집총간 289권.

남공철, 『金陵集』, 한국문집총간 272권.

심익운 외, 『江天閣消夏錄』, 국립중앙도서관 위창문고 소장본.

유만주, 『欽英』, 서울대 규장각, 1997.

이가원 역주, 『西廂記』(완당역본 및 한문원전 병간), 일지사, 1974.

이덕무, 국역 『靑莊館全書』, 민족문화추진회, 1979.

이상황, 『桐漁遺輯』 고려대 소장본.

장혼, 『而已广集』 한국문집총간 270권.

靑柳綱太郎 편, 『原文 和譯 對照 漢唐遺事 全』, 조선연구회 간행, 1915.

홍낙인, 『安窩遺稿』, 국립중앙도서관 소장본.
홍석주, 『淵泉集』, 한국문집총간 293~294권.
홍의호, 『澹寧瓻錄』, 국립중앙도서관 소장본.
홍한주, 『智水拈筆』, 『栖碧外史海外蒐佚本』 13, 아세아문화사.


## 2. 논저

간호윤, 『한국 고소설비평 연구』, 경인문화사, 2001, 87~240쪽.
강민구, 「영조대 문학론과 비평에 대한 연구」, 성균관대학교 박사학위논문, 1998, 1~380쪽.
김경미, 『소설의 매혹』, 월인, 2003, 9~301쪽.
김경미·조혜란 역주, 『19세기 서울의 사랑-「절화기담」, 「포의교집」』, 도서출판 여이연, 2003, 7~126쪽.
김영진, 「조선후기의 명청소품 수용과 소품문의 전개 양상」, 고려대학교 박사학위 논문, 2004, 1~179쪽.
김풍기, 「수산 광한루기의 평비에 나타난 비평의식」, 『어문논집』 31, 고려대 국문학 연구회, 1993, 217~241쪽.
김학주, 「조선간 「西廂記」의 주석과 언해」, 『조선시대 간행 중국문학 관계서 연구』, 서울대학교출판부, 2000, 277~298쪽.
남덕현, 「金聖嘆의 문예비평이론연구」, 한국외국어대학교 석사학위논문, 1998, 1~156쪽.
민혜란, 「金聖嘆의 소설기법론에 대하여-「독제오재자서법」을 중심으로」, 『중국 학연구』 7, 중국학연구회, 1992, 125~153쪽.
성현경외 공저, 『광한루기 역주, 연구』, 박이정, 1997, 117~162쪽.
이금순, 「金聖嘆 「西廂記」 評點의 인물결구론 고찰」, 『중국어문학논집』 16, 중국어 문학연구회, 2001, 97~117쪽.
이문규, 『고전소설비평사론』, 새문사, 2002, 136~164쪽.
이상엽 역주, 「讀第六才子書西廂記法」, 『중국어문학역총』 7, 영남대 중국문학연구 실, 1997, 213~240쪽.
이승수, 「김성탄의 사유와 글쓰기 방식」, 『한국언어문화』 26, 한국언어문화학회, 2004, 37~56쪽.
정길수, 「절화기담 연구」, 서울대학교 석사학위논문, 1999 1~105쪽.

정선희, 「조선후기 문인들의 김성탄 평비본에 대한 독서 담론 연구」,『동방학지』
        129, 연세대 국학연구원, 2005. 3, 305~345쪽.

정하영, 「「광한루기」 평비 연구」,『한국고전연구』1, 1995, 5~45쪽.

조숙자, 「「第六才子書西廂記」 硏究」, 서울대학교 박사학위논문, 2004, 1~292쪽.

조혜란, 「「漢唐遺事」 연구」,『한국고전연구』1, 한국고전연구학회, 1995, 161~186
        쪽.

최봉원 외 공저,『중국역대소설서발역주』, 을유문화사, 1998, 91~94쪽.

한매, 「조선후기 김성탄 문학비평의 수용양상 연구」, 성균관대학교 박사학위논문,
        2003, 1~181쪽.

홍상훈, 「金聖嘆과 동아시아 서사이론의 기초-金聖嘆 小說 評點」,『현대비평과
        이론』9, 한신문화사, 1995, 168~186쪽.

홍선표 외 공저,『17·18세기 조선의 외국서적수용과 독서문화』, 혜안, 2006, 51~
        92쪽.

# 명·청대 서학 관련 삽화 및 판화의 서양화법과
# 조선후기의 서양화풍

홍 선 표

## 1. 머리말

　조선 후기에는 창생적 창작의 직접 실천을 위한 '자득'(自得)적 태도의 흥기와 더불어 실물과 닮게 묘사하여 대상물의 신(神)을 옮겨내고자 한 형사적 전신론(形似的 傳神論)이 대두되었다.[1] 특히 사물의 형상 전달에 있어서 시각 이미지의 유용성이 부각됨에 따라, 실물처럼 닮게 묘사하는 핍진성(逼眞性)을 보완하기 위해 '서기'(西器)와 '양재'(洋才) 수용의 차원에서 르네상스 이래 서양의 과학적 원근법과 명암법에 대한 명말청대의 시학(視學)지식에 주목하는 등, 사실력 향상에 적지 않은 관심을 기울였다. 이 글에서는 조선후기의 형사적 전신론의 이론적 전개에 기여한 시학지식 고찰에 이은 후속 연구로,[2] 그 표현방식인 '사진체'(寫眞體)의 형성에 작용한 서양화법에 대해 살펴보고자 한다.

　조선후기 회화사조의 새로운 경향으로 주목 받아온 서양화풍은 '서세동점' 선행 단계인 '서학동점'에 의해 동아시아로 전래된 서양화 또는 서양화

---

1) 형사적 전신론에 대해서는 홍선표, 『조선시대 회화사론』, 문예출판사, 1999, 266~273쪽 참조.
2) 명말청대 시학지식의 양상과 조선후기의 유입 및 전개와 영향에 대해서는 홍선표, 「명청대 西學書의 視學지식과 조선후기 회화론의 변동」, 『미술사학연구』 248, 2005. 12, 131~170쪽 참조.

법의 영향을 공유하며 전개되었다. 15·16세기 유럽의 '대항해시대'와 '반(反)종교개혁'에서 초래된 동아시아에서의 무역활동과 포교활동으로 서양의 문물이 일본과 중국에 직접 전래되면서 '난학'(蘭學)을 비롯한 '서학'을 형성시키고, '양풍화'(洋風畵) 또는 '중서화'(中西畵)를 발생시킨 바 있다.3) 조선 후기에는 1748년 통신사의 별화원(別畵員)으로 도일한 최북(崔北 : 1712~1786)에 의해 에도 시대의 서양화법이 유입되기도 했지만, 주로 중국을 왕래하던 연행사절단을 통해 이루어졌다.

중국에서 서양화법은 명 말기부터 기독교 선교사들이 가져온 예수상과 성모자상과 같은 유채 성상화(聖像畵)를 비롯해 동판화 등에 의한 각종 서학서의 삽화와 선교사 화가들의 활동에 의해 전래되었으며, 전통화법과의 융합 또는 절충적인 중서화를 형성시키게 된다. 특히 청대부터 화원들의 궁정양식인 원화(院畵)와 민간 수요의 연화(年畵) 등에 영향을 미쳐 '해서화'(海西畵)와 '선법화'(線法畵), '서양경'(西洋鏡) 또는 '양편'(洋片) 등으로 지칭되며 전개되었다. 이와 같이 다양하게 전개된 명말 청대의 서양화법은 초상화 등의 화적을 통해 유포되기도 했지만, 판각된 각종 서적의 삽화 또는 판화와 같은 복제미술의 상태로 더욱 널리 확산된 것으로 생각된다.

청조(淸朝)와의 외교관계가 안정되던 숙종 연간(1675~1720)부터 유입되기 시작한 중국의 서양화법은 초상화를 통해 들어오기도 했지만, 연행사절단이 구해 온『패문재경직도』와 회입(繪入)「곤여만국전도」와 같은 판각된 복제미술로 전래되어 유포되기 시작했다. 그리고 서학서를 비롯해 『서상기』와『홍루몽』등의 삽화와, 연화류(年畵類) 등을 통해서도 파급된

---

3) 일본학계에서는 모모야마 시대와 에도 시대의 서양화풍 그림을 '양풍화'로, 중국학계에서는 명말청대의 서양화풍 그림을 '중서화'로 지칭하는 것이 일반적이다. 특히 '중서화'는 전통화법과 서양화법의 절충적 경향이 강했던 명말청대 서양화풍의 특징을 반영한 것으로 보인다.

것으로 보인다. 연행사행원들이 가져온 '서국화'(西國畵) 또는 '양화'(洋畵)
도 대부분 '연매인본'(煙媒印本)이나 '인화'(印畵)로 지칭되던 판화류로
생각된다.4) 따라서 조선후기 서양화풍의 조형적・시각적 실상과 특징을
보다 구체적으로 규명하기 위해서는 도선(導線)의 대종을 이룬 명말 청대
복제회화류 서양화법과의 관계를 통한 파악이 긴요하다.

여기서는 조선후기의 사실적 양식인 '사진체'의 대두와 전개에 작용한
것으로 보이는 명말 청대의 판각본 복제미술에 표현되어 있는 서양화법을
살펴보고, 그 전래 과정과 전개 양상을 개관해 보기로 하겠다.


## 2. 명・청대 복제미술의 서양화법

### 1) 삽화의 서양화법

명・청대의 서양화법은 1579년경부터 예수회 선교사들에 의해 유입된
성상화를 통해 알려지기 시작했으며, 1582년 마카오를 거쳐 중국에 와서
30년 가까이 가톨릭 포교의 총책임자로 활동한 마테오 리치(Matteo Ricci,
利瑪竇 : 1552~1610)에 의해 본격적으로 파급되었다. 마테오 리치는 서구
의 과학적 원근법과 명암법에 관한 시학지식의 보급에도 기여했을 뿐
아니라,5) 서양화법의 전파에도 중요한 구실을 한 것으로 생각된다. 리치는
1601년 북경 거주와 천주당 건립의 허가를 받기 위해 신종(재위 1573~
1620)에게 보낸 선물에 천주상과 성모상과 같은 성상화적을 포함하여
헌상한 바 있다.6) 그리고 신종이 유럽 왕의 장례에 대한 관습을 환관을

---

4) 홍선표, 「명청대 서학서의 시학지식과 조선후기 회화론의 변동」, 155쪽 참조.
5) 홍선표, 위의 글, 139~140, 144쪽 참조.
6) 『熙朝崇正集』에 의하면 마테오 리치가 만력제인 신종에게 바친 선물 중에 「古畵
천주성모상」과 「時畵천주성상」「時畵천주성상」 3점이 포함되어 있었다. '시화'
는 르네상스 盛期風을 반영한 당시의 그림이었으며, '고화'는 중세풍으로 추정된

〈도 1〉 작가미상, 「중국풍 성모자도」,
16세기말 17세기 초, 종이에 채색,
120×55cm, 시카고 필드박물관

통해 물어오자 리치는 답하면서, 최후의 심판이 내리는 날 교황과 여러 왕과 왕비 등이 천사와 지옥 사이에서 무릎을 꿇고 있는 모습을 묘사한 「예수의 이름」이라는 종교화를 바쳤으며, 신종은 화원에게 이를 다시 크게 모사하도록 했다.[7]

마테오 리치는 전도 때 중국인들의 정서를 고려하여 십자가에 못 박힌 예수상보다 성모상을 적극적으로 이용했기 때문에 아기 예수를 안고 있는 성모자상이 많이 유포된 것으로 보인다. 그는 포교활동에 필요한 유화와 판화로 된 성모자상을 기회 있을 때마다 마카오 등을 통해 구했을 뿐 아니라[8] 그림 잘 그리는 선교사들에게 부탁하여 복제하기도 했다. 1604년에는 리치를 포함한 선교사들의 숙소에 있던 중국인이 그린 성 루가 성모자상을 자신의 방에 걸어 놓은 적도 있다.[9] 그리고

다. 莫小也, 『17~18世紀傳敎士與西畵東漸』, 中國美術學院出版社, 2002, 16~22 쪽 참조. 마테오 리치의 기록에 의하면 천주성상은 유리로 덮은 트립틱(triptych)에 그려졌는데, 그가 뚜껑 달린 상자에 넣어가지고 다녔던 것이며, 성모상은 성모와 천주만 있는 것, 세례자 요한과 함께 있는 것이었다고 한다[Jonathan D. Spence, *The Memory Palace of Matteo Ricci* (주원준 옮김, 『마테오 리치, 기억의 궁전』, 이산, 1999, 116·252·312쪽) 참조]. 그리고 黃伯祿의 『正敎奉褒』에는 「천주성모상」 2폭의 높이가 1척 반이었고 「천주상」은 그 보다 작은 1척이었다고 전한다. 李超, 『中國早期油畵史』, 上海書畵出版社, 2004, 80쪽 참조.

7) Jonathan D. Spence, 위의 책, 274쪽 참조.

8) 당시 마카오는 기독교 선교활동의 기지로, 전도에 필요한 다량의 성상화가 이곳에서 복제되었다. 神吉敬三, 「イベリア系聖畵國內遺品に見る地方樣式」, 『美術史』 126, 1989, 151~172쪽 참조.

9) 平川祐弘, 『マッテオ·リッチ傳 I』, 平凡社, 1969, 297~301쪽 참조. 이 중국인은

'천주성모회'를 결성한 중국인 개종자들이 성모자상을 직접 만들어 종교
행사 때는 물론 정초 나 축제 때에도 대문 밖에 걸어 둠으로써 더욱 확산되
기에 이른다.[10]

　시카고 필드박물관 소장의 「중국풍 성모자도」(도 1)는 唐寅의 관서가
후첨된 것으로,[11] 중병에 걸린 중국인 어린이를 낫게 해주었다고 하는
북경 천주당에 걸려 있던 성 루가의 성모화를 번안해 그린 것이 아닌가
싶다. 두 손을 가슴 아래에서 마주 잡고 아기 예수를 안고 있는 등, 로마
산타마리아 마지오레 성당의 비잔틴풍 「성 루가 성모자도」를 복제한 것으
로 추정되는 동판채색화인 동경국립박물관 소장의 「성모자도」와 유사하
다.[12] 그러나 성모 마리아는 백의관음을 연상시키는 흰색 복장의 중국
여인상으로, 아기 예수는 서책형 성경을 들고 있는 정곡(丁髷)의 영아상으
로 그려져 있어 중국식 모자도상으로 변용된 특징을 보인다. 이와 같이
현지화된 절충식 경향은 청대에 많이 그려졌으며,[13] 조선말기의 초상화가
채용신의 1914년작인 「운랑자상」에도 반영된 것으로 생각된다.[14]

---

　일본의 '세미나리오'에서 성상화를 배우고 마카오와 북경 등지에서 활동한 倪雅
谷(1579~?)이 아닌가 싶다. 중국인 아버지와 일본인 어머니 사이에서 태어
난 그는 1602년 북경에 와서 마테오 리치의 회화조수로 일했다고 한다. 莫小也,
「倪雅谷的宗敎繪畫」, 越力·余丁 編, 『中國油畫文獻 1542~2000』, 湖南美術出版
社, 2002, 32쪽 참조.

10) 조너선 스펜스, 앞의 책, 314쪽 참조.

11) 靑木茂·小林宏光 監修, 『中國の洋風畫展』, 町田市立國際版畫美術館, 1995, 111
쪽 참조.

12) 『中國の洋風畫展』 113쪽과 <삽도 4> 참조. 북경 천주당의 성 루가 성모화는
예아곡이 그린 것으로도 알려져 있다. Michael Sullivan, "Some Possible Sources
of European Influence on Late Ming and Early Ch'ing Painting," *Proceeding of
International Symposium on Chinese Painting*, Taipei : National Palace Museum,
1970, p.596 참조.

13) 주 10)과 같음.

14) 「운랑자상」의 범본으로, 안휘의 유명한 서적업자이며 지필묵 제조가인 程大約이
1606년 간행한 『程氏墨苑』에 수록되어 있는 「성모자상」을 흔히 거론하는데,

　　반종교개혁에 따른 포교 수단으로 중시된 성상화의 적극적인 활용과
더불어, 마테오 리치를 비롯한 예수회 선교사들은 생동감 넘치는 그림이
글이나 말보다 교리를 이해시키고 신앙심을 환기시키는 데 더 효과적으로
작용한다고 보고, 삽화로 된 종교서적의 활용과 보급에 크게 힘을 기울였
다. 특히 리치는 예수의 전 생애를 동판화로 도해한 예수회 부회장이었던
헤로니모 나달(Jeronimo Nadal : 1507~1580)의 복음서 삽화본인 반절 크
기의 폴리오 판형『복음서화전』을 매우 소중히 여기며 지니고 다녔는데,
그것은 "대화 도중 글만으로는 분명하게 보여줄 수 없는 것을 성서보다
유용하게 그들의 눈앞에 바로 보여줄 수 있기 때문이라"고 했다.[15] 리치는

---

　　도상적으로 「중국풍 성모자도」와 더 유사하다.『정씨묵원』의 「성모자상」은 기독
교 성화로서의 도상을 지니고 있는 데 비해, 「중국풍 성모자도」는 인물상에서
전통적인 모자도의 양상을 띠기 때문에 후자를 수용하게 된 것이 아닌가 싶다.
『정씨묵원』의 「성모자상」은 마테오 리치가 정대약에게 증정한 4점의 성상화
중 하나이다. 이들 4점은 「寶像圖」로도 지칭되는데, 북경 사제관에 있던 유럽
최고의 예수회 전속 판화제작가인 벨기에의 안토니 비릭스(Anthoy Wierix :
1552~1624)가 마르틴 드 보스(Martine de Vos)의 원화를 동판화로 만든 앤트워
프 板의 연작 종교화 가운데서 고른 것이다. 그 중 「성모자상」의 화면 우측
하단에는, 일본 長崎縣의 有家에 있던 신학교의 일종인 세미나리오(seminaire)에
서 1597년에 제작했음을 밝힌 "in Sem Japo 1597"이란 글이 적혀 있다. 이 「성모자
상」은 비릭스가 스페인의 세비야 대성당에 딸린 경당 제단에 안치된 15세기
말 이탈리아계 고딕풍의 등신대 벽화 「안티구아 성모자상」을 동판화로 만든
것을 일본 예수회에서 다시 동판화로 방각한 「세비야의 성모자상」을 목판화로
이모한 것이다. 西村貞, 「慶長二年在銘の日本耶蘇會板銅版聖母圖について」,『日
本初期洋畵の硏究』, 全國書房, 1945, 188~197쪽 ; Jonathan D. Spence, 앞의 책,
32쪽 및 94~95쪽, 331쪽 참조. 「세비야의 성모자상」은 일본 세미나리오에서
성성화를 배운 倪雅谷이 중국으로 반입해온 것으로 보인다. 伯希和 著, 李華川
譯, 「利瑪竇時代傳入中國的歐洲繪畵與板刻」,『中國油畵文獻』, 52~53쪽 참조.
15) Jonathan D. Spence, 위의 책, 93쪽 참조.『복음서화전』은 1593년 유럽 인쇄출판과
판화의 중심지였던 앤트워프에서 안토니를 비롯한 비릭스 형제에 의해 조판되어
출간된 것으로 모두 153점의 삽화로 이루어졌다. 원서명은 Evangelicae Historiae
Imagines로, '복음사사도해' '聖跡圖' '복음고사도상' '복음서그림이야기' 등으
로도 번역된다.

또한 네델란드 등지 거장들의 정교한 동판삽화가 수록된『성서이야기화전』 또는 스페인의 펠리페 2세가 주문했다고 하여『왕가성경』으로도 지칭되는 앤트워프의 크리스토프 플랑탱사 출판의 호화판『플랑탱성서』(1569 ~1572)를 선교활동에 적극 이용하였다.[16] 그리고 황백록(黃伯祿)의『정교진포』(正教秦褒)에 의하면 아담 샬(Joannes Adam Schall von Bell, 湯若望 : 1591~1666)이 1640년 신종에게 증정한 성서에도 48엽의 삽화가 수록되어 있었다고 한다.[17]

이들 삽화본 성서들은 한역되거나 중국풍으로 개작되기도 했는데, 로카(Juan da Rocha : 1565~1623)와 알레니(Julio Aleni : 1582~1649)에 의해 남경과 복건성 진강(晉江)에서 각각 편찬된『천주성상약설』(1609년)의『송염주규정』(誦念珠規程, 1624년)과『천주강생언행약기』(1635년)의『천주강생출상경해』(天主降生出像經解, 1637년)가 대표적인 예라 하겠다.[18] 이들 삽화집은『복음서화전』의 동판화들을 모본으로 중국인 조판사들에 의해 당시 융성했던 목각화로 번각된 것이다.『송염주규정』은 15개의 삽도로 이루어졌는데, 인물과 건물, 풍경 표현의 현지화에 따른 개작과 함께 명대『교주고서상기』(校注古西廂記, 1613) 등의 소설 삽화의 부감적 구성법과 목판화법을 차용하여 절충적으로 묘사되었다.[19] 그러나『복음서화전』의「마리아의 에리사베츠방문」을 번안한「성모왕원」(聖母往願)에서 볼 수 있듯이, 내용 전달을 중시하여 말과 인물상의 축소율을 원근에 따라 적용하지 않았지만, 건물 묘사에선 선원근법이 일부 반영된 평행투사법을 사용하여 좀더 현실적인 시각 이미지에 가깝게 정비된 공간감을

---

16) Jonathan D. Spence, 위의 책, 122~123쪽 ;『中國の洋風畵展』, 69~72쪽 참조.

17) 向達,「明淸之際中國美術所受西洋之影響」,『東方雜誌』27-1, 1930. 10, 22쪽 참조.

18)『中國の洋風畵展』, 15~16쪽의 삽도와 73~106쪽 도판 참조.

19) 河野實,「民間における西洋畵法の受容について」,『中國の洋風畵展』, 14~15쪽 ; 강정윤,「그리스도교 미술의 동아시아 유입과 전개」, 이화여자대학교 대학원 석사학위논문, 2003. 12, 57~58쪽 참조.

〈도 2〉『교주고서상기』, 1613년, 목판화

〈도 3〉「성모왕고의철백이」, 『송념주규정』, 1624년, 목판화

〈도 4〉「마리아의 엘리자베츠 방문」, 『복음서화전』, 1593년, 동판화

보여준다(도 2·3·4). 그리고 「천주강탄」(天主降誕)과 「천주십이령강도」(天主十二齡講道) 등처럼 입체적인 공간구성과 함께 근대원소(近大遠小)의 크기비례 등도 원화의 조형 구조에 토대를 두고, 전통적인 형상원근법보다 개량적으로 다루어졌다.

56점의 삽화로 구성된 『천주강생출상경해』는 원화를 『송염주규정』보다 충실하게 모각했는데, 뷰린으로 정밀하게 새긴 동판화의 명암법을 목

〈도 5〉「파종유」, 『천주강생출상경해』, 1637년, 목판    〈도 6〉「'씨 뿌리는 사람'의 깨우침」, 『복음서화전』, 1593년, 동판화

각 볼록판의 선묘로 나타내면서 입체감의 섬세한 표현이 감소되었다. 이러한 목판식 명암법의 빗금 양식은 전통적인 선묘풍과 함께 입체적인 공간구성에서의 절충성을 나타낸다. 특히 선원근법적 공간에 배치된 음영이 배제된 선묘풍 인물상의 평면적 형상은 콜라주 같은 느낌을 주기도 한다.[20] 그리고 「파종유」(播種喩)에서처럼 음영도 원화와 같이 빛의 방향에 의해 일정하게 붙여지지 않고, 왼쪽 중경의 언덕과 나무들과, 원산 등은 근경과 다른 방향의 광감(光感)을 보여준다(도 5·6). 음영에 의한 회화 형상의 입체감을 시각적 현실을 제공하는 광원에 의해 통일적으로 묘사하지 않고 입체적 관계를 개체적 또는 부분적으로, 고립적이고도 편의적으로 설명하는 수법은 요철법의 전통을 반영한 것으로 생각된다.[21]

---

20) 이러한 양태는 『정씨묵원』에 수록된 비릭스의 동판화를 목판으로 번각한 삽화인 「엠마오로 가는 길」 등에서 더 두드러진다.

21) 서양식 음영법과 요철식 음영법에 대해서는 米澤嘉圃, 「中國近世繪畫と西洋畫法」, 『米澤嘉圃美術史論集』, 朝日新聞社, 1994 참조.

82

원화의 동판화에 표현된 서양화법과 함께 목판식 명암법과 요철풍 음영법 등이 절충된 중서화법으로 번각되었음을 알 수 있다.

고기원(顧起元 : 1565~1628)의 증언으로도 알 수 있듯이, 마테오 리치는 이러한 성화 이외에 삽화가 수록된 많은 서적을 가져왔다.[22] 1570년 앤트워프의 플랑탱 사에서 출판한『세계의 무대』와 쾰른의 브라운과 호겐베르그 사에서 출간한『세계의 도시』등을 비롯한 이들 출판물에는 유럽 도시와 신대륙의 경관이나 자연, 풍속을 서양화법으로 정교하게 그린 동판 삽화가 수록되어 있다.[23] 리치를 포함해 명말 청대에 유럽의 선교사들이 가져온 서양서는 7천여 종에 달했다고 한다.[24] 서양화법의 삽화는 이들 천문 · 지리 · 건축 · 수학 · 역학 등 각종 과학 및 기술서들의 한역본(漢譯本)과 중국 지식인들의 서학 관련 서적물에도 수록되어 유통되었을 것이다.

이들 출판물의 삽화도 명말 청대 서양화법의 유포와 중서화의 형성에 작용한 것으로 파악된다. 그 중에서도 특히 도시도나 경관도 동판삽화는 명말 청대의 실경산수화 등에 부분적으로 영향을 끼친 것으로 보인다. 명말의 대표적인 문인화가 동기창(董其昌)을 비롯해 오빈(吳彬), 장굉(張宏), 이사달(李士達), 심사충(沈士充), 조좌(趙左) 등은 산수화에서『세계의 무대』와『세계의 도시』에 수록된 동판 삽화의 영향을 일부 수용한 것으로 파악된다. 동기창의「강산추제도」(클리브랜드 미술관 소장)에서 볼 수 있는 근경의 토파와 중경과 원경의 연산(連山)들이 비스듬하게 나란히 배치된 평행사선 구도는『세계의 무대』중「텐페의 조망」을 참고했

22) 顧起元,『客座贅語』卷6,「利瑪竇」, "(利瑪竇) 携其國所印書冊甚多……板墨甚精間有圖畫."
23) Michael Sullivan, *The Meeting of Eastern and Western Art*, University of Califonia Press, 1989, 41~52쪽 참조.
24) 李超, 앞의 책, 100쪽 참조.

〈도 7〉 장굉, 「월중진경도」, 1639년, 비단에 수묵담채, 30.3×18.6cm, 大和文華館

을 가능성이 크다.25) 장굉의 1639년 작인 「월중진경도」(越中眞景圖, 도 7) 와 대만 고궁박물원 소장 오빈의 『세화기승첩』(歲華紀勝帖) 중 「대탄도」(大灘圖)의 왼쪽 아래에서 오른쪽 위로 화면을 비스듬히 가로지르며 폭이 좁아지는 원근법적 효과로 묘사된 다리는 『세계의 도시』에 수록된 「우르브스. 캄펜시스의 조망」(도 8)의 중앙에 배치된 다리와 유사하다.26) 그리고 청대 전기에는 금릉8가인 공현(龔賢)을 비롯해 양주의 원파(袁派)와 남영(藍瑛) 등 항주의 직업화가들의 산수화에도 서양의 경관도 동판삽화의 부·감적인 원근법과 음영법을 전통적인 화법과 절충하여 구사한 화풍이 하나의 풍조를 이루었다.27)

성서와 서학서 등에 수록된 삽화의 서양화법은 명말 청대 소설의 삽화에도 영향을 미쳤으며, 선원근법을 구사한 서양경풍(西洋鏡風)으로 다루어지기도 했다. 그 대표적인 예로 『서상기』와 『홍루몽』의 삽화를 꼽을 수 있다.28) 1640년 민제급(閔齊伋) 간행의 『서상기』 삽화에는 물에 비친 인물

---

25) James Cahill, *The Compelling Image : Nature and Style in Seventeenth-Century Chinese Painting*, The Belknap Press of Harvard University Press, 1982, 75~77쪽 참조. 캐힐은 명말 북송풍 산수화의 부흥에는 서양 동판화 경관도들도 자극을 주었을 것으로 보았다. 같은 책, 91~93쪽 참조.

26) James Cahill, 위의 책, 19~20쪽 참조.

27) 吉田晴紀, 「西洋畵の影響を受けた淸代前期繪畵－南京・揚州・抗州の畵家を中心に」, 『中國の洋風畵展』, 136~144쪽 참조.

〈도 8〉「우르브스 캄펜시스의 조망」,
『세계의 도시』동판화

상이 동시에 달빛을 받아 정원에 드리워진 그림자를 표현했으며, 1747년경 목판화로 제작된「전본서상기도」(全本西廂記圖)는 일점 투시적 선원근법으로 그려진 것으로, 서양화법을 반영한 소주판화에서 볼 수 있듯이 '방태서필의'(倣泰西筆意)라고 적어 놓기도 했다.[29] 그리고 1791년 처음 출간된『홍루몽』삽화의 원림경물과 계화(界畵)의 경우, 담장이나 긴 복도 및 실내의 양상을 가까이에서 시작해 사선으로 배치하여 '외관내착'(外寬內窄) 즉 화면 주위는 넓게, 안으로 좁게 나타내어 폭넓은 근경에서 원경의 깊은 곳을 향해 한 점의 좁은 범위로 수속(收束)되는 선원근법인 선법화(線法畵)의 특징을 반영하고 있다.[30] 이 밖에도 명말 청대에 간행된『수호지』와『삼국지』,『서유기』등의 삽화에도 부분적으로 선원근법을 일부 수용하여 절충된 평행투사식 원근법이 보인다.

---

28) 橫地淸,「中國の年畵の數學的遠近法」,『遠近法で見る浮世繪』, 三省堂, 1995, 31~36쪽 참조. 서상기 삽화에 대해서는 小林宏光,「明代版畵の精華ケルン東亞美術館所藏崇禎13年(1640)刊閔齊伋本西廂記版畵について」,『古美術』85, 三彩社, 1988 ;「陳洪綬の版畵活動-西廂秘本の揷繪を中心とした」,『國華』1061 · 1062, 1983, 14~19쪽 참조.

29) 李超, 앞의 책, 151쪽 참조

30)『홍루몽』의 삽화가 서양화법을 적극 반영하게 된 것은, 저자인 曹霑의 서양화에 대한 선호도와도 관련 있을 것으로 생각된다. 조점의 서양화 인식에 대해서는 홍선표, 앞의 논문, 145쪽 참조.

## 2) 판화의 서양화법

마테오 리치는 포교의 수단으로, 중국에서 새로운 세계관의 확대 및 보급과 함께 '이중화중'(以中化中)의 관점으로 세계지도를 한역한 「곤여만국전도」를 제작하여 이용하였다.[31] 마테오 리치의 「입화기록」(入華記錄)에 의하면, 중국인에게 기독교 교리를 확산시키는 데 세계지도가 효과적일 것이라고 생각한 그는 광서성 조경에 있을 때, 거주처 등을 제공해준 조경부 장관 왕반(王泮)의 부탁으로 1584년 편제한 것으로, 각공(刻工)에 의해 각인되어 증물로 사용되었다고 한다.[32] 마테오 리치는 「산해여지도」(山海輿地圖)로 지칭되는 조경에서 간행된 제1판을 오좌해(吳左海)의 요청으로 1600년 수정 증보하여 「산해여지전도」로 불리는 남경판을 만들었고, 1602년 다시 북경에서 6폭의 타원형 지도로 정정(訂定)하고 이지조(李之藻)의 각(刻)으로 「곤여만국전도」를 간행하였다. 이 6폭 「곤여만국전도」가 각판된 다음 해인 1603년 부경사 이광정에 의해 조선으로 이입된 것이다.[33] 그리고 마테오 리치의 1603년 증보판인 「양의현람도」(兩儀玄覽圖)는 가장 큰 8폭으로, 1604년 동지사행으로 북경에 갔던 황중윤(黃中允)에 의해 유입되어 현재 숭실대학교 박물관에 소장되어 있다.[34]

---

31) 장보웅, 「利馬寶의 세계지도에 관한 연구」, 『동국사학』 13, 1976, 85쪽 참조.
32) 洪煨蓮, 「考利馬竇的世界地圖」, 『禹貢』 5-3.4, 1936, 7~8쪽 참조. 마테오 리치가 王泮의 부탁으로 처음 제작한 「산해여지도」는 현재 전하지 않는데, 기록 등에 의하여 기존의 세계지도와 달리 지도의 중앙에 중국이 포함된 동아시아를 배치한 것으로 추측된다. 장보웅, 위의 논문, 96~97쪽 참조.
33) 李晬光, 『芝峰類說』 권2, 「諸國部」 '外國', "萬曆癸卯 余副提學時 赴京回還使臣李光庭權憘 以歐羅巴輿地圖一件六幅送于本館." 마테오 리치의 「입화기록」에 의하면, 1602년의 「곤여만국전도」는 목판으로 두 번 각판되었으며, 2본이 거의 같은데 그 중 刻工이 각한 것이 인쇄되어 고가로 팔렸다고 한다. 이수광은 이 인본을 구입해 온 것으로 생각된다.
34) 김양선, 「명말 청초 야소회선교사들이 제작한 세계지도와 그 한국문화사상에 미친 영향」, 『崇大』 6, 1961, 36쪽 참조.

　마테오 리치가 관여한 세계지도는 10종이 넘는데 그 제작단계와 판본에
대해 연구자마다 견해가 다르지만, 그 중 서양화법의 전래와 관련된 것은
이른바 북경 4판으로 추정되는 1602년에서 1608년 사이에 간행된 '채색묘
회본'(彩色描繪本) 「곤여만국전도」가 아닌가 싶다.35) 여기에는 대양중에
범선과 대어(大漁)의 화상이 들어가 있고 남반부 쪽으로 코끼리와 코뿔소
를 비롯한 각종 조수들이 도해되어 있으며, 모두 뚜렷한 명암법으로 입체
감 풍부한 화풍을 보여준다. 현재 서울대학교 박물관 소장의 회입(繪入)
「곤여만국전도」는 이 마테오 리치의 북경 4판본을 모사한 것으로 보인다.
　『패문재경직도』는 1696년 강희제인 성조(聖祖)의 명으로 초병정(焦秉
貞)이 밑그림을 그리고 주규(朱圭)와 매유봉(梅裕鳳)이 목판으로 새긴
것을 찍어 책혈(冊頁)로 꾸민 것이다.36) 초병정은 흠천감의 5품관으로,
산수·인물·건물 등의 묘사에 뛰어났고, 서양화법인 해서법(海西法)으
로 광원에 의한 명암법, 투시원근법을 뜻하는 '궁심극원'(窮深極遠), 농담
에 따른 채색을 말하는 '설색분농담'(設色分濃淡) 등에 능했다고 한다.37)
「어제(御製)경직도」로도 불리는 이 경직도는 송대의 누숙경직도를 참고
하여 제작된 것으로, 현재 이본(異本)이 많지만, 원래 경도(耕圖)와 직도(織
圖) 각 23도씩으로 이루어졌으며, 농업 장려를 위해 편찬된 도해본이다.38)

---

35) 노정식, 「서양식 세계지도의 수용과 저항」, 『대구교대논문집』 20, 1984, 5쪽의
　　마테오 리치 관련 세계지도 도표 참조.
36) 王伯敏, 『中國版畵史』, 南通圖書公司, 1978, 144쪽 참조.
37) 張庚, 『國朝畵徵錄』 「焦秉貞」 참조. 『淸史』 列傳에도 "초병정은 산동 제녕인으로
　　강희 연간에 흠천감 오관정을 지냈으며, 인물과 누각, 도교의 사원 건물을 잘
　　그리고, 계산에 통달했으며 서양화법을 참용했다. 작은 부분까지 세밀히 분석하
　　고, 음영과 앞뒤를 측정하여 명암을 분별함으로써 멀리 보이는 인물, 짐승, 초목,
　　건물 등이 모두 입체감을 가지고 바로 세워지도록 표현하였다. 성조가 그의
　　그림을 아름답게 여겨 그에게 명하여 경직도 46폭을 그리게 했고, 이 그림들을
　　판화로 인쇄하여 신하들과 화원들에게 하사하였다"고 기록되어 있다.
38) 渡部武, 「中國農書 '耕織圖' の流轉とその影響について」, 『東海大學紀要』 文學部,
　　46, 1986. 6, 48~51쪽 참조.

〈도 9〉 초병정 밑그림, 「제신」, 『패문재경직도』, 1696년, 목판화, 31×25cm, 일본 개인소장

이 목각본 도해는 동판화의 영향으로 전반적으로 섬세한 선묘 위주로 묘사되었으며, 선원근법에 대한 초병정의 이해도를 잘 보여준다(도 9). 지평선을 화면 안에 설정하지 않고 화면 외측에 배치하여 지면에 평행한 직선의 소실점을 지평선상 좌우에 겹치지 않게 했다. 이러한 구성은 선 투시도법을 활용하여 전경을 부감하는 표현으로 부감도라는 중국풍의 중서화법으로 재창조하려는 의지로 해석된다. 그려진 화면만을 보면 부감법으로 그린 것 같은 느낌을 받을 수 있으나, 투시도를 작성해 보면, 소실점이 화면 밖에서 일치한다. 부감도의 인상을 주도록 구성된 구도는 아마도 선원근법 시각에 익숙하지 않았던 중국인들에게 거부감을 주지 않으면서도 그 기법을 적용해내려는 노력의 결과로 생각된다. 소실점으로 향하는 건물의 표현이나 실내에 표현된 가구들의 안정감 있는 묘사들을 보면 초병정이 과학적으로 선원근법을 일정하게 이해하고 있음을 알 수 있다. 배경의 나무들에도 습득된 명암법이 응용되어 있다. 그리고 벽에 걸린 초상화나 농사용 도구들의 표현을 보면 매우 사실적으로 정교하게 그려져 있어 이러한 화풍도 서양화법의 영향으로 파악된다. 초병정의 경직도 화풍은 그의 제자들에 의해서도 계승되어 중서화풍 확산에 기여했으며, 조선후기에 전래되어 이 시기 서양화풍의 전개에 영향을 미치게 된다.

서양화와 서양화법이 선교사들에 의해 유입된 유형 중에 동판 기법의 판화도 중요한 구실을 한 것으로 보인다. 예수회 선교사 중 이태리 출신의

마테오 리파(Matteo Ripa, 馬國賢 : 1682~1754)는 1710년 강희제에게 서양
동판화를 헌상하였는데, 황제는 이것에 큰 관심을 갖고 특히 일점 투시
선원근법을 높게 평가했다.[39] 마테오 리파의 1711년 일기와 1714년의
보고서에 의하면, 강희제는 선원근법으로 그려진 풍경화를 가장 높게
꼽고, 두 번째로 초상화, 그 다음으로 동물화와 인물화를 꼽았다고 한다.
서양의 명암법보다 선원근법을 더 선호했음을 알 수 있다. 건륭제는 이러
한 선호도에 따라 이궁(離宮) 중 36곳을 선별하여 마테오 리파에게 중국인
궁정화가들과 함께 그 경관을 동판화로 제작하게 했다.

건륭제도 이러한 선대의 취향을 계승하여 특히 기념화에서 동판화의
제작을 선호하였다. 건륭제는 1759년에서 1760년 사이의 변방 정벌을
기념하기 위해 승전의 장면을 화원의 수석화가였던 카스틸리오네
(Giuseppe Castiglione, 朗世寧 : 1688~1766) 등 선교사 화가들에게 명하여
그리게 하고, 이를 1767년과 1774년 사이 파리에 보내 동판화로 제작해
오도록 했을 정도였다.[40] 이렇게 제작된 「준회양부평정득승도」(準回兩部
平定得勝圖) 등은 뒤로 갈수록 작아지는 인물의 크기나 산의 크기 등에서
원근의 표현을 발견할 수 있으며, 동판화 특유의 명암표현으로 사실감이
두드러진다. 「평정회부헌부도」(平定回部獻俘圖) 등에서는 소실점이 정
확하게 일치하지 않지만, 전통회화와 크게 다른 서양식 투시도법으로
사실적인 시각효과를 강조했다. 이러한 동판화 평정도 가운데 「평정이리
회부전도」(平定伊犁回部戰圖) 중 한 본이 조선후기에 전래되기도 하였
다.[41]

1786년경에는 중국인 화가들에 의해 북경 근처의 별궁인 원명원(圓明

---

39) 佐川美智子, 「中國初期銅版畵」, 『中國の洋風畵展』, 276쪽 참조.
40) 聶崇正, 『宮廷藝術的光輝』, 東大畵圖公司, 1996, 93~96쪽 참조.
41) 박은순, 「조선후기 「심양관도」 화첩과 서양화법」, 『미술자료』 58, 1997. 6, 50쪽
   참조.

園)에 세워진 서양식 건물을 동판화로 제작했다.[42] 「호동선법도」(湖東線法圖)의 경우, 제명으로 일점 투시법인 '선법화'를 사용했음을 밝히고 있을 정도로 서양화의 과학적 원근감을 강조하여 나타냈다. 중국인 최초의 동판화로 여겨지는 이들 경관도들을 통해 선원근법이 궁정 양식으로 활용되고 있음을 알 수 있다. 이러한 서양화법의 궁정양식은 선교사 화가로 화원의 내정봉공(內廷供奉)이 된 왕치성(王致誠, Jean Denis Attiret : 1702~1768) 등이 참여해 그린 기록화에도 반영되어 행사 장면의 정확하고도 구체적인 전달을 위한 개량기법으로 확산되기도 했다.

궁정양식으로 활용된 서양화법은 연화류(年畵類)를 비롯한 민간화에도 파급되었다. 특히 이 무렵 서구에서 유행하던 안경회(眼鏡繪)가 기구와 함께 수입되었고, 중국에서도 이러한 도구를 만들어 사용하면서 민간으로의 서양화법 확산이 더 촉진된 것으로 보인다. 당시 이 같은 안경회를 서양경(西洋鏡) 또는 양편(洋片)이라 불렀다. 이러한 기법의 소주 연화(年畵)가 나가사키(長崎)를 통해 일본에 전해져 오쿠무라 마사노부(奧村政信)를 비롯한 초기 우키요에 화가(浮世繪師)들에게 영향을 미쳐 에도(江戶) 시대의 풍속화(浮繪) 형성에 영향을 미치기도 했다.[43]

서양경풍의 판화식 연화(年畵)는 민간의 이국취미와 결부되어 인쇄공방에서 대량 제작되었으며, 선투시도법을 용이하게 나타내기 위해서인 듯, 건물과 담장, 보도 등으로 구성된 계화류(界畵類)를 많이 다루었다. 「자금성도」, 「분수 있는 누각도」, 「서양풍 중국누각도」, 「정원도」 등이 대표적인 예로, 그려진 장소나 제재는 달라도 구도에서는 같은 양상을

42) 원명원은 1709년부터 강희제의 명으로 만들어진 별궁으로, 건륭제 때에 증축되었다. 이 때 낭세녕이 18세기 이탈리아 바로크 양식의 아름다움을 살려 설계한 향락을 위한 많은 별장이 추가되었다. 이 궁정들은 베르사이유 궁전과 생클루 분수에 정통한 프랑스인 선교사 부노아가 설계한 수로와 분수를 갖추고 있다. 黑田原次稿, 「銅版圓明園」, 『エッチング』 68, 1983, 17~24쪽 참조.

43) 岸文和, 『江戶の遠近法-浮繪の視覺』, 勁草書房, 1994, 12~17쪽 참조.

보인다. 양 옆으로 건물을 배치하거나, 실내의 기둥이나 담벽을 배치하여, 그것들이 기하학적 선을 이루며 마치 투시도의 선을 그은 것처럼 소실점을 향해 가도록 나타냈다. 궁정양식에서 서양화법을 전통의 화법과 절충해 표현하려는 경향에 비해 선원근법을 극도로 과장시킨 것은 이국취미의 신이성을 반영하기 위한 것이 아닌가 싶으며, 시각의 유희화란 측면에서 새로운 주목이 요망된다.

이러한 서양경풍의 판화식 연화와 함께 절충적인 중서화법의 연화가 상업도시와 문화도시로서 번성한 청대 강남문화의 중심지였던 소주에서 옹정. 건륭 연간(1723~1795년)에 크게 성행하였다.44) 특히 이 시기에 소주 연화는 경제력과 함께 인쇄술의 발달로 최성기를 맞았다. 소주 연화 중에서도 도화오(桃花塢) 공방에서 제작된 판화를 '고소판화'(姑蘇版畵) 라고도 부르는데, 「고소만년교도」와 「백자도」(百子圖) 등에서 볼 수 있듯 이 선투시도법의 확산에 크게 기여한 매체로 중요하다. 이들 연화에는 '방태서필의'(倣泰西筆意)라고 하여 서양화법을 방모했다는 제찬이 적혀 있으며, 모두 서양의 원근 및 명암법과 중국의 전통화법이 혼재된 중서화 의 절충적 특징을 보인다.45) 소주판화의 또 다른 예인 「서호10경도」와 「전당관조도」(錢塘觀潮圖) 등은 선원근법으로, 「금릉승경색도」와 「뇌봉 석조도」 등은 명암투시화법을 반영했다. 그리고 「미인도」와 「당자도」(唐 子圖, 도 10) 등의 인물화에서는 옷주름에 서양 동판화 중에서도 농담의 뉘앙스가 풍부한 선을 여러 차례 반복하는 해칭기법을 모방한 음영법을 사용하기도 했다.46) 낭세녕이 남천주당의 응접실 동벽에 선원근법의 청 대 명칭인 선법화(線法畵)로 그린 다보각경도(多寶閣景圖)도 민간 연화로

44) 小林宏光, 『中國の版畵－唐代から淸代まで』, 東信堂, 1995, 286~298쪽 참조.
45) 古原宏伸, 「蘇州版畵の構圖法」, 『中國畵論の硏究』, 中央公論美術出版, 2003, 317 ~338쪽 참조.
46) 『中國の洋風畵展』, 376쪽 참조.

〈도 10〉「당자도」 18세기, 목판화, 38.6
×23.9cm, 일본 개인소장

제작 유포되었는데, 조선후기 책가화의 원류로서 주목된다.47)

이 밖에도 중국과 서양의 양식을 결합한 그림인 중서화의 출현은 전통 중국회화를 비판하는 동시에 보완하는 역할을 하였다.48) 서양의 선교사 화가들은 작품을 직접 제작했을 뿐만 아니라, 서양회화의 다양한 기법과 장르를 중국의 궁정화가들에게 전수했으며, 이에 따라 중국과 서양방식이 결합된 중서화가 명말 청대를 풍미하게 된 것이다.

47) 聶崇正,「'線法畫' 小考」, 앞의 책, 268~269쪽 ; 이성미,『조선시대 그림 속의 서양화법』, 대원사, 2000, 67~70쪽 ; 박영심,「조선시대 책가도의 기원 연구」, 한국학대학원, 2001. 12 참조. 다보각경도는 서양의 '스투디올로'(studiolo)에서 유래된 것으로 추정되는데, '스투디올로'는 서양에서 사실적 공간묘사를 실생활의 장식공간으로 적극 반영한 장르로서 눈속임 장식벽화인데, 고대 그리스와 로마시대에 출현하기 시작하여 르네상스를 거쳐 바로크 시대에 크게 성행하였고, 오늘날까지 서구 벽화장식의 하나로 꾸준히 전승되고 있다. '스투디올로'는 이 눈속임 장식을 가장 효과적으로 나타낼 수 있는 소재로서, 청대의 다보각경과 조선후기의 책가화에 모티프와 구성, 기법 등에 영향을 미쳤던 것으로 보인다. 낭세녕의 전칭작에 의하면,「다보각경도」는 좌우로 대칭을 이루는 3층 5칸의 다보각에 서책과 각종 청동기, 자기·옥기·소과들을 묘사한 것으로, 모두 투시화법과 명암법을 구사하여 전체적으로 강한 실재감을 보여준다. 다보각 표면은 나무결까지 정밀하게 묘사하여 사실감을 한층 더 고조시켰다. 그러나 다보각의 구조는 중앙을 중심으로 일정한 단축 비율을 보이고 있고, 일관된 빛의 방향에 근거하여 기물의 음영을 합리적으로 나타내고 있는 것으로 보이지만, 작품의 투시원리를 분석해 보면 일점투시화법과 달리 중앙 수직축에 2개의 소실점이 형성되고, 수평축에는 일정 간격으로 여러 개의 시점을 형성하고 있다. 박영심, 위의 논문, 25~42쪽 ; 周小英 編,「西方靜物畫他的歷史, 風格和畫家」,『世界油畫靜物精粹』, 嶺南美術出版社, 1997, 9쪽 참조.

48) 聶崇正,「청대 회화」,『중국회화사 삼천년』, 학고재, 1999, 285쪽 참조.

## 3. 중국 서양화법의 조선후기 전래

### 1) 패문재경직도

중국 서양화법의 조선후기 전래와 관련해 가장 먼저 주목되는 것은 청초의 궁정화가 초병정(焦秉貞)의 작품이다. 초병정은 '서양화법참용' (西洋畫法參用)을 한 최초의 화가 중 한 사람으로, 1682년의 사은사 김석주 (金錫胄 : 1634~1684)가 연행하여 그에게서 초상화를 그려온 바 있다.[49] 김석주의 초상화가 문을 닫은 방 안에서 밝은 빛이 적은 상태로 제작된 것으로 보아, 명암법을 구사하기 위해 빛의 방향을 일정하게 하고 명암의 상태를 효과적으로 파악하려 했다고 생각된다. 그러나 초병정의 생졸년이 알려져 있지 않아 1682년 당시 그의 나이가 몇 살인지 불명인데, 1689년부터 궁정공직(宮廷供職)으로서의 활약상이 기록으로 전하고 1726년 무렵까지 작품활동을 한 것으로 미루어 아직 약관의 화가 초년생이었을 것으로 생각된다. 또한 김석주가 그가 그린 초상화에 대해 수법이 부족한 데 대해 불만을 품고 다시 가감하여 고쳐줄 것을 요구한 바 있어 아직 묘사력이 미숙했을 가능성도 있다.

초병정이 궁정화가로서 서양화법, 즉 선원근법과 중국의 전통화법을 결합한 중서화법을 사용해 제작한 그림으로 저명한 것은 앞서 언급했던 강희제의 명으로 1696년에 그린『패문재경직도』이다. 이 경직도는 제작된 지 1년 뒤에 최석정이 1697년 주청사로 연행하여 구득하여 9월에 복명하면서 숙종에게 바쳤다. 이러한 사실은『열성어제』(列聖御製)에 다음과 같이 기록되어 있다.

주청사 최석정 등이 연경에서 돌아와 화첩 한 본을 바쳤는데, 그것은

49) 金錫胄,『息庵遺稿』권8,「與燕京畵史焦秉貞書」참조.

경직도로서 청나라 황제가 직접 서문과 절구를 짓고 그것을 썼으며, 글씨와 그림은 모두 간행한 것이다.[50]

〈도 11〉 전 진재해, 「잠직도」, 1697년, 비단에 채색, 137×52.5 cm, 국립중앙박물관

숙종은 이 경직도를 병풍으로 두 벌을 모사하게 하고 세자에게 경직의 어려움을 깨우치는 시를 직접 지어 제시로 삼았다. 숙종의 명으로 모사된 이 경직도는 화원인 진재해(秦再奚)가 그린 것으로 추정되며, 현재 족자 상태로 「잠직도」(도 11)란 제목으로 국립중앙박물관에 수장되어 있다.[51] 이 그림의 상단에 『열성어제』에 실린 숙종의 어제시인 「제직도」(題織圖)가 행서로 적혀 있고, 끝 부분에 '정축'(丁丑, 1697)이란 간지와 임금을 의미하는 '신제'(晨帝)라는 주문방인이 찍혀 있다. 그리고 족자의 상단 우편의 노란 표지에 해서로 '진재해화 숙묘조어찬정감'(秦再奚畵 肅廟朝御讚正鑒)이라고 적혀 있다. 이 관지는 나중에 적어넣은 것으로 생각되지만, 제작자를 명기한 것으로 보아 그의 작품으로 알려져 왔음을 알 수 있다.

이 그림에는 『패문재경직도』 직부 중 '누에알 씻기'와 ' 두 잠 재우기', '세 잠 재우기'의 세 장면을 산수를 배경으로 한 화면 속에 지그재그식 구도로 배치하였다. 장면을 구분해주는 산수를 수평 방향으로 3단으로 나눔으로써 오행의 효과가 감소되었고, 건물의 방향도 시점이 다른 세 장면의 양태를 같은 화면에 배치함으로써 통일된 원근감이 약화되었다.

화면 오른쪽에 보이는 근경과 중경의 건물에는 초병정이 구사한 선원근법의 특징이 일부 반영되어 있지만, 『패문재경직도』의 세 장면을 한 화면에 조합하여 그렸을 뿐 아니라 선원근법에 대한 인식이 없는 상태로 재배치했기 때문에 원작의 중서화풍을 제대로 반영하지 못한 경향을 보인다. 원화의 조형성과 시각성보다 제재의 차용에 치중했음을 알 수 있다.

〈도 12〉 작가미상, 「패문재경직도병」, 18세기 후반, 비단에 채색, 107.5×243cm, 건국대학교 박물관

『패문재경직도』의 중서화법은 18세기 후반 작품으로 추정되는 건국대학교 박물관 소장의 『패문재경직도병』에 반영된 것으로 보인다. '염색'과 '무늬 놓기', '실 감기'를 한 화면에 그린 화폭(도 12)에는 선투시도적 원근감이 부분적으로 눈에 띄는데, 화면 전체를 평행투사식으로 사선상에 통일적으로 배설한 구도를 보여준다. 근경에서 원경으로 멀어질수록 건물과 인물, 나무들의 크기는 점차 작아지게 묘사했으며, 건물 기둥과 오른편 하단 건물 안의 그릇들, 중경의 초가지붕에는 광원의 방향에 의한 통일적인 명암묘사는 결여되었지만, 서양화법의 절충적 경향을 형성하고 있는 입체감을 개체별로 나타낸 요철풍 음영법이 구사되었다. 특히 중경의 초가지붕에 가해진 음영법은 서양 동판화의 정밀한 명암 표현을 목각 볼록판의 선묘로 나타낸 중서화의 목판식 명암법인 빗금양식을 모필로 그린 것으로 보인다. 그리고 근경, 중경과 마찬가지로 반부감의 동일시점으로 배치된 원경의 청록풍 산수는, 남경박물관 소장 고잠(高岑)의 「금산사도」와 북경 수도박물관 소장 장성(章聲)의 「청록산수도」(1671년)와 같은 서양화풍의 영향을 부분적으로 반영한 청대 전기 금릉과 항주지방 화사들의 중서화풍 산수화와 서로 통한다.[52] 서양화법을 부분적으로 반

영한『패문재경직도병』의 이러한 화풍은 김홍도의 관서가 있는 한양대학교 박물관 소장의 『경직풍속도병』 등에서도 볼 수 있다.

### 2) 곤여만국전도

중국 서양화법의 조선후기 전래를 보다 명료하게 반영하고 있는 것은 「곤여만국전도」의 유입과 모사가 아닌가 싶다. 1708년 왕명으로 영의정이면서 관상감 책임자였던 최석정 주관하에 명암법이 짙게 반영된 이국의 동물도와 범선이 그려진 마테오 리치 관련의 북경 제4판인 '회입' 「곤여만국전도」가 평양출신 화원 김진여(金振汝)에 의해 모사되었다.[53] 이 지도 병풍 8폭은 현재 서울대학교 박물관에 소장되어 있다.

병풍의 첫 번째 폭과 마지막 여덟 번째 폭에는 1602년 제작된 「곤여만국전도」에 기입되어 있는 마테오 리치의 서문과 '회입' 「곤여만국전도」의 모사 경위를 적은 최석정의 서문이 각각 적혀 있다.[54] 최석정의 서문에 의하면, 1628년 무렵인 명 숭정 초년에 서양인 탕약망(湯若望), 즉 아담 샬이 제작한 천문도인 건상도(乾象圖)와 곤여도(坤輿圖) 각 8첩 병풍 인본(印本)이 우리나라에 전래되었는데, 숙종 34년(1708) 봄에 서운관에서 건상도 병풍을 그려 진상하자 왕이 곤여도도 모사하도록 명했다고 한다. 최석정은 이 곤여도가 기존의 중국과 그 성교가 미치는 외계를 담은 천하

---

52) 고잠과 장성 산수화의 서양화풍 영향 관계에 대해서는 吉田晴紀, 앞의 논문, 139~142쪽 참조.

53) 1708년 '회입' 「곤여만국전도」의 모사를 김진여가 했다는 사실은 6·25때 소실된 경기도 봉선사 본에 의거한 것이다. 김양선, 「한국고지도연구초」, 『숭대』 10, 1965, 71쪽 참조. 서울대학교 박물관 본에는 김진여가 모사했다는 기록이 없지만, 같이 제작된 것으로 간주되고 있다. 배우성, 「옛지도와 세계관」, 『우리 옛지도와 그 아름다움』, 효형출판, 1999, 137쪽 참조.

54) 최석정의 서문은 그의 문집인『明谷集』권8「西洋乾象坤輿圖二屛總序」에도 수록되어 있다.

〈도 13〉 김진여, '회입' 「만국곤
여전도」, 8폭 병풍, 1708년, 종
이에 채색, 172× 531cm, 서울
대학교 박물관

도와 달리 서양 선교사들의 말대로 하늘과 마찬가지로 땅도 둥근 지구(地
球)의 상하 사방에 만국이 분포되어 있고 중국은 아세아(亞細亞) 북계에
위치해 있다고 했다.

2폭에서 6폭에 걸쳐 세계지도가 타원형으로 그려졌는데, 그 여백에는
구중천, 천지의(天地儀), 북반구, 남반구 등 당시의 서양 천문지식에 대한
설명이 덧붙여 있고, 지도의 나머지 여백에 코끼리와 코뿔소를 비롯해
이국의 동물과 범선형의 탐험선들이 묘사되어 있다(도 13). 이러한 양태는
1608년 6폭으로 제작된 북경 5판인 남경박물관 소장의 「곤여만국전도」와
유사하지만 배의 크기나 동물의 위치 등에서 조금 차이가 난다.

범선(도 14)의 선체에 대포 포문으로 묘사된 둥근 구멍들이 여러 개
있는 것으로 보아 마테오 리치도 리스본에서 타고 온 적이 있는 포르투갈
의 무장상선으로 생각된다. 돛대 위에는 만(卍)자 깃발이 달려 있는데,
당시 기독교권 국가를 표시하던 십자 깃발을 이해하지 못하고 잘못 그린
것이 아닌지 모르겠다.[55] 도식화된 포문들에 비해 하얀 돛들은 바람에
부푼 양태와 함께 표면에 푸른색의 음영을 넣어 팽창감을 한층 고조시켰
다. 그리고 바다의 대어나 괴수, 코끼리(도 15) 등의 조수들은 중국의
서양화법처럼 광원의 일정한 방향성에 의해 명암을 처리하지 않았지만,

---

55) 16·17세기에 제작된 세계지도나 항해도 중에는 배나 항구 등에 당시 기독교와
회교의 세력권을 각각 나타내는 십자기와 新月旗를 묘사하기도 했다. 大塚英明,
『羊皮紙にかれた航海圖－日本の美術 438』, 至文堂, 2002, 36쪽 참조.

〈도 14〉 김진여, 회입 「만국곤여전도」 범선 부분

〈도 15〉 김진여, 회입 「만국곤여전도」 코끼리 부분

선염풍으로 음영을 강하고 정밀하게 표현하여 입체감이 두드러진다. 광감(光感)에 의해 점진적으로 베풀어진 명암에 의한 짙고 옅은 농담과 어두운 부분의 반사광 처리는 동물의 둥근 볼륨감을 더욱 실감나게 한다. 범선 속의 인물을 제외한 동물 화상들의 경우, 레오나르도 다빈치가 자연의 정확한 모방에 의한 실물 재현의 핵심적 기법으로 강조한, 부조(浮彫)처럼 튀어나와 보이도록 하기 위해 빛과 그림자에 대한 과학적 관찰은 없지만 화법의 형식적 차용에 의해 모두 두드러진 명암법으로 묘사되어 있어 서양화법을 최초로 적용한 사례로서 주목된다.

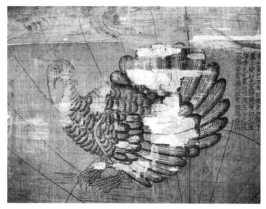

〈도 16〉 작가미상, 「곤여전도」 공작
부분, 19세기, 종이에 채색, 146×
400cm, 한국 개인소장

　유럽에서 세계지도를 제작하면서 대륙과 대양의 여백이나 주요 항구
등에 관련 이미지들 즉 원주민과 동·식물, 범선 등의 화상을 그려넣은
것은 14세기 후반 카탈루냐 지도첩에서 볼 수 있듯이 여러 지역에 대한
실제와 상상의 이미지를 삽화로 묘사한 한 것을 전통으로 15세기 후반과
16세기에 이르러 성행한 것으로 보인다.56) 이러한 회입 세계지도는 대항
해시대와 인쇄술의 발달을 통해 널리 확산되었으며, 우리나라에는 19세기
중엽경까지 영향을 미쳤다.

　현재 숭실대학교 박물관에 소장되어 있는 1860년 제작의 「곤여전도」는
벨기에 출신의 선교사로 순치 연간의 천문역법을 관장했던 페르비스트
(Ferdinand Verbist, 南懷仁 : 1623~1688)가 1674년에 간행한 「곤여전도」를
1856년에 재판한 광동판을 모본으로 8폭 병풍으로 꾸민 것이다.57) 양반구
형(兩半球形) 세계지도이면서 바다와 남방 대륙의 여백에 범선과 각종
조수들이 묘사되어 있는 이 「곤여전도」의 목판은 서울대 규장각에 소장되

---

56) Peter Whitfield, *The Charting of The Oceans : Ten Centuries of Maritime Maps*,
　　Califonia : Pomegranate Artbook, 1996, 17~59쪽 ; Jeremy Black, *Visions of The
　　World*(김요한 옮김, 『세계지도의 역사』, 지식의 숲, 2006), 44~134쪽 도판 참조.
57) 배우성, 앞의 논문, 151~154쪽 참조.

어 있으며, 이를 필사한 모필본이 개인 소장으로 전한다. 사자와 코뿔소 등의 묘사에서처럼 다소 서툴기는 하지만, 공작 삽화(도 16)에서 볼 수 있듯이 조수상들은 서양 동판화의 치밀한 명암 표현을 목판으로 번각하면 서 형성된 중서화의 빗금 양식으로 음영을 넣어 입체감을 나타냈다.

## 4. 조선후기 서양화풍의 전개

서학서의 조선 전래는 전문 각공이 인출(印出)한 마테오 리치의 「곤여 만국전도」가 이광정에 의해 1603년 지입된 선조 연간부터 이루어졌지만, 청나라와의 긴장관계를 해소하면서 왕조 재흥을 위해 청으로부터의 문물 유입에 적극성을 띠게 되는 숙종조(1675~1720)에 이르러 본격화되었다. 앞서 살펴본 대로 『패문재경직도』와 '회입' 「곤여만국전도」와 같은 서양 화법이 구사된 복제 화적들도 이 시기에 유입되었으며, 1708년 화원인 김진여에 의해 명암법의 화상들이 모사된 바 있다. 이러한 서양 명암법은 이기지의 「서양화기」(西洋畵記, 1720)에서 알 수 있듯이,[58] '원체'(圓體)로 도 불린 입체감의 증진을 통해 생동하는 실물을 "신교(神巧)를 탈취한 것"처럼 '핍진'하게 나타내는 데 효과적이라는 인식이 확산되면서 초상화 등에 반영되기 시작했다. 특히 숙종 21년(1695)과 39년(1713)에는 세조 이후 250년 만에 국왕의 생전시 어진 제작이 시행되면서,[59] 사진전신(寫眞

---

58) 홍선표, 「명청대 서학서의 視學지식과 조선후기 회화론의 변동」, 153~154쪽 참조. 이기지는 숙소를 방문한 서양 선교사로부터 '곤여도' 2권과 함께 '지구도' 8장과 '서양화' 7장을 선물로 받기도 했다. 신익철, 「이기지의 『一菴燕記』와 서학 접촉 양상」, 『동방한문학』 29, 2005. 12, 175쪽 참조.

59) 『승정원일기』 333책, 숙종 15년 2월 23일조와 477책, 숙종 39년 4월 9일~5월 22일조(진홍섭 편, 『한국미술사자료집성 4』, 일지사, 1996, 586~637쪽) ; 강관 식, 「털과 눈─조선시대 초상화의 제의적 명제와 조형적 과제」, 『미술사학연구』 248, 2005. 12, 111쪽 참조.

〈도 17〉 작가미상, 「신임 초상」, 1722년, 비단에
채색, 24.4×36cm, 국립중앙박물관

傳神) 즉 형사적 전신에 대한 관심이 높아
졌던 것도 서양화법 수용의 촉진제가 되
었을 것으로 생각된다.

　1713년의 숙종어진 제작에 참여한 김
진여와 장득만(1864~1764) 등이 1719년
과 20년에 걸쳐 그린『기사계첩』의 반신
상에는 안면의 음영 표현이 전 시기에 비
해 한층 자세하게 구사되었으며, 1722년
작인 「신임 초상」(도 17)은 얼굴을 비롯해
관모와 옷주름에 가해진 명암법으로 입
체감이 크게 증진되었다.[60] 특히 「신임
초상」은 서양화법을 부분적으로 수용하
여 명말의 초상화를 개량한 증경(曾鯨 :
1568~1650)의 1624년작인 「조사악(趙士

鍔) 초상」(천진시예술박물관) 등에서 볼 수 있듯이 옅은 잔붓질을 수없이
가해 자연스럽게 음영을 나타낸 홍염법(烘染法)과 유사한 경향을 보여준
다.

　숙종조 후반경부터 형사적 전신론의 대두와 더불어 초상화에서 제일
먼저 부분적으로 수용하기 시작한 서양화법은 영조대(1725~1776)에 이
르러 김희성(1710년대~1763년 이후)과 변상벽(?~1775), 이필성, 김덕성
(1728~1797) 등 화원화가와 강세황(1713~1791), 강희언(1710~1784)과
같은 문인화가에 의해 확산되었다. 정선의 제자였던 김희성은 1754년경
초도의 풍광을 그린 「서해풍범」을 비롯해 영남 안음지방의 명승을 다룬
「극락암」과 「화암」 등에서 경물을 중첩시켜 공간감을 조성하면서 공기원

---

60) 이성미, 앞의 책, 127~131쪽 참조.

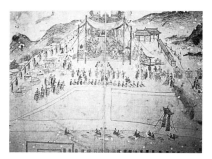

〈도 18〉 김희성 외, 「모화관 친임시재도」, 『준천계첩』,
1760년, 비단에 채색, 규장각

근법을 더해 후퇴개념을 확보하면서 원근감을 나타냈다. 실물경에서의 시각적 사실성의 증진을 위해 원근법의 서양화풍을 부분적으로 활용했으며, 「북악망목멱」에서는 산형의 양감을 살리기 위해 명암법을 구사했다. 강세황은 이 그림의 제발에서 산세 표현에 대해 '유요철'(有凹凸)이라고 하여 서양화풍의 음영법이 시도되었음을 평한 바 있다.[61] 그리고 김희성은 1760년경 『준천계첩』 제작에 참여했는데, 「모화관 친임시재도」(도 18)의 경우 오봉병이 배설된 어좌를 꼭지점으로 삼아, 청조의 추일계(鄒一桂 : 1686~1772)가 『소산화보』(小山畵譜)의 「서양화」에서 말한 삼각형 구도의 원근법을 사용하여 중서화의 선법(線法) 또는 천심법(淺深法)에는 미치지 못하지만, '외관내착'의 오행감을 시도한 의외를 보인다. 특히 1755년에 낭세녕과 청조 화원들이 합작한 「만수원사연도」(萬樹圓賜宴圖)를 비롯해 건륭제의 변방 정벌의 승전을 기념하기 위해 선교사 화가들이 서양화법의 원체풍으로 원화를 그리고 프랑스 파리에 보내 동판화로 제작한 각종 평정도(平定圖) 가운데, 신하들이 배열하여 거행된 개선연(凱旋宴) 행사도의 구도와 기본적으로 상통한다. 이와 같이 선원근법의 효과를 이용하려는 경향은 같은 시기에 제작된 경남대 소장 『제신제진첩』의 「제신시열도」 등의 행사기록화에서도 보인다.[62]

영조조 최고의 국수(國手)로 손꼽힌 변상벽의 「묘작도」는 고목의 입체

---

61) 김희성의 진경산수화풍과 서양화법과의 관계에 대해서는 김수진, 「불염재 김희성의 회화연구」, 서울대학교 석사학위논문, 2006. 2, 27~30쪽 참조.
62) 이성미, 앞의 책, 183~186쪽 참조.

102

감이나, 살아 있는 것과 같다는 평을 들은 고양이 눈동자의 안광과 털의
정교한 질감 묘사는, 초병정과 함께 서양화법 수용에 앞장선 청초의 화원
화가 냉매(冷枚)의 「오동쌍토도」에 보이는 서양화풍과 유사하다. 영조대
에 여러 차례 의궤 제작에 참여했던 이필성이 1761년 연행시 현종의 출생
장소인 심양관의 여러 실경을 그려오라는 왕명을 받고 도회한『심양관화
첩』에 수록된 「산해관외도」도 명말에 들어온 서양 도시도와 경관도 동판
삽화의 부감적 원근법과 삽화본 성서를 번각하면서 요철풍 음영법으로
절충화된 서양화법을 반영한 것으로 보인다.[63]

김덕성은 1762년 영조 후궁인 영빈 이씨의 명으로『중국소설회모본』
제작에 책임 화원으로 참여했는데,[64] 「소아국일야장아」(小兒國一夜藏
兒)를 비롯하여『서유기』삽화에 묘사된 구름의 경우,『복음서화전』의
동판화를 목판으로 번각한 명말의『송염주규정』(1624)의 「성모승천」과
『천주강생출상경해』(1637)의 선묘풍 입체감의 양태를 반영한 것으로 생
각된다. 특히 김덕성의 「풍신우신도」(風神雨神圖, 도 19)는 "필법과 채색
법이 모두 서양의 묘의(妙意)를 얻었다"(筆法彩法 俱得泰西妙意)는 강세황
의 평이 적혀 있듯이 얼굴과 옷주름, 구름 등에 몰골선염에 의한 요철풍
명암법이 눈에 띄게 구사되어 있어 마치 부조(浮彫)를 보는 것 같은 양감을
자아낸다.[65] 풍신과 우신이 허리에 차고 있는 붉은색과 푸른색의 호리병
은 완연한 서양화식 채색법으로 다루어져 있는 등, 조선후기 작품 중에서
도 서양화풍을 두드러지게 나타낸 대표적인 작례로 중요하다.

1757년작인『송도기행첩』의 「개성시가」와 「산성남초」, 「영통동구」 등
에서 실물경의 현장감과 시각적 인상을 생생하게 표현하기 위해 단일

63] 심양관화첩의 서양화법에 대해서는 박은순, 앞의 논문, 34~45쪽 참조.
64] 박재연, 「『中國小說繪模本』해제」,『중국소설회모본』, 강원대학교출판부, 1993,
155~160쪽 참조.
65] 변영섭,『표암 강세황의 회화연구』, 일지사, 1988, 108쪽 참조.

〈도 19〉 김덕성, 「풍신우신
도」, 18세기 후반, 종이에
수묵담채, 28.2×41.5cm,
한국 개인소장

〈도 20〉 강희언, 「북궐조무도」, 18세기 후반,
종이에 수묵담채, 26×21.5cm, 한국 개인소장

시점의 부감적 원근법과 담채 선염에 의
해 요철풍 명암법과 같은 서양화법을 응
용해 구사한 강세황은 실기뿐 아니라, 비
평 및 이론면에서도 1760년대 전후, 영조
말기의 서양화풍과 형사적 전신론 확산
에 중요한 구실을 하였다. 그의 60대 무렵
으로 추정되는 1770년대 자화상인 원형
의 「자화소조」(自畵小照)는 잔붓질을 중
첩시킨 자연스러운 음영에 의해 입체감
을 시도한 것으로, 증경의 홍염법과 같은
유사 서양화 명암법을 반영한 것으로 보
인다.66)

　　관상감에 근무했던 여항문인화가 강희언도 강세황의 이러한 응용된

66) 이 자화상에 대해 이동주와 조선미는 서양화법을 본격적으로 사용한 초상화로
　　평가했다. 이동주, 『우리나라의 옛그림』, 박영사, 1975, 64~65쪽 주 7 ; 조선미,
　　『한국의 초상화』, 열화당, 1983, 345~346쪽 참조.

서양화풍을 계승하여 부감적 원근법이 강화된 청신한 감각의 「북궐조무도」(北闕朝霧圖, 도 20)와 같은 진경산수화를 그렸다. 「북궐조무도」는 광화문 대로를 다룬 작품으로, 뒤로 갈수록 좁아지는 도로의 표현과, 원경 부분을 작고 흐리게 그리고, 근경의 경물을 좀더 크고 짙게 묘사한 점 등에서 과학적 비례에 따른 정확한 축소율은 아니지만 선원근법과 공기원 근법을 활용한 공간구성을 보여준다. 도화동에서 바라보며 그린 「인왕산도」는 음영을 두드러지게 구사하여 산능선의 입체감을 증진시켰으며, 서양화에서처럼 푸른색으로 하늘의 실체를 우리나라 최초로 표현하였다. 그리고 「결성범주도」와 1781년작인 「출렵도」에서는 공기원근법을 이용해 오행감을 확장시키기도 했다.

　이규상(1727~1799)이 1793년 전후에 쓴 「화주록」(畵廚錄)에서 "지금 화원(畵院) 그림은 서양국의 사면척량법(四面尺量法)을 본받기 시작했는데……김홍도가 이러한 재주에 뛰어나다"고 했듯이,[67] 조선후기의 서양 화풍은 정조대(1777~1800)에 이르러 최고의 화원화가 김홍도(1745~?)를 중심으로 원체화풍의 주류를 이루게 된다. 김홍도는 실기와 이론면에서 서양화에 대한 이해가 높았던 강세황으로부터 화결을 배웠으며, 강희언과도 가깝게 교유했다. 1778년 강희언 집에서 그린 김홍도의『행려풍속도병』(국립중앙박물관 소장)은『패문재경직도』에서 볼 수 있는 선원근법과 건물묘사법 등을 이용하여 시각적 이미지에 상합되는 보다 합리적인 공간구성과 함께 근대원소의 크기비례도 전통적인 형상원근법을 개량한 화풍을 보여준다. 그의 풍속도들에서 등장인물들의 안정감 있는 배치와 특히 기존의 상하로 배열된 느낌과 달리 중첩법을 사용하지 않고도 앞·뒤로 포치된, 즉 인물들 사이에 공간감을 자아내는 효과를 주는 것은 이처럼

---

67) 李奎象,『一夢稿』所收『幷世才彦錄』권2「畵廚錄」金弘道, "當時院畵 創倣西洋國之四面尺量法……弘道善此."

새로운 원근법에 대한 이해가 전제되었음을 알 수 있다.

1788년 정조의 명으로 금강산을 다녀온 후에 그린 간송미술관 소장의 『금강산8폭병』과 1796년경 제작된 서울대학교 박물관 소장 『화성춘추팔경도병』에도 이러한 서양화풍이 응용된 양상을 엿볼 수 있다.[68] 특히 이와 같은 화풍은 김홍도 작품으로 전칭되는 「현종암도」를 비롯한 『금강사군첩』에 보다 진전된 양태를 보이고 있으며, 「시중대」(侍中臺)의 경우, 근경과 중경, 원경의 구분을 기존의 운무 공간에 의한 분할법과 달리 공기원근법으로 나타냈는가 하면, 시점 설정에 의한 수평선의 등장이 눈에 띈다. 이러한 수평선은 선투시도법과의 호응관계에서 이루어져 산수화의 서양화풍 전개와 관련하여 각별한 의의를 지닌다고 하겠다.

〈도 21〉 김홍도, 장한종 외, 「주교도」, 『원행을묘정리의궤』, 1795년, 규장각

김홍도 감독하에 이인문과 김득신, 장한종 등 정조대의 일급 화원들이 참여하여 1795년 제작한 『원행을묘정리의궤』에 실린 「주교도」(도 21)는 화면을 비스듬히 가로지르며 폭이 좁아지는 다리의 시각적 이미지를 초점 투시법을 사용하여 묘사한 것으로, 『세계의 도시』에 수록된 「우르브스 캄펜시스의 조망」을 참조해 그린 것으로 보이는 명말 장굉의 「월중진경도」(도 7)와 상통된다. 그리고 1790년 김홍

---

68) 김홍도를 비롯한 정조대 화원화의 시각적 사실성에 대해 강관식은 조선후기 '진경문화'의 난숙과 국왕 관장하에 후원을 받던 궁중화가들의 활약과 결부하여 파악했다. 강관식, 「진경시대 후기 화원화의 시각적 사실성」, 『간송문화』 49, 1995, 10 ; 「조선의 국왕과 궁중화원」, 이성미 외, 『조선왕실의 미술문화』, 대원사, 2005.

〈도 22〉 전 김홍도 외, 「삼세여래체탱」(부분), 비단에 채색, 440×350cm, 용주사

도가 정조의 특명을 받고 이명기 등과 함께 제작을 주관한 것으로 기록에 전하는 용주사 대웅전 「삼세여래체탱」(도 22) 의 경우,[69] 화상들의 안면과 몸체, 옷주름 등에 명암법이 두드러지게 구사되어 있어 마치 서양화를 보는 듯한 느낌을 줄 정도로 입체감이 돋보인다. 이와 같이 불화 또는 도석인물화에서 서양화법을 적극적으로 사용한 것은 살아 있는 것처럼 보이는 신기(新奇)한 기법을 통해 초월적 능력의 현화감(現化感)을 높이고자 한 효용성 때문이 아니었나 싶다.[70] 청대에도 유화로 불화를 그린 사례가 있으며, 왕운종(汪雲從)의 「강룡존자도」(降龍尊者圖, 東京 개인소장)는 기독교 성상화의 영향을 받아 명암법을 짙게 구사한 도석화로 「삼세여래체탱」의 화풍과 유사하다.

초상화에서의 명암법 채용은 정조대에 이 분야의 시대적 양식을 이룰 만큼 성행했다.[71] 증경의 홍염법도 포함되는 서양화식 명암표현법은 얼굴의 기복에 따라 세밀한 붓질을 많게, 또는 적게 가하여 들어가고 나온 입체감을 정묘하게 나타내고, 옷주름의 굴곡을 자세하게 묘사한 뒤 접힌

69) 용주사 「삼세여래체탱」의 김홍도 등 제작설은 이동주가 제시한 것을 오주석이 「김홍도의 용주사 「삼세여래체탱」과 「칠성여래사방칠성탱」」(『미술자료』 55, 1995)에서 강조한 것이다. 그러나 김경섭은 「용주사 대웅보전 삼불회도 연구」(동국대학교 석사학위논문, 1997)에서 1912~15년 사이에 제작된 것으로 보았다.
70) 홍선표, 『조선시대 회화사론』, 문예출판사, 1999, 297쪽 참조.
71) 조선미, 『한국의 초상화』, 열화당, 1983, 411~420쪽 참조.

〈도 23〉 장한종, 「휘장책가도」, 18세기 말~19세기 초, 종이에 채색, 206×436cm, 경기도박물관

부분에 선염풍 음영을 넣는 등의 방법을 통해 시각적 사실감을 높여주었다. 정조대 최고의 초상화가인 이명기가 1792년에 그린 「채제공 초상」의 경우, 얼굴은 물론 부채를 잡고 있는 손의 묘사에서 요철풍 명암법이 완벽하게 구사되어 있어, 1784년에 제작된 그의 추정작 「채제공 상」과 함께 이 분야에 반영된 서양화풍의 대표적인 작례로서 손꼽을 만하다.

정조 연간 서양화풍의 심화 및 확산과 관련하여 주목되는 것이 책가화(冊架畵)의 대두로, 왕실과 '귀인'들 모두 선호했는가 하면, 이 시기에 궁정화가로 제도화된 자비대령화원의 녹취재(祿取才) 화과로도 채택되었으며,[72] 김홍도가 특히 잘 그린 것으로 전한다. 책가화는 서책, 고동기, 자기, 삽화병(揷花瓶), 소과(蔬果) 등의 기물이 진열된 다층다칸의 책가 또는 서가를 진채를 사용하여 투시법과 명암법을 구사해 그린 것이며, 조선후기 회화 장르 중 서양화풍을 가장 두드러지게 반영한 의의를 지닌다.[73]

낭세녕이 18세기 전반경 북경의 남천주당 응접실벽에 선원근법과 명암법으로 그려 부착한 바 있으며, 청대 민간 연화로도 유포된 '다보각경도'를

---

72) 강관식, 「조선후기 규장각 자비대령화원제」, 『간송문화』 47, 1994, 10, 66쪽 참조.
73) 이성미, 앞의 책, 191~194쪽 참조.

원류로 제작된 책가화 가운데 가장 이른 작례는 장한종(1768~?)의 「휘장 책가도」(도 23)가 아닌가 싶다. 1795년 김홍도와 함께『원행을묘정리의궤』 제작에 참여한 바 있는 장한종의 책가도는 건륭대 다보각의 구조에 부분적 으로 선원근법을 응용해 나타냈으며, 기물들은 18세기 후반경 청조 궁정화 가가 서양식 음영법으로 그린『고기도책』(古器圖冊, 黑川古文化研究所 소장)의 문방청완류 표현양식과 유사하다.

〈도 24〉 신광현, 「초구도」, 19세기 중엽, 종이에 수묵담채, 35.3×29.5cm, 국립중앙박물관

19세기에 이르러 서양화풍은 사의적 인 문인화풍의 강세 속에서도 궁중행사 도나 「경기감영도」와 같은 계화류와 책 가화 등의 화원화에서 절충된 양태로 지 속되었으며, 화원들의 진경산수화에서 도 김홍도에 의해 정립된 시각적 사실감 이 반영된 양식이 이어졌다. 그리고 여항 문인화가 신광현(申光絢 : 1813~?)의 작품으로 전하는 「초구도」(招狗圖, 도 24)에서 관찰되듯이, 화면의 왼쪽 상단 에 설정되어 있는 일정한 광원의 방향에 의해 명암법을 구사했을 뿐 아니라, 인물 과 개의 그림자까지 표현한 보다 심화된 양태를 보여준다.[74] 이와 같은 그림자 표현은 작가미상의 「맹견도」에서도 보이는데, 두 그림 모두 국적 문제가 있지만,[75] 빛의 효과에 의한 시각현상을 그대로 재현한 의의를

74) 「초구도」의 작가는 오랫동안 화면에 적혀 있는 관서에 의해 '適庵'이란 호로만 알려져 왔는데, 장지연의『대동시선』권9에 수록된 신광현의 인적사항 중 그의 별호가 '適庵'으로 기재되어 있는 사실에 의거하여 그림의 작가를 신광현으로 추정하게 되었다. 홍선표, 「초구도」, 맹인제 책임감수,『인물화』(한국의 미 20), 중앙일보사, 1985, <도판 80> 해설 참조.
75) 「맹견도」의 국적 문제에 대해서는 이경성, 「국립중앙박물관 소장 맹견도에

지닌다.

19세기에는 서양화법이 『육해법』(1834년)과 『심기도설』 등 최한기(1803~1877)가 저술한 서학 관련 서적의 삽화에 이용되었는가 하면, 감로탱 같은 불화에도 일부 다루어졌다. 불화에서의 서양화법은 1768년 제작된 신흥사 「감로탱」(호암미술관 소장)의 불·보살을 비롯해 각종 화상의 옷주름에 「당자도」(도 10)와 「전본서상기도」 등, 소주 연화에서 발견되는 서양 동판화의 해칭 기법을 목판으로 번각하면서 형성된 칼로 저민 굵고 짙은 의습 양식이 반영된 바 있다. 그러나 좀더 확산되는 것은 1832년에 그려진 수국사 「감로탱」(프랑스 기메미술관 소장)을 위시해 19세기를 통해서이며, 1887년 제작의 경국사 「감로탱」에는 아귀상과 건물의 커텐과 계단, 구름 등에 입체감을 증진시키는 음영법이 두드러지게 사용되었다.


## 5. 맺음말

유럽의 기독교 선교사 등에 의해 명말 청대를 통해 수용된 선원근법과 명암법 중심의 서양화법은 중국의 전통적 화법과 절충 또는 융합되어 중국식 서양화풍인 중서화(中西畵)의 경향을 보였으며, 이러한 화풍은 삽화와 판화와 같은 복제미술의 상태로 유포되면서 더욱 확산되었다. 조선후기에는 숙종대에 이르러 자득적 창작태도의 흥기와 국왕 생전시 어진 제작의 실행 등과 결부되어 형사적 전신론이 확대되고, 청조와의 긴장관계 완화와 더불어 왕조 재흥을 위한 문물 유입이 본격화됨에 따라 중국의 『패문재경직도』와 '회입'「만국곤여전도」 등을 통해 서양화법이 전래되기 시작했다. 조선후기의 서양화풍은 숙종조 후반부터 화원들을 중심으로 대두하기 시작하여 18세기 말엽인 정조 연간에 김홍도의 주도

대한 의문점」, 『고고미술』 129·130, 1976. 6, 185~189쪽 참조.

아래 초상화와 풍속화, 진경산수화, 행사도, 기록화 등 화원화의 시대 양식으로 정립되어 시각적 사실성 증진에 기여하였다. 그리고 서양화풍에 기반을 둔 책가화를 유행시키기도 했다. 19세기에는 사의적인 문인화풍의 강세 속에서도 화원화를 통해 계승되었으며, 일부 작품에서 그림자를 묘사하는 등 더욱 심화되는 양상을 보였다. 그리고 감로탱과 같은 불화로 확산되어 서양화가 2차 파급되는 개화기 이전의 19세기 후반 무렵, 서양화 풍을 가장 두드러지게 반영하는 분야가 되기도 했다. 그러나 조선후기의 서양화풍은 과학적인 인식이 결여된 상태로 대부분 실물과 같은 효과를 주는 시각적 사실감 향상을 위한 핍진(逼眞)의 양재(洋才)적 화법으로 활용되었으며, 서양화를 사조로서 수용하는 근대기와는 차별된다.

## 참고문헌

홍선표, 『조선시대 회화사론』, 문예출판사, 1999.

홍선표, 「명청대 서학서의 視學지식과 조선후기 회화론의 변동」, 『미술사학연구』 248, 2005.

李超, 『中國早期油畵史』, 上海書畵出版社, 2004.

小林宏光, 『中國の版畵-唐代から淸代まで』, 東信堂, 1995.

이성미, 『조선시대 그림 속의 서양화법』, 대원사, 2000.

越力·余丁 編, 『中國油畵文獻 1542~2000』, 湖南美術出版社, 2002.

靑木茂·小林宏光 監修, 『中國の洋風畵展』, 町田市立國際版畵美術館, 1995.

# 조선후기 화보(畫譜)의 수용과
# 점경인물상(點景人物像)의 변화
### 정선(鄭敾)의 작품을 중심으로

송 희 경

## 1. 머리말

17・18세기 조선(1392~1910)에는 지식인과 예술인들을 중심으로 한 새로운 독서문화가 형성되었다. 중국에서 수입된 다량의 '서적'은 문인들 사이에 급속도로 읽혀지면서 이전에 알거나 경험하지 못하였던 신선한 지식과 정보를 제공하였고, 문학을 비롯하여 음악 미술 등 예술 전반에 대한 새로운 시사을 제시한 것이다.

이렇듯 17・18세기에 명・청대의 서적이 적극적으로 수용되면서 회화 분야 전반에서도 화보를 토대로 한 창작이 시도되었다. 이러한 현상은 중국화보(中國畫譜) 및 다색판각물의 유입으로 더욱 활성화되어 산수화 뿐만 아니라 인물화, 화조화 등 회화의 전 영역에 남종화법이 정착되는 계기가 되었으며,[1] 그림의 소재 선택에서뿐만 아니라 화면의 구성과 표현

---

1) 최근 조선후기 화보의 전래와 수용에 관한 연구가 활발하게 진행되고 있다. 대표적인 논저로는 洪善杓,「朝鮮後期 繪畫의 새 경향」,『朝鮮時代 繪畫史論』, 文藝出版社, 1999 ; 金明仙,「『芥子園畫傳』初集과 朝鮮後期 南宗山水畫」,『美術史學硏究』210, 韓國美術史學會, 1996 ; 고연희,『조선후기 산수기행예술 연구鄭敾과 農淵 그룹을 중심으로』, 일지사, 2001 ; 宋惠卿,「『顧氏畫譜』와 조선후기 화단」, 홍익대학교 석사학위논문, 2002 ; 崔玎任,「『三才圖會』와 朝鮮後期 繪畫」, 홍익대학교 석사학위논문, 2003 참조.

법에도 반영되었다. 그리고 대부분의 대경산수 형식의 산수화에 등장하는
점경인물상 묘사에도 영향을 미쳤다.

'점경인물상'이란 동양의 회화에 등장하는 간단하고 작게 묘사된 화중
인물을 의미한다. 이는 기승절경을 여행하며 자연과 교감하는 친자연적
존재로, 혹은 옛 이야기나 문학작품을 그린 고사(故事)의 주인공 등으로
다양하게 표현되었고, 화면 내에서 그림의 형식과 양식을 규명할 수 있는
중요한 구성요소가 되었다. 점경인물상은 조선 전 시기의 걸쳐 산수화에
지속적으로 표현되었다. 그리고 18세기 전반에 활동한 정선(鄭敾 : 1676~
1759)은 다른 작가보다 화보를 일찍 받아들여 더욱 다양한 점경인물상을
화폭에 삽입하였다.

본 글에서는 18세기 전반의 화단을 이끌던 정선의 점경인물상을
분석하여 조선후기 화보의 수용과 인물화법의 변화를 파악하고자 한다.
이를 위하여 우선 문헌에 기록된 '점경인물상'을 정리하여 그 의미와 기능
을 알아보았다. 그리고 정선 작품의 점경인물상을『개자원화전』(芥子園畵
傳),『고씨화보』(顧氏畵譜),『해내기관』(海內奇觀),『삼재도회』(三才圖會)
에 수록된 인물상과 비교 분석하였다. 이 과정을 통해 정선 개인이 선호한
화보와 그 수용 양태를 확인할 수 있을 뿐만 아니라 조선 전반기의 점경인
물상과 다른 조선후기의 인물상의 변화를 일목요연하게 알 수 있다. 그리
고 나아가 17・18세기 외국서적의 수용에 따른 조선후기 독서문화의 변동
과, 이것이 예술인의 시각물에 미치는 변화양상을 밝힐 수 있다. 그리하여
17・18세기에 보급, 확산된 화보와 정선 작품과의 연관성을 점경인물상으
로 분석하여 그 회화사적 의의를 규명하는 것이 본 글의 목적이다.

## 2. 점경인물상의 의미와 전개

### 1) 문헌에 기록된 점경인물상

점경인물상은 오대(五代 : 907~979) 산수화에서부터 본격적으로 표현되었으며, 북송대(北宋代 : 960~1127) 대관식 산수화가 유행하면서 산수화의 한 구성요소로 자리매김하였다. 산수 속에서의 인물표현 방식은 이미 곽희(郭熙 : 11세기 초~11세기 말)의 『임천고치』(林泉高致)에서 찾을 수 있다. 곽희에 따르면, 산수에는 "한 번 지나가 볼 만한 것, 멀리 바라볼 만한 것, 자유로이 노닐어 볼 만한 것, 그 곳에서 살아볼 만한 것" 등 네 가지가 있으며, 산수 속의 인물은 '길이 있다는 표시'이다.[2] 그리고 그는 한 화면 안에서 산·나무·인간이 어떤 크기로 그려져야 하는지를 다음과 같이 서술하였다.

산을 그리는 데도 삼대법(三大法)이 있으니 산은 나무보다 크고, 나무는 사람보다 커야 한다. 그러니 산은 수십 리가 안 되는데 나무의 크기와 같게 보이면 산이 크지 않은 것이 되고 나무가 수십 백보가 안 되는데 사람의 크기와 같게 보이면 크지 않은 나무가 된다. 나무를 사람에 비교하는 방법으로는 우선 그 머리를 이용한다. 즉 나뭇잎 몇 개는 사람 머리의 면적과 필적하므로 사람의 머리는 나뭇잎 몇 개로부터 그리면 될 것이다. 그러한 즉 사람, 나무, 산의 대소는 이렇게 하면 모두 정도에 맞을 것이다.[3]

위의 인용문에서 곽희는 점경인물이라는 구체적인 단어를 사용하지 않았지만, 산과 나뭇잎과 인간의 크기에 대한 삼대법을 설명하면서 산수가

---

2) 郭熙 『林泉高致』 <山水訓>(김기주, 『중국화론선집』, 미술문화, 2002, 129쪽 재인용).
3) 郭熙 『林泉高致』 <山水訓>(김기주, 위의 책, 157~158쪽 재인용).

주를 이루는 화면 내에서의 인물상의 크기를 언급하였다. 이를 반영이라
도 하듯 곽희는 〈조춘도〉(早春圖)를 비롯한 여러 작품에서 언덕을 넘어가
는 사람, 노를 젓는 사람, 산을 오르는 사람을 점경으로 묘사하였다.

이렇듯 송대에는 높은 산이나 계곡을 유람하는 여행자들이 산수화의
고정적인 소재가 되었고, 이 과정에서 점경인물상은 산수화의 중요한
구성요소로 자리잡았다. 산수가 주를 차지하는 화면에 매우 작게 삽입된
점경인물상은 거대한 산 사이를 여행하는 여행자의 표상이며, 자연과
교감하는 인간상이었다. 이는 특별한 장소를 여행하는 특별한 인물이
아니라 여행을 통하여 산천과 늘 호흡하면서 자연을 경험한 적이 있는
보편적인 인간의 모습으로 풀이된다.[4]

점경인물에 대한 본격적인 논의는『개자원화전』에서 찾을 수 있다.
『개자원화전』은 이어(李漁 : 1611~1680)가 자신의 별장인 남경 개자원에
서 기획, 발행한 판화집이다.『개자원화전』은 강희 18년(1679), 초집(初
集 :「산수화보」(山水畵譜)) 5권을 선두로 강희 40년(1701)에 2집(二集 :
「난죽매국보」(蘭竹梅菊譜)) 8권, 3집(三集 :「화훼초충영모화보」(花卉草
蟲翎毛畵譜)) 4권의 순으로 간행되었다.[5] 그 중 제일 먼저 찍은 초집에는
「인물옥우보」(人物屋宇譜)가 제4집에 편집되어 있다.「인물옥우보」는 산
수화를 그릴 때 필요한 요소인 점경인물(點景人物), 점경금수, 다리, 가옥,
사관, 누각 등이 수록된 책이다. 이어는 이 책에서 인물상을 〈점경인물(點
景人物) 62식〉, 〈중호점경인물(中號點景人物) 21식〉, 〈극소점경인물(極小
點景人物) 15식〉, 〈극사의인물(極寫意人物) 32식〉으로 나누었고, '점경인
물'에 대하여 다음과 같이 설명하였다.

4) Kenneth Ganza, "The Artist as Traveler : The Origin and Development of Travel
as A Theme in Chinese Landscape Painting of The Fourteenth to Seventeenth
Centuries," Indiana University, Ph. D. dissertation, 1990, 10쪽.
5) 김명선, 앞의 글 참조.

산수 중에서 점경인물을 그리는 여러 화법은 너무 정교해서도 안
되며 너무 기세가 없어도 안 된다. 산수를 뒤돌아볼 때 사람이 산을
보는 것 같고 산도 사람을 굽어보는 것과 같아야 한다. 그림을 보는
사람도 화면에 들어가 화중의 인물과 함께 순서를 다투지 못함이 한
일 뿐이다. 그렇지 않으면 산은 산이고 사람은 사람이며 예찬의 안개
낀 텅 빈 산과 같아서 마치 사람은 없이 묘함만 있다. 산수화 속의
인물은 학처럼 맑게 여위어서 멀리서 보기에 신선 같은 느낌이 들어야
한다. 조금이라도 세속적인 냄새가 나서는 안 된다.[6]

'극사의인물'을 그리는 법도 서술되어 있다.

극 사실의 인물을 그리는 방법은 뜻을 옮겨 그림과 같다. 움직이는
필이 가장 나르는 듯 활발해야 하는데, 이는 마치 장경의 광초와 같아야
한다.…… 그러나 초서는 해서에 비하면 매우 어렵다. 그리하여 사(寫)
뒤에 의(意)가 붙는 것은 뜻이 없으면서 함부로 붓을 대는 일이 있어서는
안 되기 때문이다.[7]

필자가 조사한 바로 위의 인용문은 중국 화보류에서 '점경인물'이란
단어가 처음 사용된 예이다. 이렇듯 이어는 「인물옥우보」에서 다양한
인물상을 도해하였지만, 이것이 「산수화보」와 분리되어 있으므로 인물상
이 자연경관 안에서 어떻게 배치되는지 구체적으로 알 수 없다. 그러나
다른 판화집에 비하여 인물들의 자세나, 옷주름, 인체의 동세 등이 상세하

---

6) 李漁, 『芥子園畵傳』, 「人物屋宇譜」, <點景人物>, "山水中點景人物諸式不可太工
亦不可太無勢 全要與山水有 顧眄人似看山 山亦似俯而看人 琴須聽月 月亦似靜而
聽琴方使觀者有恨不躍入其內與畵中人爭坐位 不爾則山自山 人自人 鑱不如倪 幻
霞空山無人之爲妙矣 畵山水中人物須淸如鶴望如仙不可帶半點市井氣致."
7) 李漁, 『芥子園畵傳』, 「人物屋宇譜」, <極寫意人物>, "極寫意人物式數式 尤寫意中
之寫意也 下筆最要飛舞活潑如書家之張顚狂草……草書較楷書爲尤難 故曰寫而
必系 曰意以見無意便不可落筆."

116

며, 특히 3인 이상의 군상형도 수록되었기 때문에 조선후기 다양화된 야외아회형 군상의 전형을 찾을 수 있다.

## 2) 조선시대 전반기의 점경인물상

명(明 : 1368~1644), 청(淸 : 1636~1912)의 화보가 수용되기 이전, 즉 조선시대 전반기의 산수화에서도 점경인물상은 그려졌다. 특히 점경인물상은 조선 전반기에 제작된 〈사시팔경도〉(四時八景圖)와 〈소상팔경도〉(瀟湘八景圖)와 같은 정형산수화에서도 볼 수 있다. 안견(安堅 : 15세기 활동)이 그린 것으로 추정되는 〈사시팔경도〉는 춘하추동 네 계절을 다시 두 장면으로 나누어 그린 8면의 작품이다. 여덟 폭의 사계 장면에 중에서 한 폭을 제외한 7폭에는 각 계절을 암시하는 점경인물상이 삽입되었다. 예를 들어 겨울장면에 그려진 도롱이에 얼굴을 파묻고 눈 내린 강가에서 힘겹게 노를 젓는 인물상이나 봄·가을 장면에서 볼 수 있는 가벼운 옷차림의 인물상이 그것이다.

〈도 1〉 곽희 〈산장고일도〉 부분, 11세기, 견본수묵, 188.8×109.1, 대북고궁박물원(『고궁서화도록』)

이는 곽희를 비롯한 북송대 산수화의 점경인물상과 연관성이 있으나, 안견은 이를 그대로 수용하지 않고 자신의 작품에 어울리게 간략화하거나 일부 변형하였다. 예를 들어 곽희는 〈산장고일도〉(山莊高逸圖, 도 1)에서 다리를 건너려 하는 기려상과 봇짐을 든 동자의 모습을 화면 왼편 하단에 표시하였다. 〈사시팔경도〉의 여름 장면(도 2)에서도 다리를 건너는 당나귀와 뒤를 따르는 인물을 볼 수 있다. 그러나 안견은 곽희의 필법을 일부

〈도 2〉 전 안견 〈사시팔경도〉 중 초하初夏 부분, 15세기 중엽, 견본수묵, 35.8×28.5, 국립중앙박물관(『한국의 미-산수화 상』)

〈도 3〉 왕홍 〈소상팔경도〉 중 〈산시청람도〉 부분, 12세기, 견본담채, 23.5×90.3, 미국 개인 소장(Images of the mind)

수용하였지만, 기려상을 도롱이와 삿갓을 쓴 모습으로 바꾸어 소나기 내리는 여름의 이미지를 적절하게 재현하였다.

〈사시팔경도〉이외에 점경인물상과 연관하여 언급할 작품이 〈소상팔경도〉이다. 소상팔경도는 중국 호남성 장사현의 소강(瀟江)과 상강(湘江)이 만나는 지점의 경치를 여덟 주제로 나누어 그린 그림이다. 북송대 문인인 송적(宋迪 : 11세기 활동)이 그리기 시작했다는 소상팔경도에서는 여덟 모티브에 어울리는 인물상이 반복 등장한다. 예를 들어 12세기 중국에서 활약한 王洪(12세기 활동)의 〈소상팔경도〉 중 '산시청람'(山市晴嵐)에서는 아지랑이 피는 아침의 '산시'(山市)에 모인 인물상이, '어촌석조'(漁村夕照)에서는 해지는 '어촌'의 강가에 배를 정박하고 있는 어부상이 표현되어 있다.8)

그리고 이러한 인물상은 여덟 주제의 표상으로 정형화되어 16세기

---

8) 王洪의 〈瀟湘八景圖〉에 관한 논고는 Alfreda Murck, "Eight Views of the Hsiao and Hsiang Rivers by Wang Hung," in *Images of the mind*, ed. Wen Fong, N.Y : Prinston Univ. 1974 참조.

〈도 4〉 작자미상 〈산시청람도〉 부분, 16세기 전반, 견본수묵, 96.0×42.0, 호암미술관(『조선전기국보전』)

전반 조선의 소상팔경도에서 습관적으로 사용되었다. 예를 들어 왕홍의 〈산시청람도〉(도 3)에 그려진 점경인물군상은 '산시청람'을 상징하는 중요한 도상으로 자리 잡아 중국 남송대 이후나 조선의 산시청람도에 습관적으로 삽입되었다. 그리고 이를 입증하듯 조선 16세기 작품으로 추정되는 대원사 소장 〈소상팔경도〉의 〈산시청람도〉 나 작자미상의 〈산시청람도〉(도 4)에서 산시로 향하는 일렬의 인물군상을 발견할 수 있다.

이렇듯 같은 화목(畵目)에서는 비슷한 유형의 인물상이 사용되었으나, 중국 남송대의 소상팔경도에서는 표현되지 않은 인물상이 조선시대의 소상팔경도에서 발견되는 경우가 있다. 예를 들어 일본 엄도(嚴島) 대원사(大願寺) 소장 〈소상팔경도〉의 '동정추월'에 표현된, 마을 언덕에 앉아서 달구경을 하는 점경인물군상이 그것이다. 이는 중국에서 시작된 소상팔경도가 우리나라에 유입되어 인물상이 각각의 화목과 어울리게 변해 가는 과정으로 풀이된다.9)

한편 16~7세기 관료들의 공식적인 모임을 그린 계회도에서는 건물 내부나 자연에서 즐거운 한때를 보내는 계원이 점경인물상으로 표시되기도 하였다. 1570년에 제작된 〈독서당계회도〉(讀書堂契會圖, 서울대학교

---

9) 安揮濬, 「韓國의 瀟湘八景圖」, 『韓國繪畵의 傳統』, 文藝出版社, 1988 참조.

〈도 5〉 작자미상 <미원계회도> 부분, 1550년, 견본수묵, 92×57.5, 서울 개인소장(『한국의 미─산수화 상)』

박물관)는 독서당 안에 담소를 나누는 세 명의 인물과, 남산을 오르는 두 명의 인물 등 10명 남짓한 계원(契員)들이 점경상으로 삽입된 기록화이다. 화중인물의 이목구비는 생략되었고, 관모와 단령차림의 복식이 간단한 선으로 표시되었다.

또한 1550년 사옹원의 계회를 그린 〈미원계회도〉(도 5)나 1541년 병조의 전·현직 낭관의 계회를 그린 〈하관계회도〉 역시 야외 언덕에 앉아 있는 계원이 점경인물상으로 그려진 야외 모임장면이다. 야외 계회도에 그려진 인물상들은 나란히 같은 간격으로 마주보거나 둥글게 원형으로 앉아 있으며, 인물상의 크기, 동세, 옷차림, 시선의 방향 등도 일정하다. 이러한 부감식 원형 구도와 관복차림의 인물상은 동관(同官)들의 동료의식과 관료 모임의 공적인 성격을 암시하는 듯하다.10)

120

원형의 점경인물배치는 18세기 일본에서 간행된『고화비고』,「조선화전」(朝鮮畵傳)에 수록된 계회도 판각본 한점에서도 볼 수 있다. '가정십이년 계사'(嘉靖 十二年 癸巳)라고 적힌 연기(年紀)에 의해 이 판본의 원래 계회도가 1533년에 그려졌음을 알 수 있다.[11] 이렇듯 화면 하단에 배치된 언덕 위에 같은 간격으로 앉아 있는 인물형식은 이미 16세기 전반부터 존재하였다. 그리고 이는 16세기의 계회도뿐만 아니라, 양팽손(梁彭孫 : 1488~1545)의 작품으로 전해지는 산수도에서도 목격되어, 이러한 형식의 점경군상이 당시 야외모임 장면에서 많이 사용되었음을 확인할 수 있다.

조선 전반기의 점경인물상들은 형상 자체는 매우 작지만 조선후기의 그것에 비하면 각각의 묘사가 비교적 구체적이고 사실적이며 다양하다. 이는 조선후기에 화보의 수용으로 다소 형식화・패턴화・도식화된 점경인물상과는 구별되는 현상이다.

## 3. 정선(鄭敾)의 작품에 나타난 점경인물상

17・18세기 조선의 지식인과 예술인들은 다수의 외국서적을 유입, 수용하여 새로운 독서문화를 형성하였다. 즉 이들은 외부의 문화적 요소를 주체적인 입장에서 흡수, 종합하여 독특한 문인문화를 구축한 것이다.[12]

---

10) 이는 자유로운 사적 모임을 그린 야외아회도에서는 거의 볼 수 없는 표현 방식이다.
11) 尹軫暎 선생은『古畵備考』에 수록된 蘇世讓(1486~1562)의 시 한 편이 그의 문집인『陽谷集』권10에 <題漢城府郎官契軸>라는 제목으로 실려 있기 때문에 이 판본의 원 작품이 漢城府 郎官의 계회도임을 밝혔다. 尹軫暎,「朝鮮時代 契會圖 硏究」, 韓國精神文化硏究院, 2003, 134~135쪽 참조.
12) 조선후기 지식인의 외국서적 수용과 독서문화에 관한 논저는 홍선표 외,『17・18세기 조선의 외국서적 수용과 독서문화』, 혜안, 2006 참조.

첨단의 문화를 향유하고자 하는 욕구가 있었던 조선후기 문인들에게 중국 명·청대의 목판화 기술이 반영된 아름다운 판화류와 화보는 신선한 충격이었다. 문인들의 새로운 독서 체험과 판화열람을 통하여 변화된 조형감각은 회화 후원과 창작에 영향을 끼치게 되었다.[13] 이렇듯 강남지역에서 제작된 화보, 판화집이 잇따라 한반도에 유입되면서 조선후기 문인들은 이를 구체적인 작품에 활용하였고, 이러한 현상은 회화 각 장르에 남종화법이 정착하는 계기가 되었다.

조선후기의 대표적 거장인 정선은 산수화, 고사인물화, 화조화 등 모든 장르에서 발군의 실력을 보여준 화가였다. 그는 18세기 초반 북악산 아래 북리(北里) 일대에 기거하였던 김창협(金昌協 : 1651~1708), 김창흡(金昌翕 : 1653~1722) 등 안동김씨와 교유하면서 실물경관인 진경(眞景)을 매개로, 참되고 이상적인 경관인 진경(眞境)을 구현한 진경산수화를 완성하였다.[14] 뿐만 아니라 그는 역사적인 사실에 근거한 인물의 행적이나 옛이야기를 보여주는 고사인물화 또한 적지 않게 제작하였다.[15] 정선은 고사인물화나 산수화에 크고 작은 인물상을 그려넣어 그림의 완성도를 높였고, 여러 인물상의 유형을 중국에서 유입한 화보에서 많이 응용하였

---

13) 한·중·일 역사서를 총 망라한 韓致奫(1765~1814)의『海東歷史』중「藝文志」에는 이 시기의 문인들이 접한 중국화론서가 기록되어 있어, 당시 회화 관련 서적의 적극적인 수용 현상을 증명하고 있다. 한치윤의『해동역사』「예문지」에 실린 중국회화이론서는『宣和畵譜』,『唐朝名畵錄』(朱景玄, 9세기 활동),『圖畵見聞志』(郭若虛),『夢溪筆談』(沈括, 1031~1095),『益洲名畵錄』(黃休夏, 12세기 활동),『畵繼』(鄧椿, 12세기 활동),『畵鑑』(湯垕, 12세기 활동),『佩文齋書畵譜』외 다수이다. 한치윤,『국역 해동역사』,「예문지」권5(고전국역총서, 민족문화추진위원회, 2000), 158~162쪽 ; 홍선표 외,『17·18세기 조선의 외국서적 수용과 독서실태-목록과 해제』, 혜안, 2006 참조.

14) 홍선표,「금강산의 실상과 흐름」,『월간미술』1989. 4, 57~64쪽 ;「朝鮮後期 繪畵의 새 경향」,『朝鮮時代繪畵史論』, 문예출판사, 1999 참조.

15) 故事人物畵의 정의에 관한 논고는 朴恩和,「宋代故事人物畵之研究」, 國立臺灣大學歷史研究所 석사학위논문, 1984 참조.

<표 1> 정선의 점경인물상과 연관된 화보

| 畫譜 | 人物 類型 | 鄭敾 作品 |
|---|---|---|
| 『芥子園畵傳』「人物屋宇譜」 | <中號點景人物> 曳杖式 / <極小點景人物> 一人行立式 | <月明松下圖> 개인소장 |
| | | <幽居漫咏圖> 개인소장 |
| | | <朴淵瀑布圖> 간송미술관 |
| | | <三勝亭圖> 개인소장 |
| | | <歸去來辭圖> 호암미술관 |
| | | <山窓幽竹圖> 국립중앙박물관 |
| | | <西庭步月圖> 국립중앙박물관 |
| | | <西園小亭圖> 개인소장 |
| | | <聽松堂> 『壯洞八景帖』 간송미술관 |
| | | <水聲洞> 『壯洞八景帖』 간송미술관 |
| | <中號點景人物> 騎驢式 | <行旅圖> 국립중앙박물관 |
| | | <歸來亭圖> 개인소장 |
| | | <白雲洞> 『壯洞八景帖』 국립중앙박물관 |
| | | <冬景山水圖> 국립중앙박물관 |
| | <中號點景人物> 兩人對坐式 | <松下閑談圖> 국립중앙박물관 |
| | | <百川橋> 『辛卯年楓嶽圖帖』 국립중앙박물관 |
| | <中號點景人物> 獨坐式 | <三勝眺望圖> 개인소장 |
| | | 『司空圖詩畵帖』 국립중앙박물관 |
| | | <松下高逸圖> 개인소장 |
| | | <悠然見南山圖> 국립중앙박물관 |
| | | <東籬彩菊圖> 국립중앙박물관 |
| | | <歸去來辭圖> 호암미술관 |
| 『顧氏畵譜』 | 董源 | <洗劍亭圖> 국립중앙박물관 |
| | 文嘉 | <漁閑圖> 서울대학교 박물관 |
| | 董其昌 | <孔岩層塔> 『京郊名勝帖』 간송미술관 |
| 『海內奇觀』 | 石門寺 / 雙峰寺 | <龍貢洞口> 『海嶽傳神帖』 간송미술관 |
| | 兩越名山圖說 | <三釜淵> 『海嶽傳神帖』 간송미술관 |
| | | <斷髮嶺望金剛山> 『辛卯年楓嶽圖帖』 국립중앙박물관 |
| | | <長安寺> 『海嶽八景帖』 간송미술관 |
| | | <萬瀑洞> 『海嶽八景帖』 간송미술관 |
| | | <萬瀑洞圖> 서울대학교 박물관 |
| | | <叢石亭> 『金剛山八幅屏』 간송미술관 |
| | | <朴淵瀑布圖> 간송미술관 |
| | | <朴淵瀑布圖> 국립중앙박물관 |
| | | <北壇松陰圖> 호암미술관 |
| 『三才圖會』 | 地理篇 雨花臺山 | <壯洞春色圖> 개인소장 |

다. 정선의 작품과 연관된 화보를 도표화 하면 〈표 1〉과 같다.

이렇듯 적지 않은 정선의 작품에서 화보의 영향을 읽을 수 있다.

이제 본격적으로 정선의 작품을 고사인물형 점경인물상과 실경산수화에 그려진 점경인물상으로 나누어 화보와의 연관성을 파악하고자 한다. 위의 도표화한 내용 중에서 화보의 영향이 가장 두드려지는 인물상을 주로 언급하겠다.

## 1) 고사인물형(故事人物形) 점경인물상

'고사인물화'란 인물화의 한 형식으로서 고사(故事), 즉 여러 이야기를 소재로 하여 인간의 감정, 사상, 사건의 서술적인 장면을 표현한 그림이다.[16] 고사인물화에서 우선 역사적인 사실에 근거한 인물의 행적이 그려진다. 이 범주에는 후대에 존경받을 만한 인물과 높은 덕을 쌓았거나 당대에 여러 방면에서 공헌을 한 명사의 모습, 생활상이 포함된다. 또 다른, 고사인물은 주로 문학작품이나 고전경서에 등장하는 주인공인데, 이들은 문학작품 속에서 묘사될 때 기이한 행동을 하거나 존경받을 만한 행적을 남겨 유명해진 비역사적이며 가공된 인물이다.[17]

정선은 18세기 전반 고사인물화를 가장 많이 남긴 대표적인 화가로서 역사적인 인물의 행적과 전기보다는 주로 문학작품의 내용을 주로 그렸다.[18] 특히 위진남북조(221~589)의 문학작품을 많이 도해했는데, 대표적

---

16) 곽약허(11세기 후반)의 『도화견문지』 권4 <범관>, <왕단>에서는 '故事'란 화목을, 『선화화보』 권1 <전자건> 에서는 '故實人物圖'라는 화목을 찾을 수 있어, 북송대에 이러한 작품명이 인물화의 하위분류의 개념으로 사용되었음을 알 수 있다.

17) 박은화, 앞의 글 참조.

18) 정선이 역사적인 인물을 그린 대표적인 고사인물화로는 독일 성 오틸리엔 수도원 소장『고사인물화첩』이 있다. 이 작품에서는 林逋(967~1028), 司馬光(1019~1086), 공자(BC 552~479), 張良(?~BC168), 周敦頤(1017~1073), 맹호연, 程頤

인 작품군이 도연명(陶淵明 : 365~427)과 관련된 고사인물화이다.

10곡 병풍 형태로 된 호암미술관 소장 『귀거래사도』(歸去來辭圖)는 도연명의 문학작품인 〈귀거래사〉(歸去來辭)의 각각의 시구를 독창적으로 도해한 그림이다. 이는 남유용(南有容 : 1698~1773)의 『뇌연집』(雷淵集)에 실린 "도연명의 귀거래사 10첩의 작은 병풍이 있는데 이는 정선이 그린 그림이다."라는 구절과 연관이 있는 작품으로 추정된다.19)

대경산수인물 형식인 〈초객초전도〉(樵客初傳圖)와 〈월명송하도〉(月明松下圖)는 왕유(王維 : 669~759)가 『도화원기』를 염두에 두고 19세 때 지은 〈도원행〉이란 7언 고시를 화제로 삼아 그린 그림이다.20) 정선은 이 작품에서도 화사한 채색으로 조용하고 풍요로운 전원의 풍경을 연출하였다.

또한 국립중앙박물관에 소장된 〈동리채국도〉(東籬彩菊圖)·〈유연견남산도〉(悠然見南山圖)·〈무송관폭도〉(撫松觀瀑圖)도 〈귀기래사〉의 한 구절인 '무고송이반환'(撫孤松而盤桓 : 외로운 소나무 쓰담으며 그대로 서성이네)과 〈음주〉(飮酒)의 한 구절인 '채국동리하 유연견남산'(采菊東籬下 悠然見南山 : 동녘 울 밑에서 국화를 따 들고 홀연히 남산을 바라본다)을 풀어서 그린 소경인물 형식의 그림이다.

정선의 고사인물형 점경인물상은 『개자원화전』을 비롯한 여러 화보의 영향을 받아 완성되었다. 그리고 이는 실경산수화의 점경인물상과는 달리 실물상이 아닌 고전상으로 표현되었다

---

(1033~1107) 등의 다양한 행적을 볼 수 있다.

19) 이 밖에도 정선이 도연명과 관련된 고사인물을 많이 그린 사실은 여러 문헌에서 찾을 수 있다. 宋憙暻, 「鄭敾과 金弘道의 故事人物畵 비교연구」, 『미술사학보』 16, 미술사학연구회, 2001 ; 민길홍, 「정선의 고사인물화」, 『미술사의 정립과 확산』 1권, 사회평론, 2006 참조.

20) 洪善杓, 『特別企劃─謙齋 鄭敾展』, 대림화랑, 1988, 도판해설 참조.

## (1) 『개자원화전』(芥子園畫傳)의 영향

정선을 비롯하여 조영석(趙榮祏 : 1686~1761), 심사정(沈師正 : 1707~1767), 이인상(李麟祥 : 1710~1760), 강세황(姜世晃 : 1713~1791) 등 조선 후기에 활동한 작가의 작품을 보면, 이들이 『개자원화전』을 보고 익혀서 자신의 작품에 응용하였음을 알 수 있다. 정선의 『개자원화전』에 대한 수용은 그림에 삽입된 점경인물상에서 증명된다. 『개자원화전』은 유형화된 고사인물의 여러 도상이 수록된 판화집이고, 특히 「인물옥우보」는 구체적 명칭이 제시된 인물상의 도해집이므로, 정선은 이를 쉽게 학습하고 사용하였을 것이다.[21]

정선이 『개자원화전』의 영향을 받았음은 그의 필선묘에서도 드러난다. 그의 고사인물형 점경인물상에 사용된 짧고 간략한 선묘는 『개자원화전』에서 일견되는 판각선의 의습과 거의 유사하기 때문이다.[22]

〈도 6〉 정선 <월명송하도> 부분, 견본수묵담채, 28×19, 개인소장(『특별기획 겸재 정선전』)

### ① 책장상(策杖像)

사람이 지팡이를 들고 있거나 이를 땅에 내려놓은 모습인 책장상은 정선에 작품에서 자주 등장하는 점경인물상이다. 이는 단독상으로 혹은 시동을 대동한 모습으로 표현되었다. 〈유거만영도〉(幽居漫咏圖)나 〈월명송하도〉(月明松下圖, 도 6)의 지팡이를 들고 있는 책장상은 〈중호점경

---

21) 예를 들어 '撫松式'은 문자 그대로 비스듬한 소나무 곁에 서 있는 사람이 한 손을 소나무를 위에 얹은 인물 형식이다.

22) 『芥子園畫傳』이 조선 화가들에게 수용된 시기는 여러 설이 있지만 18세기 초라는 의견이 지배적이다. 姜寬植, 「朝鮮後期 南宗畫風의 흐름」, 『澗松文華』 39, 한국민족미술연구소, 1990 ; 김명선, 앞의 글 참조.

<도 7> 『개자원화전』 「인물옥우보」 점경인물
예장식(이화여자대학교 도서관 소장본)

<도 8> 이불해 <예장소요도> 부분, 16세기 후
반, 견본수묵, 18.6×13.5, 국립중앙박물관(『한
국의 미－산수화 상』)

인물)의 '예장식'(曳杖式, 도 7)이나 〈극소
점경인물〉의 '일인행립식'(一人行立式)
과 유사하다. 그리고 호암미술관 소장 『귀
거래사도』 중 "날마다 동산을 거닐며 즐거
운 마음으로 바라본다"의 〈원일섭이성
취〉(園日涉以成趣) 역시 '예장식'과 연관
이 있다.23)

　물론 조선시대 전반기의 산수화에서도
지팡이를 짚고 산천을 거니는 책장상을
적지 않게 볼 수 있다. 예를 들어 조선중기
에 활약한 이불해(李不害 : 16세기 활동)
의 〈예장소요도〉(曳杖逍遙圖, 도 8)를 보
면, 지팡이를 들고 있는 인물의 의습이나
자세가 비교적 구체적이어서, 다소 정형
화된 정선 작품과 구별이 된다.

　② 기려상(騎驢像)
　당나귀를 타고 다리를 건너는 '파교기
려'(灞橋騎驢)의 인물 도상도 정선 작품에
서 많이 찾을 수 있다. 기려상에는 중국
당대(618~907)의 시인이었던 맹호연(孟
浩然 : 689~740)이 눈덮인 겨울 산에 당나귀를 타고 매화를 찾아 떠나는
'파교탐매'(灞橋探梅), 반랑(潘閬)이나 술 취한 두보(杜甫 : 712~770)가 나

---

23) 이러한 책장상은 진경산수화인 <三勝亭圖>, <朴生淵圖>, <白雲洞圖> 등 여러
　　작품에서도 갓과 포를 착용한 조선인의 모습으로 그려졌다.

〈도 9〉 정선 〈귀래정도〉 부분, 18세기 전반, 견본담채, 22×26, 개인소장(『특별기획 겸재 정선전』)

〈도 10〉 『개자원화전』 「인물옥우보」 점경인물 기려식(이화여자대학교 도서관 소장본)

귀를 거꾸로 탄 '도기'(倒騎), 나그네가 산과 들을 행려하는 '야객기려'(野客騎驢)의 도상이 있다.

'파교기려'는 조선시대 전반기에 고사인물의 소재로 선택되어 소경인물화 형식으로 많이 제작되었다.[24] 이 시기의 '파교기려'는 당나귀를 수단으로 '탐매'(探梅)나 '심매'(尋梅)를 하는 극기의 선비상이나 자연과 동화되기를 원하는 유람묵객의 초상으로 표현되었다. 즉 '파교기려'의 도상이 동경산수(冬景山水)의 주요 모티프가 되면서 모진 세파를 이기고 자연을 미음완보하는 처사의 대명사로 널리 사용된 것이다.

정선은 조선 중기(1550~1700) '파교기려'의 도상을 차용하여 눈덮인 산을 여행하는 보편적인 야객기려상(野客騎驢像)을 겨울산천에 배치하였다. 은일처사가 아닌 보통의 여행자로 변화된 '기려상'은 화보의 수용으로 더욱 형식화되었고, 이는 그의 고사인물화뿐만 아니라 실경산수화에도 도입되어 실재 산천을 거니는 유람객으로 전이되었다. 대표적인 작품이

---

24) 宋憙暻, 「조선시대 騎驢圖의 유형과 자연관」, 『미술사학보』 15, 미술사학연구회, 2001 참조.

〈귀래정도〉(歸來亭圖, 도 9), 『해악전신첩』(海嶽傳神帖)의 〈문암〉(文岩),
『관동명승첩』(關東名勝帖)의 〈초송정〉(超松亭)인데, 〈문암〉과 〈초송정〉
에 삽입된 기려상은 모두 나귀에 올라탄 선비와 나귀를 이끄는 시동의
모습이다. 이러한 기려상은 「점경인물」의 '기려식'(도 10) 혹은 '기마식'을
응용하였으나 『개자원화전』의 인물상은 시동이 뒤에 있는 반면 정선의
〈초송정〉과 〈문암〉에서는 시동이 앞에서 당나귀를 끌고 있는 모습이다.

### ⑵ 『고씨화보』(顧氏畵譜)의 영향

『고씨화보』는 명대 궁정화원 화가였던 고병(顧炳)이 직접 밑그림을
그리고 편집하였고, 주지번(朱之蕃 : 1564~1621 이후)이 서문을 붙여
1603년 무렵에 있는 쌍계당(雙桂堂)이 발간한 서적이다. 이는 위진남북조
시대의 고개지(顧愷之 : 345~406)를 시작으로 고병과 동시대 인물인 왕정
책에 이르는 중국 역대 화가 160명의 작품을 한 인물에 한 작품씩 복원한
판화집이다.[25]

『개자원화전』과는 달리 『고씨화보』는 중국 거장의 작품을 도해한 형식
이기 때문에 각 장면의 구체적인 화목명은 제시되지 않았다.[26] 정선도
『고씨화보』를 그대로 받아들이지 않고 각 장면에서 필요한 구도나 소재를
선택하여 부분적으로 사용하였다. 조영석은 정선과 『고씨화보』와의 연관
성을 다음과 같이 지적하였다.

〈수옥정〉(漱玉亭)은 짙푸르러 사랑스러우니 『고씨화보』 중의 형호

---

25) 小林宏光, 『中國の版畵－唐代から淸代まで』, 東京 : 東信堂, 1995, 109~110쪽.
26) 『고씨화보』가 조선에 유입된 시기는 최근 연구를 통하여 1606년에서 1613년
사이로 좁혀졌다. 陳準鉉, 「懶翁 李楨小考」, 『연보』 4, 서울대학교 박물관, 1992 ;
崔耕苑, 「朝鮮後期 對淸繪畵交流와 淸 회화 양식의 수용」, 홍익대학교 대학원
석사학위논문, 1997 ; 홍선표, 앞의 책, 문예출판사, 1999 ; 朴孝銀, 「朝鮮後期
文人의 繪畵募集活動 硏究」, 홍익대학교 대학원 석사학위논문, 1999 참조.

〈도 11〉 정선 〈어한〉 부분, 18세기 전반, 견본담채, 21.5×28, 서울대학교 박물관 소장 (『한국전통회화』)

〈도 12〉『고씨화보』문가

(荊浩)의 필의(筆意)가 있고 〈월탄〉(月灘)은 이성(李成)의 정의가 있고 유원한 것 같으며, 〈화성읍리〉(花城邑里)는 성글고 전아하며 간결하니 내 조카네 집에 소장한 것과 같이 문징명 유법일세.27)

점경인물상 중에서는 고기잡이를 하는 어부상으로 정선과 『고씨화보』와의 연관성을 찾을 수 있다. 서울대학교 박물관 소장 〈어한도〉(漁閑圖, 도 11)와 간송미술관 소장 〈공암층탑도〉(孔岩層塔圖)의 낚시대를 드리운 어부형상은 각각 '문가'(文嘉, 도 12)와 '동기창'(董其昌)의 어부상과 매우 유사하다.28)

『고씨화보』의 영향은 어부상 이외에도 정선의 작품에서 쉽게 찾을 수 있다. 예를 들어 국립중앙박물관 소장 〈세검정도〉에 그려진 누각 속의 대화상은 『고씨화보』에 수록된 '동원'(董源)의 누각 속 인물상과 비슷하여 『고씨화보』가 고사인물상뿐 아니라 실경산수화에도 반영되었음을 알

---

27) 崔完秀, 「謙齋眞景山水畵考」, 『澗松文華』 35, 한국민족미술연구소, 1988, 44쪽 재인용.

28) 소경인물화 형식인 〈騎驢圖〉와 〈瀟橋雪後〉에서도 『顧氏畵譜』 '張路'의 영향을 엿볼 수 있다.

수 있다.

## 2) 실경산수화(實景山水畵)의 점경인물상

정선은 고려시대(918~1392)부터 전개되었던 기존의 실경도(實景圖) 전통을 바탕으로 17세기 후반에 유행된 진경주의와 기승절경 유람에 편승하여 진경(眞境)의 개념과 진경산수화를 완성한 인물로 평가받고 있다.[29] 그는 이 시기에 유행한 기행사경도와 명말 판화집을 혼합하여 자신만의 독특한 조형세계를 창출하였다. 대부분 정선의 실경산수화에는 자연을 유람하고 이를 감상하는 점경인물상이 상투적으로 표시되어 있는데, 이는 명대 판화집인 『해내기관』, 『삼재도회』와 연관성이 있다.

### (1) 『해내기관』(海內奇觀)의 영향

정선의 진경산수화에서 가장 많이 등장하는 인물상은 두 사람이 서로 마주보며 이야기를 주고받는 대화상이다. 즉 한 명은 손으로 경물을 가리키며 무언가를 이야기하고 있고 그와 짝을 이룬 사람은 두 손을 모은 채 친구의 손끝을 바라보고 있는 인물상이다. 이러한 대화상은 금강산을 비롯하여 동해의 자연경관을 소재로 하는 산수화에서 가장 많이 등장하는 인물의 자세이며, 입상과 좌상에서 모두 사용되었다.[30]

---

29) 정선의 진경산수화에 대한 논고는 金理那, 「鄭敾의 眞景山水」, 『謙齋 鄭敾』(韓國 의 美 1), 중앙일보사, 1977 ; 李泰浩, 「眞景山水畵의 전개과정」, 『山水畵(下)』(韓 國의 美 12), 중앙일보사, 1982 ;「謙齋 鄭敾의 가계와 생애」, 『梨花史學研究』 13·14, 梨花史學研究會, 1983 ; 崔完秀, 「謙齋 眞景山水畵考」, 『澗松文華』 21· 29·35·45, 韓國民族美術研究所, 1981·1985·1988·1993 ;「謙齋 鄭敾의 眞 景山水畵 研究」, 범우사, 1993 ; 朴銀順, 『金剛山圖 研究』, 일지사, 1994 ; 洪善杓, 「금강산도의 실상과 흐름」, 『月刊美術』 1989, 4 ; 邊英燮, 「眞景山水畵의 大家 鄭敾」, 『美術史論壇』 5, 한국미술연구소, 1997 ; 고연희, 『조선후기 산수기행 예술 연구』, 일지사, 2001 참조.

〈도 13〉 정선 〈만폭동도〉 부분, 견본수묵담채, 33.2×22.0, 서울 대학교 박물관 부분(『겸재정선』)

또한 대화상은 지팡이를 들고 있는 책장상(策杖像)이나 손을 아래로 내리고 있는 인물상이 함께 표현되기도 하였다. 금강산의 명승지를 각각 화폭에 담은 〈만폭동도〉(萬瀑洞圖, 도 13), 〈정양사도〉(正陽寺圖)나 철원의 폭포인 〈삼부연도〉(三釜淵圖)의 대화상을 보면, 갓 윗부분은 점으로 찍고 밑에 수평으로 간략하게 선을 그었고 얼굴에는 이목구비가 없다.[31] 두 손을 가지런히 모은 입상(立像)은 목에서 등을 거쳐 허리로 이르는 부분이 ㄴ자 하나의 선으로 처리되었고 두루마기 자락은 수직으로 외곽만 나타냈다. 목에서 팔이 접히는 안쪽까지는 하나의 선으로 표시되었고, 손이 보이지 않은 소매 부분에서 팔꿈치를 지나 겨드랑이까지 하나의 선으로 연결되었으며 주름은 생략되어 있다. 팔꿈치

---

30) 두 사람이 마주 앉아 담소를 나누는 대화상은 〈隱岩東麓圖〉에서도 발견된다. 〈은암동록도〉는 대은암이 있는 북악산 동쪽 기슭에서 남쪽을 바라본 실경을 그린 그림이다. 정선은 이 작품이 실경산수화임에도 불구하고 화중인물은 고전상으로 처리하였다. 고전상으로 처리된 대화상의 마주보고 앉은 각도, 손의 위치, 옷의 외관이 『개자원화전』, 「인물옥우보」, 〈중호점경인물〉, '兩人對坐式'과 매우 유사하여 주목된다.

31) 이러한 공통된 옷주름으로 볼 때, 정선의 가장 초기작으로 알려진 『金剛山八幅屛』의 〈만폭동〉(도 14) 필선은 매우 경직되었고 지나치게 가늘면서 뚜렷하여 다른 그림의 필선과 많은 차이를 보여준다. 〈만폭동도〉를 보면, 목에서 등을 거쳐 허리로 이어지는 부분을 각을 주면서 다른 선으로 연결하였고 옷주름의 수 또한 많다. 특히 지적상의 손의 표현이 마치 화살표의 뾰족한 부분처럼 처리되어 매우 어색하다. 〈正陽寺望金剛圖〉(감색비단 금니, 개인소장)에는 두 명의 인물이 배치되어 있는데 정선의 화중인물로는 드물게 뒷짐을 지고 있다. 그리고 의습선 역시 정선이 그린 다른 금강산 그림의 등장인물과는 많은 차이가 있다.

〈도 14〉 정선 <만폭동도> 부분, 「금강산팔폭병」 견본담채, 56×42.8, 간송미술관 부분(『겸재정선』)

〈도 15〉 『해내기관』 권6 <능운사> 부분(『중국고대판화총간』 2편)

부분에 접힌 도포자락을 암시하듯 두 개의 선이 수직으로 내려온다.

한양과 한양 부근에서 유람하는 장면의 등장인물은 금강산과 그 일대를 배경으로 한 작품의 필선과 약간 다른 면모를 보여준다. 간송미술관의 『장동팔경첩』(壯洞八景帖)과 〈북단송음도〉(北壇松陰圖)에서는 전체적으로 금강산의 인물상보다 주름이 많고 선의 구사에서 꺾임이나 쉬는 동작을 자주 볼 수 있다. 정측면상의 외곽선은 목에서 등을 거쳐 허리로 연결된 부분이 골격에 따라 각각 이어졌고 붓이 잠시 멈추었다가 다시 연결되었다. 혹은 허리선을 따로 구분하지 않고 등에서 하체의 도포자락으로 직접 이어지기도 한다.

이러한 대화상은 중국의 실경도(實景圖)를 판화화한 『해내기관』에서 가장 많이 수록된 점경인물상(도 15)이다. 양이증(楊爾曾)이 편집하여 만든 『해내기관』(1609)은 17세기부터 유행하였던 명대 문인들의 산수유기집과 더불어 발행된 산수판화집이다. 『해내기관』이 한반도에 유입된

것은 정확하게 언제인지 알 수 없으나 18세기 학자인 김창흡의 문집에
『해내기관』이 언급되고 있어서 주목된다.[32]

　　정선은『해내기관』의 인물상을 자신의 작품에 차용하되 갓과 포 차림의
조선의 인물상으로 번안하여 실경에 어울리는 새로운 인물상을 만들었
다.[33] 그리고 이러한 인물상의 삽입은 정선 이후에 등장하는 김윤겸(金允
謙 : 1711~1775), 이인문(李寅文 : 1745~1821), 김홍도(金弘道 : 1745~
1806 이후), 윤제홍(尹濟弘 : 1764~1840 이후) 등의 작품에서도 지속되는
현상이다.

### (2)『삼재도회』(三才圖會)의 영향

　　『해내기관』이외에 정선의 점경인물상과 연관된 화보가 왕기(王圻)가
1607년에 편찬한『삼재도회』이다.『삼재도회』는 천문, 지리, 인물, 시령(時
令), 궁실, 기용(器用), 신체, 의복, 인사(人事), 의제(儀制), 진보(珍寶), 문사
(文史), 조금(鳥獸), 초목(草木) 등 14개 항목이 106권으로 편집된 판화집이
다.[34] 그중『삼재도회』의「지리편」은 중국 명승지 실재장소를 도해한
지도식 산수판각이다. 따라서 각 장면에서는 장소의 실재 명칭과 경치를
그대로 볼 수 있다.

　　『삼재도회』와 연관된 작품은 인왕산의 풍경과 모임장면을 그린 정선의
〈장동춘색도〉(도 16)이다. 〈장동춘색도〉는 서울의 인왕산 근처 장동 일대
언덕에서 문인들이 모여 봄의 정취를 즐기는 모습을 담은 그림이다. 이
작품을 보면, 10여 명 남짓한 갓과 직령포 차림의 인물이 인왕산 언덕에

---

32) 김창흡이 설악산 동편에 위치한 보문암의 절경을『해내기관』의 황산도와 비교하
　　였다. 高蓮姬,「鄭敾의 眞景山水畵와 明・淸代 山水版畵」,『美術史論壇』9, 韓國美
　　術硏究所, 1999. 12, 146쪽 참조.
33) 고연희, 앞의 글 참조.
34)『삼재도회』는 李睟光(1563~1628)이 보았다는 기록이 있어서 17세기 초에는
　　한반도에 유입된 것으로 추정된다. 고연희, 앞의 글, 148쪽.

〈도 16〉 정선 〈장동춘색도〉 부분, 견본수묵담채, 27.5×33.3, 개인 소장(『겸재정선』)

〈도 17〉 『삼재도회』 「지리편」 〈우화대도〉 부분

있다. 간략한 점경으로 표현된 인물들은, 중앙에 위치한 편슬립상(偏膝立像)을 중심으로 앉거나, 서 있거나 지팡이를 짚고 산등성이를 오르는 등, 자유로운 자세를 취하고 있다. 인물군 중심에 자리 잡은 편슬립상은 왼쪽 무릎을 세우고 오른 팔로 땅을 짚은 채 오른쪽을 바라본다.

점경인물의 군상은 16세기 문인관료의 공식적인 모임을 그린 계회도에서도 그 모습을 찾을 수 있다. 그러나 관복차림에 원형으로 배치된 계회도의 인물군상과는 달리 〈장동춘색도〉의 인물상은 사복차림이며 자유로운 모습으로 표현되었다. 그리고 이는 『삼재도회』 「지리편」 〈우화대도〉(雨花臺圖, 도 17)에 수록된 점경의 군상과 유사하다.

『삼재도회』의 인물군상은 정선의 〈장동춘색도〉를 비롯한 조선후기 야외모임 장면의 원형이 되었다. 예를 들어 인왕상의 장동 즉 '옥계'에서의 모임을 그린 임득명의 〈등고상화도〉와 〈취봉반조도〉, 이인문의 〈송석원시회도〉와 김홍도의 〈송석원시사야연도〉에서는 『삼재도회』의 영향을 받은 정선식의 점경 군상을 볼 수 있다.[35] 이로써 정선의 인왕산 모임

35) 조규희, 「17·18세기의 서울을 배경으로 한 文會圖」, 『서울학연구』 16, 서울시립

장면인 〈장동춘색도〉가 이 지역, 즉 '옥계'를 배경으로 한 야외아회도의
전형이 되었음을 확인할 수 있다. 그리고 이러한 야외아회형 점경인물군
상은 조선후기 점경인물상과 『삼재도회』와의 연관성을 알려주는 증거이
다.


## 4. 맺음말

한국회화사에서 조선후기는 새롭고 다양한 예술적 창작이 이루어진
변화의 시기였다. 그리고 이러한 현상은 외국 서적의 유통과 이를 향유하
고자 하는 '독서문화'의 형성으로 더욱 활성화되었다. 중국 만력(萬曆)
연간 이후 출판된 판화서적의 유입은 조선후기 문인들의 안목을 넓혀
주는 계기였으며, 그들의 문화생활에 신선한 시각적 자극이 되었다. 나아
가 문인들의 일상이자 취미생활이었던 '그림그리기'를 여러 가지 방법으
로 다양하게 시도해 볼 수 있는 창작의 대안법이었다.

때문에 조선후기 문인들은 중국에서 새로운 화보가 발행되면 이를
바로 수입하였고, 화가들은 이를 철저하게 학습하여 자신의 작품에 적용하
였다. 산수 배경에 작고 간략한 모습으로 삽입된 점경인물상이 대표적인
증거이다. 조선 전반기의 인물상보다 표현방식이 더욱 단순하고 간략화된
후기 점경인물상은 화보가 수용되면서 비슷한 유형이 여러 작가의 작품에
습관적으로 혹은 형식적으로 사용되었다.

18세기 전반에 활동한 정선 역시 한반도에 유입된 판화집을 바로 흡수하
였고 이를 모티프 선정, 산세와 인물의 구성과 배치 등에 구체적으로
응용하였다. 특히 그의 작품에 삽입된 점경인물상은 정선이 여러 판화집

대학교부설 서울학연구소, 2001. 3, 45~81쪽 ; 오현숙, 「송월헌 임득명의 회화
연구」, 영남대학교 석사학위논문, 1995 참조.

을 직접 참고하였음을 알려주는 중요한 단서이다.

다양한 자세와 행위로 인물상이 분류된『개자원화전』의 형식들은 그의 고사인물형 산수화에 사용되어 원 고사의 의미를 직, 간접적으로 전달하였다. 역대 유명한 화가의 작품을 양식화한『고씨화보』의 도해들은 그의 산수인물화에 적용되어 보편화된 고전상의 모습으로 완성하였다. 중국의 명산을 판각한『해내기관』의 점경인물은 그의 진경산수화에 그대로 삽입되어 조선인의 모습으로 연출되었다. 중국의 명승지를 지도식으로 편집한『삼재도회』「지리편」의 인물군상은 그의〈장동춘색도〉에 응용되어 산천에서의 풍류장면인 야외아회의 전형이 되었다.

이렇듯 정선의 점경인물상은 그가 작품의 완성도를 높이기 위하여 새로이 도입한 신화법(新畵法)이자, 작품을 통하여 표출하고 싶었던 화의(畵意)의 표상이었다. 또한 이는 당시 지식인들 사이에 만연하였던 서적수입과 독서열기의 확산을 증명하는 '독서문화'의 한 단면이었고, 화보 수용의 과정과 영향을 알려주는 조선후기 시각문화의 표상이었다.

## 참고문헌

姜寬植,「朝鮮後期 南宗畵風의 흐름」,『澗松文華』39, 韓國民族美術研究所, 1990.

顧炳,『顧氏歷代名人畵譜』, 圖本叢刊會, 1926.

高蓮姬,「鄭敾의 眞景山水畵와 明·淸代 山水版畵」,『美術史論壇』9, 韓國美術研究所, 1999.

고연희,『조선후기 산수기행예술 연구-鄭敾과 農淵 그룹을 중심으로』, 일지사, 2001.

國立中央博物館 편,『謙齋 鄭敾』, 국립중앙박물관, 1992.

國立中央博物館 편,『國立中央博物館 韓國書畵遺物圖錄』11, 國立中央博物館, 2001.

金理那,「鄭敾의 眞景山水」,『韓國의 美 1-謙齋 鄭敾』, 중앙일보사, 1977.

金明仙,「『芥子園畵傳』初集과 朝鮮後期 南宗山水畵」,『美術史學研究』210, 韓國美

術史學會, 1996.

김기주, 『중국화론선집』, 미술문화, 2002.

대림화랑 편, 『特別企劃-謙齋 鄭敾展』, 대림화랑, 1988.

민길홍, 「정선의 고사인물화」, 『미술사의 정립과 확산』 1, 사회평론, 2006.

朴銀順, 『金剛山圖 硏究』, 일지사, 1994.

朴恩和, 「宋代故事人物畵之硏究」, 國立臺灣大學歷史硏究所 碩士論文, 1984.

朴孝銀, 「朝鮮後期 文人의 繪畵募集活動 硏究」, 弘益大學校 大學院 碩士學位論文, 1999.

邊英燮, 「眞景山水畵의 大家 鄭敾」, 『美術史論壇』 5, 한국미술연구소, 1997.

小林宏光, 『中國の版畵-唐代から淸代まで』, 東京 : 東信堂, 1995.

宋惠卿, 「『顧氏畵譜』와 조선후기 화단」, 홍익대학교 석사학위논문, 2002.

宋憙暻, 「조선시대 騎驢圖의 유형과 자연관」, 『미술사학보』 15, 미술사학연구회, 2001.

宋憙暻, 「鄭敾과 金弘道의 故事人物畵 비교연구」, 『미술사학보』 16, 미술사학연구회, 2001.

서울대학교 박물관 편, 『韓國傳統繪畵』, 서울대학교 박물관, 1993.

楊爾曾 편, 『海內奇觀』(中國古代版畵總刊二編 8), 上海古籍出版社, 1984.

吳賢淑, 「松月軒 林得明의 繪畵 硏究」, 영남대학교 석사학위논문, 1995.

尹軫暎, 「朝鮮時代 契會圖 硏究」, 韓國精神文化硏究院, 2003.

王圻, 『三才圖會』 成文出版社有限公社(再刊), 1987.

王伯敏, 『中國古代版畵叢刊』 2, 上海 : 古蹟出版社, 1994.

李漁, 『芥子園畵傳』 초집 이화여자대학교 소장본.

李泰浩, 「眞景山水畵의 전개과정」, 『韓國의 美 12-山水畵 下』, 중앙일보사, 1982.

李泰浩, 「謙齋 鄭敾의 가계와 생애」, 『梨花史學硏究』 13 · 14, 梨花史學硏究會, 1983.

조규희, 「17 · 18세기의 서울을 배경으로 한 文會圖」, 『서울학연구』 16, 서울시립대학교부설 서울학연구소, 2001.

陳準鉉, 「懶翁 李楨小考」, 『연보』 4, 서울대학교 박물관, 1992.

崔耕苑, 「朝鮮後期 對淸繪畵交流와 淸 회화 양식의 수용」, 홍익대학교 대학원 석사학위논문, 1997.

崔完秀, 「謙齋 眞景山水畵考」, 『澗松文華』 21 · 29 · 35 · 45, 韓國民族美術硏究所,

1981, 1985, 1988, 1993.

崔完秀, 『謙齋 鄭敾의 眞景山水畵 硏究』, 범우사, 1993.

崔珏任, 「『三才圖會』와 朝鮮後期 繪畵」, 홍익대학교 석사학위논문, 2003.

한치윤, 『국역 해동역사』, 「예문지」 권5(고전국역총서), 민족문화추진위원회, 2000.

허영환, 「고씨화보」, 『성신연구논문집』 31, 성신여자대학교, 1991.

洪善杓, 『特別企劃-謙齋 鄭敾展』, 대림화랑, 1988.

홍선표, 「금강산의 실상과 흐름」, 『월간미술』. 1989. 4.

洪善杓, 『朝鮮時代 繪畵史論』, 文藝出版社, 1999.

홍선표 외, 『17·18세기 조선의 외국서적 수용과 독서문화』, 혜안, 2006.

홍선표 외, 『17·18세기 조선의 외국서적 수용과 독서실태-목록과 해제』, 혜안 2006.

Alfreda Murck, "Eight Views of the Hsiao and Hsiang Rivers by Wang Hung," in *Images of the mind*, ed. Wen Fong, N.Y : Prinston Univ. 1974.

Kenneth Ganza, "The Artist As Traveler : The Origin And Development Of Travel As A Theme In Chinese Landscape Painting Of The Fourteenth To Seventeenth Centuries," Indiana University, Ph.D, Dissertation. 1990.

# 조선후기 서양 세계지리서의 도입과
# 지식인의 세계관 동향

차 미 희

## 1. 서 론

서구 열강에 문호를 개방한 이후 지금까지 우리에게 있어서 '세계화'는 '전 지구의 자본주의화'를 의미하며 중요한 코드로 광범위하게 작동되고, 서양이 '세계'의 중심으로 자리잡은 가운데 우리는 서양의 가치관과 기준을 거의 맹목적이다시피 따라가고자 노력하고 있다.

'세계'에 대한 인식은 각 시대마다 차이가 있었다. 문호 개방(1876년) 이전 조선시대를 이끌어 갔던 핵심 지배계층이자 지식인이던 양반사대부들은 그들의 가치관과 사상을 반영하는 나름대로의 '세계'를 가지고 있었다. 따라서 조선시대의 지식인들이 17세기 서양 세계지리에 대한 지식을 접한 이후 이에 대해 어떠한 인식과 대응 과정을 거쳤는지를 검토하는 것은 현재 우리 삶의 방향이 제대로 설정되었는지를 되돌아보는 데 매우 필요한 작업이라 하겠다.

17, 18세기 중국에서 예수회 선교사들에 의해 서양의 세계지리서가 한문으로 씌어져 조선에 도입된 이후 조선 지식인들의 세계관이 어떻게 바뀌게 되었는가에 대한 기존의 연구는 적지 않다. 그리고 그 연구들은 대체로 서양의 세계지리에 대한 지식은 서양의 천문학에 대한 지식과 함께 조선 지식인으로 하여금 중화적인 세계관을 탈피하게 하여 근대의

140

과학적인 사고를 할 수 있도록 자극하였다는 내용으로 집약된다.[1]

그러나 기존의 연구는 서양 세계지리서의 도입이 조선후기 실학사상이 발생할 수 있었던 외래적 요인이 되었다는 부분에만 집중되었기 때문에 17, 18세기 당시 대다수 지식인들의 세계관이 실제로 어떻게 전개되었는지에 대한 전체적인 조망이 어려우며, 문호개방 전후 시기에 존재했던 사상계의 다양한 층위와의 연결도 매끄럽지 못한 형편이다. 따라서 본고에서는 17, 18세기에 어떠한 종류와 내용의 서양 세계지리서가 어떤 경로를 통해 조선에 왜 도입되었는지를 먼저 정리하고자 한다. 이어서 서양 세계지리서의 도입 이후 지식인들의 세계관의 동향을 검토함으로써 기존의 연구를 보완하고자 한다.

## 2. 조선후기 서양 세계지리서의 도입

### 1) 「곤여만국전도」(坤與萬國全圖)의 도입

16세기 서양은 종교개혁으로 인해 그동안의 통일적인 그리스도교 세계가 구교와 신교로 분열되는 변화를 맞이하였고, 구교인 천주교는 이에 대응하여 나름대로의 내부 변화를 추구하는 한편 교세 확장을 위해 유럽은 물론 아시아, 아프리카 각지에서 활발한 선교 및 교육 활동을 전개하였다. 천주교의 활발한 활동에 중심 역할을 한 것은 예수회였으며, 특히 1580년대 중국(명)에 도착하여 천주교를 전도하기 시작한 예수회 선교사들은 서양의 종교·윤리와 관련된 책을 한문으로 저술했을 뿐만 아니라 서양의 과학·기술에 관련된 책과 지도 등을 한문으로 번역하여 출판하였다.[2]

---

1) 박성순, 「조선후기 대(對)서양인식에 관한 연구의 현황과 과제」, 『조선후기사연구의 현황과 과제』, 창작과비평사, 2000 참조.
2) 차미희, 「17·18세기 조선 사대부의 독서 양상과 서양 교육에 대한 이해」, 『韓國

서양 세계의 존재가 조선에 처음 알려지게 된 것은 이수광(李睟光)이 1614년(광해군 6)에 편찬한 『지봉유설』(芝峰類說)을 통해서였다. 이수광은 이 책에서 예수회 선교사 마테오 리치(Matteo Ricci, 利瑪竇)가 저술한 『천주실의』(天主實義), 『교우론』(交友論) 등과 함께 「곤여만국전도」(坤與萬國全圖)를 소개하였다. 특히 서양식 세계 지도인 「곤여만국전도」는 마테오 리치가 1602년 북경에서 판각하여 간행한 것으로 중국에서 관심과 수요가 매우 높았는데, 1603년 사신으로 파견되었던 이광정(李光庭)과 권희(權熺)가 북경에서 「곤여만국전도」를 구입하여 귀국한 뒤 홍문관(弘文館)에 보냈다. 이후 이수광은 홍문관 부제학으로 재직하면서 「곤여만국전도」를 접하게 되었으며, 이를 바탕으로 자신의 저서 제2권 제국부(諸國部)에 '외국'(外國)이라는 항목을 두고 동남아시아와 중동, 근동의 여러 나라 및 유럽 각국에 이르기까지 모두 52개국의 인문지리적인 상황을 간단히 소개하였던 것이다.[3][4]

마테오 리치가 만든 「곤여만국전도」는 몇 가지 특징을 가지고 있었다. 우선, 조선의 전통적인 '천원지방설'[天圓地方說 : 하늘은 둥글고 땅은 방형이라는 주장]과 달리 서양의 '대지구체설'[大地球體說 : 대지는 둥글고, 하늘이라는 대원(大圓) 속의 소원(小圓)이라는 주장]을 가시적으로 보여주었다. '대지구체설'은 서양 고대로부터 강조된 천문학적 주장에다가 대항해 시대의 새로운 성과를 결합한 것이었다. 이것과의 연장선상에서 「곤여만국전도」에서는 구체(球體)를 이루는 지구를 경도와 위도에 따라 지역의 위치를 나타내고, 5대주가 있음도 보여주었다.

---

史研究』128, 2005, 186쪽 ; 강재언 지음, 이규수 옮김, 『서양과 조선─그 이문화 격투의 역사』, 학고재, 1998, 29·51쪽.

3) 차미희, 위의 논문, 185쪽 ; 강재언 지음, 이규수 옮김, 위의 책, 21쪽.

4) 원재연, 「17~19세기 實學者의 西洋認識 檢討」, 『韓國史論』38, 서울대 국사학과, 1997, 54쪽.

142

더 구체적으로 살펴보면, 5대주는 100여 나라로 구성된 아세아주(亞細亞洲 : 아시아), 70여 나라로 된 구라파주(歐羅巴洲 : 유럽), 100여 나라로 된 이말아주(利末亞洲 : 리비아=아프리카), 남북 2주로 연결된 아묵리가 주(亞墨利加洲 : 아메리카), 남방에 존재하는 것으로 상상되는 미지의 묵와랍가주(墨瓦蠟加洲 : 메갈라니카)로 나누어 설명되었다. 특히 여기에 서는 아메리카라고 하는 신대륙이 처음으로 제시되었는데, 이것은 15세기 후반부터 16세기에 걸쳐 콜럼버스, 아메리고 베스푸치, 바스코 다 가마, 마젤란과 같은 탐험가들의 대항해 성과를 반영한 것이었다.

「곤여만국전도」의 두 번째 특징은 마테오 리치가 이 지도를 만든 의도와 관련되었다. 그는 간행본 서문에서 자기 자신이 어디에서 왔는가를 중국 인에게 알리고 중국이 알고 있는 세계가 그야말로 전 세계의 극히 일부에 불과하다는 것을 인식시킨 뒤, 다시 지구의(地球儀)를 표시하여 우주 속의 지구가 얼마나 작은 존재인가를 납득시켜 우주를 창조한 천주의 위대함과 인간 존재의 미미함을 대비하여 해설하고자 했다.[5]

결국, 「곤여만국전도」는 천주교를 중국에 전도하기 위해 만든 것 중의 하나였다. 그리고 이 때문에 마테오 리치는 본래 유럽에서의 세계지도가 대서양을 중심으로 그려지는 것과 달리 「곤여만국전도」에서 중국을 지도 의 중심에 두었다. 중국인을 전도하기 위해 천주교의 교리를 중국 유교에 타협하는 보유론적(補儒論的) 해석을 가했던 것처럼 중국인의 중화의식 에 타협해서 「곤여만국전도」를 만들었던 것이다.[6]

그러나 마테오 리치의 「곤여만국전도」는 종래 중국인이나 조선인이 가지고 있던 세계지리에 대한 인식을 바꾸거나 확대시키지 못하였는데, 이것은 이수광의 서양 인식에 대한 기존 연구에서 다음과 같이 설명되었

5) 盧禎埴, 「西歐式 世界地圖의 受容과 抵抗」, 『論文集』 20, 대구교육대, 1984, 2~4쪽.
6) 강재언, 앞의 책, 23~25쪽.

다.

이수광은 우리 역사상 최초로 서양에 대한 기록을 자신의 저서에서
남겼다. 그는 이 기록에서 서양, 구라파라는 용어를 구사했을 뿐만 아니라,
오늘날의 포르투갈에 해당되는 불랑기국(佛浪機國) 등에 대해서도 설명
을 남겼다. 그러나 그가 서양이라는 용어와 불랑기라는 국가 이름을 사용
했다는 사실이 그가 그 곳들을 오늘날의 유럽으로 생각하고 있었음을
말해주는 것은 아니었다.[7]

우선 이수광이 쓴 서양이라는 용어는 유럽으로서의 서양과는 무관하다.
이수광이 서양이라고 말한 곳은 불랑기국과 고리대국(古俚大國)이다. 이
수광에 따르면, '불랑기는 섬라(暹羅 : 오늘날의 태국)의 서남쪽 바다에
있는 서양대국'이었다. 이수광에게 불랑기는 인도양 국가로서의 서양의
일부였다. 또한 이수광은 고리국을 '서양의 제번(諸蕃)들이 모여드는 곳'
이라고 했다. 고리국을 이렇게 적은 것은『대명일통지』(大明一統志) 이래
의 전통이며, 이 때의 서양은 예외 없이 인도양 국가로서의 서양이었다.[8]

또한 이수광이 분명하게 오늘날의 유럽이라고 생각하고 기록한 것은
'구라파'(歐羅巴), '대서국'(大西國), '대서양'(大西洋) 정도이다. 이수광은
"구라파의 명칭은 대서국이라고도 하는데, 그 나라 사람 마테오 리치가
8만 리의 바닷길을 넘어 광동에 와서 10여년을 살았다"고 말했다. 그는
또 구라파의 경계에 대해 서술하면서 그 서쪽 경계가 '대서양'이라고 하였
다.[9]

여기에서 주목해 보아야 할 대목은 이수광이 유럽으로서의 서양, 즉
구라파를 설명하는 방식이다. 그는 명대의 문장가 초횡(焦竤)이 마테오
리치를 '서역이군'(西域利君)이라고 불렀던 대목을 특별한 논평 없이 인용

---

7) 배우성, 「조선후기의 異域 인식」,『朝鮮時代史學報』36, 2006, 161~162쪽.
8) 배우성, 위의 논문, 161~162쪽.
9) 배우성, 위의 논문.

했다. 그는 또 이광정과 권희가 들여온 6폭짜리 「구라파국여지도」를 보고 "서역이 특별히 상세하다"라고 평가하는가 하면, 구라파(국)에 대해 '서역에서 가장 먼 곳에 있으며 중국과의 거리가 8만 리'라고 적었다. 결국, 이수광은 유럽으로서의 서양을 새로운 이역(異域), 즉 서역의 연장선상에서 보고 있었음을 알 수 있다.[10] 이러한 인식이 나타난 가운데 조선에는 서양식 세계지도를 포함한 서양식 세계지리서가 처음으로 도입되었는데, 『직방외기』(職方外紀)가 바로 그것이었다.

## 2) 『직방외기』(職方外記)와 『곤여도설』(坤與圖說)의 도입

조선에 도입된 최초의 서양 세계지리서 『직방외기』는 예수회 선교사 알레니(G. Aleni, 愛儒略)가 만들었다. 알레니는 1613년부터 중국의 복주(福州)에서 활동하기 시작하였다가 북경으로 옮겨갔다. 『직방외기』가 저술된 것은 복주에서 활동하던 시기였으며, 여기에 「만국전도」라는 세계지도가 실려 있었다. 그리고 이후 북경으로 옮긴 1623년에 알레니는 『직방외기』를 증역(增譯)하였다.

알레니가 『직방외기』를 증역하였다는 것은 이전에 선교사 판토하(D. Pantoza, 龐迪我)가 간행한 「세계지도」와 『도설』(圖說)을 기초로 하고, 선교사 테렌즈(J. Terrenz, 鄧玉函)와 고즈(B. de Goes, 鄂本篤)가 제공한 인도와 중앙아시아에 대한 당시의 최신 지리정보나 견문기 등을 보태어 번역 출판했음을 의미하였다. 아울러 이 때에는 종래 『직방외기』에 들어 있던 「만국전도」도 5폭 내지 12폭의 대형 세계지도로 확대하여 출간하였다.[11]

---

10) 배우성, 위의 논문.

11) 盧禎埴, 앞의 논문, 7쪽 ; 차미희, 앞의 논문, 186쪽 ; 김귀성, 「17세기 J. Aleni 著 漢譯西歐教育資料의 교육사적 의의－西學凡과 職方外紀를 중심으로」, 『한국 교육사학』 21, 1999, 42쪽.

이 알레니의『직방외기』는 1626년에 서학 관련 총서에 포함되어 다시 출판되었다. 명나라 서학 수용의 선구자였던 이지조(李之藻)는 예수회의 저술 중에서도 핵심적인 서적들만을 모아 이편(理編 : 종교와 윤리), 기편 (器編 : 천문학과 수학)의 두 분야로 지면을 동등하게 할애하여 총 20종의 한역서학서를『천학초함』(天學初函)이라는 이름으로 출판하였다. 그 중 『직방외기』는 종교와 윤리 분야로 분류되어 출판·보급되었으며, 현재에 도『직방외기』는『천학초함본』을 통해서 가장 손쉽게 구할 수 있는 상황이 다.12)

예수회는 기본적으로 천주교가 원시유학의 진리를 완성했다는 보유론 적·적응주의적 입장, 중국보다 더 발전한 서양의 과학과 기술을 천주교 포교의 수단으로 활용하려는 입장을 가지고 있었음은 이미 앞에서도 서술 한 바와 같은데, 알레니도 예외가 아니었다.『직방외기』는 인류, 천문, 지리, 조류, 어류, 곡식과 과실 등 모든 존재가 조물주에 의해 창조된 것임을 알게 하려는 의도였다.13)『직방외기』라는 이름 자체는 중국의 직방사(職方司)가 주관하는 조공국(朝貢國) 이외에 중국과 아직 왕래가 없는 나라에 대해 기록했다는 뜻이다.

『직방외기』는 총 5권으로 구성되어, 1~4권에서는 세계 대륙을 다섯으 로 나누어 각 주의 경도(經度)와 총설을 제시한 다음에 다시 국가별·지역 별로 중요한 지역을 나누어 자연지리는 물론 역사, 정치, 풍속, 사회, 종교, 특산물 등에 대해 상세히 설명하고, 5권에서는 사해총설(四海總說)과 7개 항목에 걸쳐 해양·지리적 논술을 펼치고 있다.

그러나 이 책은 중국 이외에도 광대한 세계가 있으며, 독자적인 역사적

---

12) 김귀성, 위의 논문, 41쪽.
13) 도날드 베이커 지음, 金世潤 譯,『朝鮮後期 儒敎와 天主敎의 대립』, 一潮閣, 1997, 27~36쪽 ; 안외순,「西學 수용에 따른 朝鮮實學思想의 전개양상」,『東方學』5, 韓瑞大學校 附設 東洋古典硏究所, 1999, 396쪽 ; 차미희, 앞의 논문, 189~190쪽.

146

전통을 가진 민족이 많고, 또한 특성 있는 문화를 발전시켜 온 국가가 많다는 사실을 중국인들에게 알려주기 위한 의도에서 편술했기 때문에 자연지리에 관하여는 극히 간단하게 언급하고 주로 역사, 정치, 풍속, 사회, 종교와 산물을 논하고 있다는 특징을 가지고 있다.

좀더 구체적으로 살펴보면, 권두에는 「만국전도」가 있고, 제1~4권은 아세아(亞細亞 : 아시아), 구라파(歐羅巴 : 유럽), 말리아(利未亞 : 리비아 =아프리카), 아묵리가(亞墨利加 : 아메리카)의 지도 및 지리총설과 각론, 미지의 남방대륙으로서의 묵와랍가주(墨瓦蠟加洲 : 메갈라니카)에 대한 총설이 있다. 메갈라니카(Magallanica)라는 것은 마젤란이 세계일주 때 남아메리카대륙 남방에서 발견한 대륙으로, 마젤란(Ferdinand Magallanica) 의 이름을 붙인 것이다. 또 제5권에는 지구를 남북반구로 나눈 북여지도(北 與地圖)와 남여지도(南與地圖)가 있고 지구상의 바다에 관한 사해총설과 각설(各說)이 있다.14)

이처럼 알레니에 의해 만들어진 『직방외기』는 천주교를 전도할 목적으 로 만들어졌다는 점에서 마테오 리치에 의해 만들어진 「곤여만국전도」와 본질이 같지만, 「곤여만국전도」가 만들어진 이후 다양한 통로를 수용하여 보다 정확한 세계 지리 지식을 담고자 했다는 점에서 차이를 보였다.15) 이러한 『직방외기』가 조선에 도입된 것은 1630년(인조 8)이었다.

후금(청)의 1차 침입을 겪은 직후 명나라에 파견되었던 조선의 진주사 (陳奏使) 정두원(鄭斗源) 일행은 귀국하던 길에 산동반도의 등주(登州)에 서 예수회 선교사 로드리게스(Jeronimo Rodriguez, 陸若漢)를 만났다. 이 때 로드리게스는 정두원을 통해 조선 국왕에게 천리경, 자명종, 화포, 화약, 자색 목화(紫色 木花) 등의 서양 문물과 서양의 천문 지리와 관련된

14) 차미희, 앞의 논문, 186쪽 ; 강재언, 앞의 책, 50쪽 ; 李元淳, 「한국 실학지식인의 한역 지리서 이해」, 『한국의 전통지리사상』, 민음사, 1991, 16~18쪽.
15) 원재연, 앞의 논문, 63쪽.

한역서학서 및 지도 등을 바쳤는데, 바로 그 가운데에 알레니가 만든 세계지리서 『직방외기』가 들어 있었다.[16]

사실 알레니는 『직방외기』 이외에 다른 세계지리서도 편술하였다. 그것은 상당히 광범위하게 세계 지리를 소개하면서도 지리학과 문화인류학적인 내용을 담고 있는 『서방문답』(西方問答)인데, 이 저서는 이후 1637년에 다시 알레니의 동료 선교사인 디아즈(E. Diaz, 陽瑪諾), 프로에즈(J. Froez, 伏若望), 르호(J. Rho, 羅雅谷) 등에 의하여 2권으로 보완되었다. 또한 이후 1668년에는 여러 선교사들에 의해서 『어람서방요기』(御覽西方要紀)라는 세계지리서가 만들어지기도 하였다. 이 저서는 청나라 강희제(康熙帝)의 질문에 대해 서양의 풍토와 풍속을 부르그리오(L. Buglio, 利類思), 무갈핸스(G. Mugalhaens, 安文思), 페르비스트(F. Verbiest, 南懷仁) 등이 대답한 것을 엮어서 만든 것이다. 『어람서방요기』의 내용은 『서방문답』과 거의 같으면서도 요약된 형태를 띠고 있는데, 이 두 세계지리서가 조선에 도입되었는지의 여부는 확실하지 않다.[17]

이후 예수회 선교사가 만든 세계지리서로서 다시 조선에 도입된 것이 확실한 것은 페르비스트가 저술한 『곤여도설』(坤輿圖說)이었다. 페르비스트는 1658년에 마카오에서 포교를 하다가 1660년에 북경으로 옮겨왔으며, 1672년에 『곤여도설』을 편간(編刊)하였고, 1674년에 「곤여전도」를 판각 인쇄하였다.

「곤여전도」는 시점(視點)을 적도 상에 둔 평사도법(平射圖法)으로 동서 양반구(東西兩半球)를 별개로 해서 만든 동양 최초의 세계지도였다. 아세아, 구라파, 아프리카를 동반구도에 싣고 있으며, 남북 아프리카가 서반구도에 들어 있는데 대양주(大洋洲)와 묵와랍니가(墨瓦蠟尼加 : 남방대륙)

16) 차미희, 앞의 논문, 184~185쪽 ; 盧禎埴, 앞의 논문, 8쪽.
17) 李元淳, 앞의 논문, 15쪽.

148

는 양반구에 걸쳐서 그려져 있다. 이 지도는 마테오 리치와 알레니의 지도 이후 17세기 전반의 새로운 지식과 견문이 가미되어 과거의 세계 지도에 비교한다면 보다 진일보한 느낌이 있으며, 두드러지게 변화한 것은 남방대륙에서 대양주가 분리되었다는 사실이다.[18]

『곤여도설』은 페르비스트가 작성한 서양 세계지도인 「곤여전도」의 해설을 위해 꾸며진 것이다. 상권에는 곤여도설(坤與圖說), 지체지도(地體之圖), 지구·남극양극(地球·南北兩極), 지진(地震), 산악(山岳), 해수지동(海水之動), 해지조석(海之潮汐), 강하(江河), 기행(氣行), 풍(風), 우(雨), 운(雲), 사행지행지서병기형(四行之行之序幷其形), 인물 등을 논하였고 그 뒤에 각종 진기한 날짐승[飛禽], 들짐승[走獸], 물고기[潛魚]의 그림 등을 싣고 그것을 설명하였다.

한편 『곤여도설』 하권은 남극대륙을 포함한 6대주의 각국 풍토, 인정, 명승 등 인문·지리적 내용을 담고 있으며, 끝부분에 사해총설(四海總說), 해상(海狀), 해산(海産), 해박(海舶) 등 해양지리적 기사를 수록하고 있다. 결국, 이상의 편목에 의하면, 『곤여도설』의 상권은 자연지리적 기사이고, 하권은 인문지리와 해양지리적 내용을 담고 있는 세계지리서임을 알 수 있다. 『곤여도설』은 그 체제가 『직방외기』와 크게 다르지 않은데, 그러면 서도 새로운 내용을 담고 있는 새로운 세계지리서였다.[19]

『곤여도설』이 조선에 도입된 것은 1722년(경종 2)이었다. 1721년 경종이 세제(世弟 : 후일의 영조)를 책립(冊立)하자 책봉주청사(冊封奏請使)의 서장관(書狀官)으로 청나라에 갔던 유척기(兪拓基)가 북경의 천문당(天文堂)에서 예수회 선교사와 담론하고 1722년 2월 1일에 『곤여도설』 두 권을 구득(求得)하게 되었던 것이다.[20]

---

18) 盧禎埴, 앞의 논문, 9쪽.
19) 李元淳, 앞의 논문, 18쪽 ; 盧禎埴, 「西洋地理學의 東漸」, 『論文集』 5, 대구교육대, 1969, 19쪽.

이상에서 살핀 바와 같이 서양식 세계지리서는 1630년에『직방외기』가, 1722년에『곤여도설』이 각각 조선에 도입되었다. 이 저서들은 모두 예수회 선교사가 천주교를 전도할 목적으로 중국에서 만든 서양식 자연·인문 지리적 성격의 세계지리서였기 때문에 이 저서들이 조선에 도입된 데에는 선교사들의 전도 의지가 작용하였다. 한편 이러한 저서들은 모두 조선의 전통적·공식적인 외교방식에 따라서 중국에 사신으로 파견된 조선의 사대부들에 의해 도입되었음도 알 수 있다.[21] 이렇게 조선에 도입된 서양 식 세계지리서는 조선의 지식인, 사대부들의 전통적인 세계관에 일정한 영향을 미치게 되었다.

## 3. 조선후기 지식인의 세계관 동향

### 1) 조선시대 지식인의 전통적·중화주의적 세계관

조선왕조는 그 이전 왕조에 비해서 다른 나라와의 교섭이 적었다. 인접 한 명나라와 일본과의 공적인 사신의 왕래 이외에 내국인의 대외 진출이나 외국인의 왕래가 없었을 뿐만 아니라 통상무역, 유학, 이주, 여행 등을 통한 접촉도 사실상 거의 없었다. 당시 명, 조선, 일본이라는 동아시아 삼국이 모두 쇄국정책을 취했다는 점, 조선왕조의 기본 정책인 '농본억상' (農本抑商), '무본억말'(務本抑末)로 인한 대외무역의 억제, 그리고 유교적 국가체제의 이념적 문제점 즉 조선은 중국의 제후국으로서 사사로운 외교 관계를 가질 수 없다는 봉건적 정치이념 등이 다른 나라와의 교섭이 적었 던 원인으로 거론되었다. 어쨌든 조선왕조의 대외교섭은 중국, 일본, 여진 (女眞), 유구(琉球) 등으로 한정되었으며, 그것도 제한된 사신의 교환이

---

20) 盧禎埴, 「西歐式 世界地圖의 受容과 抵抗」, 1984, 9쪽.
21) 차미희, 앞의 논문, 186쪽 ; 강재언, 앞의 책, 29·51쪽.

전부였다.

 그러나 조선왕조는 서세동점(西勢東漸) 이후에도 이웃한 중국이나 일본에 비해 서양과의 접촉이 늦었는데, 그 원인으로는 세 가지가 거론된다. 우선, 조선이 지리적으로 동북쪽으로 치우쳐 있었기 때문에 서양인의 접촉대상이 되지 못하고 그들의 활동과 인식의 범위 밖에 놓여 있었다는 점이다. 15세기말 이른바 '지리상의 발견' 이후 서양인의 동양 진출과 무역의 중심권은 인도나 남양군도(南洋群島)였고, 더 나아가 그들이 자주 왕래하던 남중국이나 서일본 항로에서도 조선은 치우쳐 있었을 뿐만 아니라 교역의 대상에서도 빠져 있었다. 이러한 지리적 여건으로 인해 조선은 서양과의 접촉이 상대적으로 늦어지게 되었다.

 또한 조선왕조는 무역활동이 활발하지 못했기 때문에 서양인과의 접촉 기회가 적었다는 점이다. 일반적으로 대외무역이 외국과의 접촉에서 가장 중요한 경로라고 할 때, 억말정책으로 인한 대외무역의 위축은 서양과의 접촉 기회를 감소시킨 주 원인이었다. 아울러 유교적 전통사회의 해금(海禁) 정책으로 말미암아 우연히 표착해 온 서양인과의 문화적 교섭 기회마저 이용하지 못했다는 점도 지적된다.

 조선왕조의 부진한 대외교섭과 함께 서세동점 이후에도 서양과의 적극적인 교류를 저해한 위와 같은 요인들은 결국 조선왕조 정부와 관료 및 사대부의 세계관에도 영향을 미치게 되었다. 최신의 세계정보에 접할 수 있는 기회가 객관적으로 부족하였기 때문에 중국을 통해 입수되는 제한된 정보에 의존하여 세계관을 수립할 수밖에 없었고, 적극적인 해외진출이나 교섭·통상 노력은 보이지 못한 채 중국 중심의 책봉체제에 국한된 대외정책을 지속하게 되었다.

 조선시대 지식인들의 세계관의 특징은 세계질서에 대한 그들의 생각이 수평적 관계가 아니라 수직적 관계였다는 것이다. 이 세상의 모든 국가와 민족, 그리고 개개인까지도 거대한 계층적 관계 속에서 자기 나름의 고유한 위치를 차지하고 있는 것으로 간주되었다. 그것은 우주론적 체계에 의해 뒷받침되었다. '화이관'(華夷觀)은 그러한 질서를 극명하게 보여주는 개념이었다. 중국을 정점으로(또는 중심으로) 구성된 거대한 세계질서의 추상화된 표현이 '중화(中華) − 이적(夷狄)'이었던 것이다.

문화적 · 종족적 · 지리적 관념이 혼합된 형태로 전개된 중화주의적 세계관(=화이관)은 고대 중국인의 중화사상에서 출발한 것으로 중국 중심적인 세계관을 보여주는 것이었다. 한대(漢代) 이후로 유교가 국교화(國敎化)되면서 '화'의 기준은 유교문화의 수용과 발달 여부로 판명되었고, 유교문화의 우열에 따른 계서적(階序的)인 국제관계가 제도화되었다. 그것은 현실적으로 중국의 주변 민족, 국가가 중국에 조공하고 책봉을 받는 체제, 즉, 사대외교의 체제로 나타나게 되었다. 화이관에 입각한 국제질서 관념이 사대라는 제도적 장치로 현실화되었던 것이다.

오대(五代)의 혼란기를 거쳐 통일왕조를 수립한 송(宋)의 경우 북방민족의 위력에 눌려 이질적인 것을 흡수 · 동화할 능력을 상실하고, 폐쇄적인 경향을 띠게 되었다. 북방민족이 한족을 위협하는 상황에서 이민족의 위협에 대해 한족의 저항의식을 고취시키기 위한 노력의 일환으로 정통론과 명분론이 활발하게 논의되었다. 그것은 이데올로기적 측면에서 화이관념을 한층 강화시키는 결과를 초래하여, '존왕양이'(尊王攘夷)의 기치를 내세워 화이의 구별을 엄격하게 논하는 것이 송학(宋學)의 특징이 되었다. 주자학은 종래의 '예'(禮)에 근거한 화의의 구별을 이기론(理氣論)에 근거하여 천리(天理)의 차원으로 끌어올림으로써 항구 불변의 절대적 원칙으로 규범화하기에 이르렀다.

명(明)왕조의 성립과 함께 안으로 상하존비(上下尊卑)의 명분질서를 확립하고, 밖으로 중국중심의 화이 질서를 실현시키기 위한 노력이 경주되었다. 명대의 쇄국정책은 그러한 노력의 일환으로 시행되었으며, 그 이념의 바탕은 주자학의 명분론과 화이론이었다.

조선왕조를 이끌어가는 사대부들의 세계관은 화이론을 바탕으로 형성되었으며, 이를 토대로 사대교린정책이 성립·운영되었다. 명에 대해서는 사대를 취하고, 여진·일본·유구 등 동남아시아 국가에 대해서는 교린으로 평화적인 대외관계를 보장받고자 하였던 것이다.

화이관에 입각한 조선시대 지식인의 세계관, 대외인식은 중층적이었다. 그들은 중국에 대해서는 이적이었지만, 여타의 민족과 국가에 대해서는 소중화(小中華)였다. 그런데 이러한 조선시대 사대부들의 전통적인 세계관과 이를 바탕으로 한 대외정책은 유교문화를 보존한 한족의 왕조가 중원의 패권을 장악하고 있을 경우에는 문제가 되지 않지만, 한족 이외의 왕조가 수립되었을 경우에는 그 논리적 정합성에 모순이 발생하게 된다. 대국(大國)과 중화의 일체성이 깨지면서 사대와 존화(尊華) 사이에 모순이 발생하게 되는 것이다.

명나라와 청나라의 왕조교체는 바로 그러한 괴리를 가져온 직접적인 계기가 되었다. 그리고 이것은 조선에서 두 차례의 전쟁과 맞물리면서 조선후기 사회변동, 사상계의 변화를 초래하는 중요한 요소가 되었다. 따라서 조선후기에는 사상적 위기 상황을 극복하기 위한 노력으로 집권세력은 종래의 소중화 의식을 더욱 강화하여 '조선 중화주의'를 내세우는 방향으로 나아갔다.[22]

서양식 세계지리서인 「곤여만국전도」가 도입되고, 이어서 『직방외기』와 『곤여도설』이 도입된 17, 18세기는 이처럼 조선의 사대부들에게 있어서 화이관이라는 전통적 세계관이 확고하게 자리잡은 상태에서 그 중심이

---

22) 구만옥, 2003, 「16~17세기 朝鮮 知識人의 西洋 이해와 世界觀의 변화」, 『東方學誌』 122, 5~9쪽 ; 池斗煥, 「朝鮮後期 實學硏究의 問題點과 方向」, 『泰東古典硏究』 3, 1987, 32쪽.

중국에서 조선으로 옮아가고 있는 시기였다.

## 2) 세계지리서 도입 이후 조선후기 지식인의 세계관 동향

서양식 세계지리와 세계지리서가 도입된 이후에도 지식인들의 세계관
은 여전히 전통적·중국중심적 세계관에서 벗어나지 못하는 경향이 강하
였다. 마테오 리치가 만든 서양식 세계지도인 「곤여만국전도」를 1614년에
자신의 저서 『지봉유설』에서 처음으로 소개했던 이수광과 그의 서양 인식
에 대해서는 앞 장에서 간략하게 설명한 바가 있다. 여기에서는 이수광이
유럽으로서의 서양을 서역의 연장선상에서 보았던 이유에 대해 좀더 설명
함으로써 세계지리서가 도입된 이후에도 중국중심의 화이관적 세계관이
지속되었던 배경을 살펴보고자 한다.

전통적으로 조선의 사대부들에게 있어서 서양이라는 것은 명나라 때
정화(鄭和)의 대규모 항해 및 원정의 결과 명나라에 조공하게 되었던
인도양 국가로서의 서양이었다.[23] 이른바 조선의 사대부들에게 있어서
서양은 '보다 확대된 서역'의 개념이었다. 따라서 마테오 리치가 지도에서
표시한 유럽으로서의 서양과는 당연히 차이가 있었다. 그런데도 이수광은
유럽으로서의 서양을 자신이 알고 있는 서역이라는 개념의 연장선상에서
보았다. 이수광의 관심은 서양인의 용모와 의식주, 항해술과 무기, 풍속과
정치제도, 종교 일반과 같은 것에 있었다.[24]

이수광은 유럽으로서의 서양이 어디에 위치하고 있는지에 대해서는
그다지 관심이 없었다. 또한 「곤여만국전도」의 중요한 특징 중의 하나인
'지구 구체설'에 대해서도 관심을 보이지 않았다. 그는 분명히 '지구 구체설'
에 기초해서 그려진 「곤여만국전도」를 보았으며, '지구 구체설'을 소개한

---

23) 배우성, 앞의 논문, 150~151쪽.
24) 원재연, 앞의 논문, 60쪽.

154

중국인 학자들의 책, 예컨대『삼재도회』(三才圖會) 등도 보았다. 그러나
이수광의 저술 어디에서도 지구설에 대한 논의는 확인되지 않으며, 이에
입각하여 중국 중심의 세계관에 대해 회의하였다는 흔적도 찾아볼 수
없다.25)

　물론『지봉유설』을 통해서 이수광이 지리적인 지식의 확대를 꾀했다거
나, 부분적으로 중국중심의 지리 인식에 비판을 가하기도 했다. 그러나
그것이 곧바로 중국중심적인 세계관으로부터의 탈피·전환으로 이어지
지는 않았다. 이수광은 다른 곳에서 여전히 중국중심적인 세계관을 피력
하였기 때문이다.26) 조선후기 지식인의 중국중심적인 세계관은 서양식
세계지리서『직방외기』에 대한 본격적인 검토가 이루어지면서도 계속되
었다.

　『직방외기』를 포함하여 17세기에 조선에 도입된 한역서학서들은 18세
기 가서야 조선의 사대부들에 의해 본격적으로 검토되었다. 전통적으로
사대부들에게 있어서 독서란 도덕적 수양의 방법 및 절차와 관련되었으며,
이는 당시의 정치·사상적 동향과도 관련되었다. 17세기 후반 이후 집권세
력인 서인(더 좁게는 노론)은 주자의 학문을 절대화하여 당시 사회의
문제를 해결하고자 하였던 반면, 근기남인의 일부에서는 육경(六經)과
제자백가(諸子百家) 등에서 문제 해결의 사상적 기반을 찾으려 했다. 근기
남인의 일부 중에서도 특히 성호학파는 더 나아가 서양의 학문에까지도
관심을 가지게 되었던 것이다.27)

　이익의 제자로서『직방외기』를 읽고 자신의 의견을 체계적으로 제시한
사람은 신후담(愼後聃)이었다. 신후담이 이익을 만나 그의 문하에 들어가
게 된 것은 성균관 입학 자격시험의 하나인 진사시(進仕試)에 급제한

　25) 구만옥, 앞의 논문, 29~35쪽.
　26) 구만옥, 위의 논문.
　27) 차미희, 앞의 논문, 199~200쪽.

1724년 직후였다. 그는 진사시에 합격했지만 관직에는 거의 관심이 없었으며, 오로지 유교경전을 숙독하고 도덕적 자기 수양을 엄격히 실천함으로써 성인(聖人)의 길을 추구하였다. 따라서 그 역시 도덕적 수양을 위한 최선의 방법을 모색하는 가운데 이익의 권유를 받아 한역 서학서들을 정독하였으며,[28] 곧바로『직방외기』등에 대해 자신의 비판적 견해를 담은『서학변』(西學辯)을 저술하였다.[29]

신후담은『서학변』에서 서양의 종교와 학문의 핵심인 천주교에 대해 철저한 비판을 가했다. 모든 사람의 화복과 목숨 줄을 주재하는 천주에 대해 사람들이 두려워하며 현세와 내세에서의 영원한 행복만을 바라도록 하는 천주교야말로 이기적이며 부도덕하다는 것이었다. 이러한 천주교에 대한 평가는 서양에 대한 평가로 이어졌다. "서양은 바다 끝의 외딴 지역이며, 오랑캐의 궁벽한 지방에 불과하여 크기는 비슷하다 할지라도 중국과 같은 대열에 놓을 수 없다."라고 하여 외이(外夷)지역인 서양의 문물을 저차원의 것으로 취급하기도 하였다.[30] 중국중심의 화이론적 세계관을 가장 극명하게 보여준 것이었다.

18세기 후반에는 이돈중(李敦中)에 의해 그 시대 나름대로의 세계사인『동문광고』(同文廣考)가 저술되었는데, 여기에서 논급된 세계의 공간적 범위도 동문(同文), 동문화(同文化)하여 인식한 지역이었다. 이 동문의 공간적 세계는 중앙에 있는 중국과 그 주변에 있는 사이(四夷)로 구성되었고, 정치적·문화적으로도 중국을 중심으로 움직여 나가는, 나가야 하는 그러한 것이었다.[31]

---

28) 崔東熙,『西學에 對한 韓國實學의 反應』, 高麗大學校 民族文化研究所, 1988, 59~95쪽.

29) 차미희, 앞의 논문, 200쪽.

30) 차미희, 위의 논문, 202~207쪽 ; 노대환,「정조시대 서기 수용 논의와 서학정책」,『정조시대의 사상과 문화』, 돌베개, 1999, 216쪽.

31) 盧泰敦,「18세기 史書에 보이는 世界史 認識體系─『同文彙考』를 중심으로」,『奎

156

　그러나 조선의 지식인 가운데 일부에서는 서양식 세계지리서에 대한 검토를 통해서 종래와는 다른 세계관을 가지게 된 경우도 있었다. 그 대표적인 인물이 이익(李瀷)이었다. 이익은 『직방외기』는 말할 것도 없고 『곤여도설』까지 읽었으며, 특히 『직방외기』의 경우에는 발문(跋文)을 붙이기도 하였다.[32]

　이익은 한역 서학서 중 서양의 종교와 윤리에 관한 저술을 검토한 뒤 이에 대해 명확한 입장을 내세우지 않았다. 천주교는 불교와 다름없는 이단이라는 부정적인 평가를 내리면서도, 천주는 유교경전의 상제(上帝)와 유사하고 부합되는 점이 있으며, 서양 성직자들의 금욕적 관습은 천주라는 외부의 인격천(人格天)을 의식한 결과라는 일부 긍정적인 평가를 내리기도 하였다. 이는 이후 성호학파 일부에서 천주교를 신봉하는 원인이 되기도 하였다.[33]

　한편 이익은 서양의 천문학 서적을 검토하고 서양 역법인 시헌력의 우수성을 인정하면서 자연스럽게 서양의 '지구 구체설'을 인정하였다. 다만, 이러한 인정에는 전제가 있었는데, 그것은 서양의 '지구 구체설'이 이미 중국의 원시유학 단계에서 주장되었다는 점이다.[34] 그러나 이익이 서양의 '지구 구체설'을 인정한 것은 기존의 전통적인 세계관의 변화로 이어졌다.

　일반적으로 '지구 구체설'은 중국중심의 세계관을 극복할 수 있는 과학적·지리학적 근거로 평가된다. 왜냐하면, 구형(球形) 위에는 고정된 하나의 중심을 설정하는 것이 불가능하기 때문이다. 따라서 '지구 구체설'을 적극적으로 수용할 경우에 누구나 세계의 중심이 될 수 있다는 '상대주의

---

章閣』 15, 1992, 62쪽.

32) 강재언, 앞의 책, 105~111쪽.

33) 차미희, 앞의 논문, 199~200쪽.

34) 강재언, 앞의 책, 105~111쪽.

적 인식'에 도달할 수도 있게 된다. 즉 "만약 지구라는 관점에서 논한다면 각각의 나라가 모두 세계의 중심이라고 말할 수 있다"는 관점이 수립되는 것이다.[35]

이익의 경우도 서양의 '지구 구체설'을 인정하면서 중국중심의 세계관을 극복함으로써 조선중심의 세계관을 이끌어내었다. 그러나 이것은 여전히 화이론에 토대를 두고 있었다. 이것은 조선중화주의에 입각한 세계관으로서, 이익의 제자로서 1752년에 「직방외기 오세계도」(職方外記 五世界圖)를 작성한 바 있는 안정복(安鼎福)에게서도 확인된다.[36] 또한 이러한 조선중심의 세계관은 이익과 안정복의 역사인식에도 영향을 미쳐서 중국중심이 아닌 자국중심의 정통론을 낳게 하였고, 역사 파악에서의 체계성을 띠게 하였다.[37]

조선후기 지식인 중의 일부가 서양식 세계지도와 세계지리서의 '지구구체설'을 수용하여 '상대주의적 인식'에 도달함으로써 화이론적 세계관을 극복하게 된 것은 18세기 후반이었다. 이른바 홍대용(洪大容), 박지원(朴趾源), 박제가(朴齊家), 이덕무(李德懋) 등의 '북학파' 단계에 이르며 서양 과학과 기술의 우수성이 중국에서 원류된 것이 아니며, 가령 중국에서 원류된 것이 아니라 해도 그 우수성을 인정하여 그것을 조선이 도입해야 한다는 논의가 전개되었다.[38] 이제 더 이상 중화와 이적이라는 화이론에 입각한 이분법이 불필요하다는 의미였다.

18세기 후반에 화이론에 입각한 세계관의 변화가 나타난 것은 서양의 과학과 기술에 대한 보다 정확한 인식이 필요하다는 사회적 요구에서 그 배경을 찾을 수 있으며, 당시 이러한 요구가 가능하도록 만든 중요한

35) 구만옥, 앞의 논문, 34쪽.
36) 盧禎埴, 「西歐式 世界地圖의 受容과 抵抗」, 1984, 7쪽.
37) 박성순, 앞의 논문, 162·172쪽.
38) 노대환, 앞의 논문, 231~233쪽.

요소는 사대부의 역할에 대한 반성과 재인식이었다.

　종래 사대부들이 도덕성을 함양하고자 노력한 것은 관료가 되든지 향촌사회에 그대로 남아 있든지 간에 도덕성 그 자체가 피지배층, 향촌 공동체의 모범이 되어 그들로 하여금 도덕적 삶을 살 수 있도록 교화시킨다는 것에 의미가 있었다. 그러나 당시는 사대부들이 도덕성 수양을 위한 심성론 연구에 지나치게 집착하고 있는 한편 백성들은 너무나 삶이 곤궁하여 도덕적 교화를 받아들일 수 있는 상황이 아니었다. 따라서 박지원을 비롯한 일부 사대부들은 수기(修己) 단계에서 독서의 목표를 개인의 도덕성 완성에서부터 사회의 도덕적 완성으로 확대하고, 독서 대상을 농업, 공업, 상업과 관련된 과학과 기술 분야로 확대함으로써 현실 상황에 맞게 사대부 역할을 해내자고 주장하였던 것이다.

　또한 역할에 대한 재인식을 모색하던 사대부들 중의 일부는 이후 연행(燕行)을 통해 청나라의 문물을 직접 접하면서 그동안 자신들이 오랑캐라고 무시하고 북벌의 대상으로까지 삼았던 청나라가 문화적으로나 경제적으로 발전하고 있다는 사실을 더욱 절실히 깨닫게 되었고, 더 나아가 조선의 경제적 낙후성을 극복하기 위해서는 오랑캐에게서라도 과학과 기술을 배워야 한다고 주장하게 되었다.[39]

　18세기 후반 사대부 중의 일부 '북학사상가'들이 화이론을 극복하여 '상대주의적' 세계관을 가지게 되었던 것은 그들의 역사인식에서도 나타났다. 그들은 조선=중화라는 조선중심의 세계관에 입각한 역사인식을 부정하는 역외춘추론(域外春秋論)을 표방하고 조선=동이(東夷)=한(韓)이라는 인식을 새로이 확립하였다.[40]

　이상에서 살핀 바와 같이 서양식 세계지도 「곤여만국전도」가 도입되고,

---

39) 유봉학,『燕巖一派 北學思想 硏究』, 一志社, 1995, 109~116쪽 ; 차미희, 앞의 논문, 210쪽.
40) 池斗煥, 앞의 논문, 33쪽.

이어서 서양식 세계지리서 『직방외기』와 『곤여도설』이 도입된 17, 18세기
는 조선의 사대부들에게 있어서 화이관이라는 전통적 세계관이 확고하게
자리잡은 상태에서 그 중심이 중국에서 조선으로 옮아가고 있는 시기였
다. 따라서 17세기의 이수광, 18세기 전반기의 신후담, 18세기 후반기의
이돈중의 경우에서 알 수 있듯이 서양식 세계지리와 세계지리서가 도입된
이후에도 대체로 17, 18세기 지식인들의 세계관은 여전히 전통적·중국
중심적 세계관을 벗어나지 못하는 경향이 지속되고 있었다.

그러나 종전의 세계관이 지속되는 가운데에서도 18세기 전반기에는
이익과 안정복의 경우에서 확인하였듯이, 조선 중화주의에 입각하여 조선
을 중심으로 한 세계관이 대두되는 변화가 나타났고, 18세기 후반기에
이르러서는 사대부의 역할에 대한 재인식, 사회적 개혁의 필요성 대두
등을 바탕으로 이른바 '북학파'에서 종래의 화이론을 벗어나 상대주의적
세계관이 싹트고 있었다.

그리고 중국중심의 화이관적 세계관, 조선중심의 화이관적 세계관,
'상대주의적 세계관'과 같이 17, 18세기 지식인들의 다양한 세계관은 19세
기 문호개방 전후 시기 위정척사(衛正斥邪), 동도서기(東道西器)와 같은
여러 세력들의 세계관으로 이어졌다.[41]

## 4. 결 론

본고는 17, 18세기에 어떠한 종류와 내용의 서양 세계지리서가 어떤
경로를 통해 조선에 왜 도입되었는지를 살피고, 서양 세계지리서의 도입
이후 지식인들의 세계관의 동향을 검토하였다. 이로써 기존의 연구가
서양 세계지리서의 도입이 조선후기 실학사상이 발생할 수 있었던 외래적

---

41) 박성순, 앞의 논문, 165~166쪽.

요인이 되었다는 부분에만 집중되어 당시 대다수 지식인들의 세계관이 실제로 어떻게 전개되었는지에 대한 전체적인 조망이 어렵고, 19세기 문호개방 전후 시기에 존재했던 사상계의 다양한 층위와의 연결도 매끄럽지 못한 부분을 보완하고자 하였다.

서양식 세계지리서의 도입에 앞서 1603년에 서양식 세계지도 「곤여만국전도」가 도입되었고, 서양식 세계지리서로서는 1630년에 『직방외기』가, 1722년에 『곤여도설』이 각각 조선에 도입되었다. 이 저서들은 모두 예수회 선교사가 천주교를 전도할 목적으로 중국에서 만든 서양식 자연·인문지리적 성격의 세계지리서였기 때문에 이 저서들이 조선에 도입된 것에는 선교사들의 전도 의지가 작용되었으며, 이 저서들은 모두 조선의 전통적·공식적인 외교방식에 따라서 중국에 사신으로 파견된 조선의 사대부들에 의해 도입되었다.

서양식 세계지도와 서양식 세계지리서 『직방외기』와 『곤여도설』이 도입된 17, 18세기는 조선의 사대부들에게 있어서 화이관이라는 전통적 세계관이 확고하게 자리잡은 상태에서 그 중심이 중국에서 조선으로 옮아가고 있는 시기였다. 따라서 17세기의 이수광, 18세기 전반기의 신후담, 18세기 후반기의 이돈중의 경우에서 알 수 있듯이 서양식 세계지리와 세계지리서가 도입된 이후에도 대체로 17, 18세기 지식인들의 세계관은 여전히 전통적·중국중심적 세계관을 벗어나지 못하는 경향이 지속되고 있었다.

그러나 종전의 세계관이 지속되는 가운데에서도 18세기 전반기에는 이익과 안정복의 경우에서 확인하였듯이, 조선중화주의에 입각하여 조선을 중심으로 한 세계관이 대두되는 변화가 나타났고, 18세기 후반기에 이르면 사대부의 역할에 대한 재인식, 사회적 개혁의 필요성 대두 등을 바탕으로 이른바 '북학파'에서 종래의 화이론에서 벗어나 상대주의적 세계관이 싹트고 있었다.

그리고 중국중심의 화이관적 세계관, 조선중심의 화이관적 세계관, '상대주의적 세계관'과 같이 17, 18세기 지식인들의 다양한 세계관은 19세기 문호개방 전후 시기 위정척사(衛正斥邪), 동도서기(東道西器)와 같은 여러 입장의 세력들의 세계관으로 이어졌다.

## 참고문헌

### 저 서

『職方外紀』自序 (吳相湘 主編,『天學初函(3)』韓國學資料院, 1984).

강재언 지음, 이규수 옮김,『서양과 조선－그 이문화 격투의 역사』, 학고재, 1998.

蘇光熙 외,『현대의 학문체계－대학에서 무엇을 배울 것인가』, 民音社, 1994.

유봉학,『燕巖一派 北學思想 研究』, 一志社, 1995.

李元淳,『朝鮮西學史研究』, 一志社, 1986.

정옥자,『조선후기 조선중화사상 연구』, 일지사, 1998.

崔東熙,『西學에 對한 韓國實學의 反應』, 高麗大學校 民族文化研究所, 1988.

韓沽劤,『星湖 李瀷 研究』, 서울대학교출판부, 1980.

### 논 문

구만옥,「16~17세기 朝鮮 知識人의 西洋 이해와 世界觀의 변화」,『東方學誌』 122, 2003.

김귀성,「17세기 J. Aleni 著 漢譯西歐敎育資料의 교육사적 의의－西學凡과 職方外 紀를 중심으로」,『한국교육사학』, 1999.

김문식,「18세기 徐命膺의 세계지리 인식」,『韓國實學研究』 11, 2006.

김문식,「박지원이 파악한 18세기 동아시아의 정세」,『韓國實學研究』 10, 2005.

노대환,「정조시대 서기 수용 논의와 서학 정책」,『정조시대의 사상과 문화』, 돌베개, 1999.

盧禎埴,「西洋地理學의 東漸」,『論文集』 5, 대구교육대, 1969.

盧禎埴,「西歐式 世界地圖의 受容과 抵抗」,『論文集』 20, 대구교육대, 1984.

盧泰敦, 「18세기 史書에 보이는 世界史 認識體系-『同文彙考』를 중심으로」, 『奎章閣』 15, 1992.

도날드 베이커 지음, 金世潤 譯, 『朝鮮後期 儒敎와 天主敎의 대립』, 一潮閣, 1997.

박성순, 「조선후기 대(對)서양인식에 관한 연구의 현황과 과제」, 『조선후기사 연구의 현황과 과제』, 창작과비평사, 2000.

裵祐晟, 「고지도를 통해 본 조선시대의 세계인식」, 『震檀學報』 83, 1997.

배우성, 「조선후기의 異域 인식」, 『朝鮮時代史學報』 36, 2006.

안외순, 「西學 수용에 따른 朝鮮實學思想의 전개양상」, 『東方學』 5, 韓瑞大學校 附設 東洋古典硏究所, 1999.

원재연, 「17~19세기 實學者의 西洋認識 檢討」, 『韓國史論』 38, 서울대 국사학과, 1997.

李元淳, 「한국 실학지식인의 한역 지리서 이해」, 『한국의 전통지리사상』, 민음사, 1991.

李燦, 「한국의 고지도 세계-天下圖와 混一疆里歷代國都之圖」, 『韓國學報』 2, 1976.

池斗煥, 「朝鮮後期 實學研究의 問題點과 方向」, 『泰東古典研究』 3, 1987.

차미희, 「17·18세기 조선 사대부의 독서 양상과 서양 교육에 대한 이해」, 『韓國史研究』 128, 2005.

# 18세기 조선의 외국역법서적 수입과 문화변동

강 영 심

## 1. 머리말

17·18세기 조선의 지배층은 당시 조선사회가 처한 재건의 과제에 능동적으로 대처하기 위해 중국과 서양 문화를 적극 수용하려는 의지를 보였다. 외국문화의 수입에 역동적이고 진취적으로 대응고자 한 지배층 지식인의 이러한 노력은 외래의 새 사상과 문화를 수용·변용하고 정착시켜 사회발전을 도모하는 길을 모색한 결과라 할 수 있다.

그런데 문화수용 중 유용한 방법으로 문화의 결실인 서적의 수입을 들 수 있는데, 근대 이전의 조선사회에서 주요 외국서직의 수입경로는 다름아닌 중국지역이었다. 즉 17세기에 이어 18세기 조선사회에서 외국서적의 수입이 활발하게 이루어졌던 것은 문화수용의 필요성을 대변하고 있다고 하겠다. 따라서 이 시기 외국서적의 독서 실태를 분석하는 작업은 바로 당시 문화수용의 실상을 찾아내는 지름길이다.

당시 수입된 외국서적은 서양의 과학적 성과를 수용한 책들이 큰 비중을 차지하였는데 그 중에서도 조선 지배층과 지식인들이 가장 관심을 가졌던 것이 역법 관련 서적이었다는 점은, 17세기의 외국서적 수용과 독서양상에 관한 연구에서 밝힌 대로다.[1] 17세기 중반 이후 중국을 통해 수입되기

---

[1] 강영심, 「17세기 서양천문역법서적의 수입과 천문역법인식의 변화-서양역법인 시헌력을 중심으로」, 『이화사학연구』 32, 2005.

시작한 서양과학서적들은 선진적인 지식인의 지적 호기심을 자극하였으며, 서양 역법에 기초한 시헌력의 도입과 실시를 위한 서양 역법, 천문 관련 서적의 수입은 서양천문, 우주이론과 접촉하는 계기를 제공하였다. 그리고 그 전문적 연구를 통해 시헌력이 조선에 시행되기에 이르렀다. 이 글에서는 17세기의 새로운 문화적인 경험에 기초하여 18세기 조선사회에서는 어떠한 서적이 수입되었으며, 수입된 서적들은 어떠한 독서자를 통해 문화변용 단계를 거치는지에 초점을 맞추어 살펴보고자 한다. 즉 17세기 전반 중국에서 도입된 서양역법인 시헌력에 초점을 맞추되 서적수입 및 독서라는 관점에서 외래문화 수용에 뒤이은 정착과 변용의 모습을 추적하여 18세기 과학문화의 실상에 접근하려 한다.

지금까지 17, 18세기 조선에 전래된 외국서적에 대한 연구는 서적의 종류 분석을 시작으로, 최근에는 서적에 담긴 내용 즉, 서양의 세계지도나 교회 서적, 과학서의 이론에 관한 연구로 진전되었다. 나아가 그것이 근거로 삼은 학문의 내용을 분석하는 단계로 이어졌으며, 조선 지식인들에게 그 내용이 어떻게 이해되었는지를 비교 검토한 연구들이 발표되어 17, 18세기 문화변동의 실체에 접근하고 있다.[2] 특히 18세기 조선의 역법

---

2) 이원순, 「명청말 한역서학서의 한국사상사적 의의」, 『한국천주교회사연구』, 한국교회사연구소, 1986 ; 김용헌, 「서양과학에 대한 홍대용의 이해와 그 철학적 기반」, 『철학』 43, 한국철학회, 1995년 봄 ; 박권수, 「서명응(1716~1787)의 역학적 천문관」, 서울대학교 대학원 석사학위논문, 1996 ; 문중양, 「조선후기 자연지식의 변화패턴—실학 속의 자연지식, 과학성과 근대성에 대한 시론적 고찰」, 『대동문화연구』 38, 성균관대 대동문화연구소, 2001 ; 한영호, 「서양 기하학의 조선 전래와 홍대용의 『주해수용』」, 『역사학보』 170, 역사학회, 2001 ; 문중양, 「18세기 후반 조선 과학기술의 추이와 성격—정조대 정부 부문의 천문역산 활동을 중심으로」, 『역사와 현실』 39, 2001 ; 임종태, 「17·18세기 서양 과학의 유입과 분야설의 변화—『성호사설』 분야의 사상사적 위치를 중심으로」, 『한국사상사학』 21, 한국사상사학회, 2003 ; 전용훈, 「조선후기 서양천문학과 전통천문학의 갈등과 융화」, 서울대학교 대학원 박사학위논문, 2004 ; 정성희, 『조선시대 우주관과 역법의 이해』, 지식산업사, 2005.

및 천문우주사상 부문에 대한 연구는 괄목할 만한 성과를 거두어, 17세기 대표적인 천문학자인 김석문(金錫文 : 1658~1735) 연구의 경우는 서양근대과학의 우수성을 인식하고 이를 선택적으로 수용하여 전통과학의 재해석을 거쳐 지전설 등 자신의 우주관을 세웠다는 주장이 제기되었다. 또한 18세기의 서명응(徐命膺 : 1716~1787)은 서양의 천문학 지식을 수용하여 전통의 상수학적 자연관을 정교화하는 방향으로 변용하는 모습을 보였으며, 18세기의 홍대용(洪大容 : 1731~1783)은 서양과학사상의 적극적인 수용을 통해 전통과학에서 탈피하여 독자적으로 과학사상을 체계화했다는 연구가 발표되었다. 그 외에도 시헌력과 관련하여 역서 발간과 역법 제작과정 등에 대한 연구가 이루어졌다. 한편 독서와 관련해서는 18세기 유학자들의 독서관이란 주제 하에 성호이익의 독서론 등이 연구되었는데, 여기서는 무슨 책을 읽었는가보다는 유학자들의 독서자세와 독서방법에 초점이 모아졌다.[3]

앞선 연구를 토대로 하여 이 글에서는 18세기에 전문적으로 천문과학사상을 연구한 지식인들을 중심으로 하여 그들이 독서한 서적 및 그 변화모습을 살피고자 한다.

18세기의 새로운 문화조류가 당시 지식인층의 독서문화에 어떤 영향을 끼쳤고, 그 중에서도 서양과학서적을 통한 서양과학지식의 수용이라는 측면에서 나타난 변화가 어떤 것이었는지를 파악하고자 한다. 그리고 그러한 변화가 당시 조선사회 내에서 과학 실용화의 대표라 할 역법에서 어떻게 실현되는지를 시헌력개수 및 시헌력의 조선화 과정을 통해서 살펴보겠다. 그리하여 18세기 천문역법 서적의 독서양상과 문화변동의 양상

---

3) 김영 「조선시대의 독서론연구」, 『한국한문학연구』 12, 1989 ; 김영, 「정다산의 독서론」, 『강원대논문집』 15, 1981 ; 김영, 「이덕무의 독서론」, 『동방학지』 36 · 37합집, 1983 ; 김영, 「연암의 '士' 意識과 독서론」, 『동방학지』 53, 1986 ; 김영, 「홍대용의 독서론」, 『淵民李家源先生七秩頌壽紀念論叢』, 정음사, 1987.

및 의의를 분석하는 순으로 18세기 문화변동의 실제에 접근해 보고자
한다.

## 2. 18세기 새로운 문화조류와 지식인층의 독서문화

18세기에는 조선과 청 양국의 이해가 맞물려 서로를 인정하는 단계로
진전된 까닭에 문물교류가 활발하였으며 그에 따라 조선 정부나 지식인들
이 중국에서 한역된 서양서적을 구하거나 서양 선교사와 만나는 것도
용이해졌다.

17세기 이후 중국에서 서서히 수용된 외래문화는 대부분 서적을 통한
것이었다. 이들 서적은 서양의 새로운 문화를 담고 있었으므로 새로운
학문과 문화에 대한 욕구가 강했던 조선 지식인에게 가장 읽고 싶은 대상
으로 대두되었다.

사실 이제까지의 조선 지배층인 사대부들은 독서라면 다만 과거합격에
서 오는 이익만 알고 성현의 학문이 있음은 몰랐으며, 벼슬을 하면 오직
임금의 사랑이나 국록의 영화만 알고 깨끗이 물러나는 절개는 모르고
그저 엄벙덤벙 눈치 없이 세월만 보내는 형편이었다. 그러던 것을 사대부
의 사람 되는 공부가 과거지학에 있지 않고 성현지학에 있음을 밝혀준
인물이 퇴계 이황(1501~1570)이었다. 그래서 퇴계는 과거의 업을 그만두
고 오로지 독서에 뜻을 두는 젊은이를 치하하면서 숭정학의 기치를 높이
들었던 것이다.[4]

독서를 통해 도리를 밝히려는 주자학적 입장에 선 퇴계는 과거지학은
물론 이단 학문들도 철저히 배격하였다. 즉 육상산학, 불경을 비롯한 이단
의 책을 멀리할 것을 주장하였던 것이다.[5] 그러므로 퇴계가 권하는 독서의

---

4) 『퇴계집』言行錄5 論科擧之弊.

대상이란 소학, 대학, 논어, 맹자, 중용, 시, 서경 등의 유교경전이었으며
이 밖에 심경(心經), 주자의 서간문을 중시하였다.

공부하는 사람은 경으로 근본을 삼고 궁리하여 치하고 자신을 반성하여
참된 행동을 실천해야 한다고 강조하면서, 이것이 법의 묘를 터득하고
도학을 전하는 요결이라 하였다. 그리고 독서는 이런 것을 이루기 위한
중요한 하나의 과정이라고 하였다.[6] 이러한 주장은 사대부가 경서를 읽는
것이 과거 급제를 목표로 해서는 안 되며, 자신의 내면적 성숙 그 자체를
목표로 삼아야 한다는 것으로, 사대부가 경서를 읽음으로써 집안과 지역과
사회에 학자와 교육자로서의 존재 의미를 지니게 되고, 이러한 자격을
바탕으로 관료가 되어 정치에도 참여할 수 있다는 의미였다. 여기에서
사대부의 독서범위 역시 과거에 급제하기 위한 책읽기에 머물러서는 안
된다는 논지로 진전된다.

이이(李珥 : 1536~1584)는 한 걸음 더 나아가 독서에 대한 관심을 각별
히 하였다. 예컨대 "배우는 자는 이치를 궁리하여 선(善)을 밝힌 연후에야
상행지도(常行之道)가 뚜렷하게 앞에 있어 진보할 수 있게 된다. 이치를
궁구하는데 먼저 해야 할 것이 없으며, 이치를 궁구함에 가장 먼저 할
것은 독서다. 또 독서의 이유는 성현의 마음을 쓴 자취와 선악의 본받을
만한 것과 경계할 만한 것이 모두 책에 있기 때문이다."[7]라고 강조하여
퇴계와 동일하게 도학주의적인 독서관의 면모를 보여주고 있다.

율곡은 독서 순서를 체계화하여 그 순서를 정해 두었으니 즉 소학,
사서, 오경 외에 역사서, 각종 성리서들, 근사록(近思錄), 가례(家禮), 심경,
이정전서(二程全書), 주자대전(朱子大典), 주자어류(朱子語類)로 확대하

5) 김영, 「조선시대의 독서론연구」, 『한국한문학연구』 12, 1989, 214쪽.
6) 『퇴계집』 권6, 戊辰六條疏, 김영, 앞의 글, 218쪽.
7) 李珥, 『栗谷集』 권27, 「擊蒙要訣」 讀書章, "故入道莫先於窮理 窮理莫先於讀書 以聖賢用心之迹 及善惡之可效可戒者 皆在於書故也."

였으며 남은 힘으로는 역사서를 읽어 고금의 역사적 사건의 변천을 통달하여 식견을 기르고, 잠시라도 이단, 잡류, 부정한 책은 엄금해야 한다고 강조하였다.[8] 독서 순서까지 체계화시켜 성리학에 대한 체계적 교육과 학문적 수양에 대비케 한 것이다.

이이가 작성한 이 체계는 왕에게 올린 『성학집요』(聖學輯要)만이 아니라 향교의 「학교모범」 제정에 반영되고, 사대부가 교육과 학문을 하고 추구해야 할 방향과 원칙, 독서목표에 적용되어 사학인 서원은 물론 관학인 향교에까지 영향력을 행사하였다.[9] 그런데 이 같은 사대부의 도학숭상 분위기가 자리를 잡아가면서 학문의 폭은 오히려 좁아졌다. 예컨대 불교와 양명학 관련 서적을 독서대상에서 제외시켰으며 '군자불기'(君子不器)를 내세워 역학(譯學), 의학, 음양학, 율학 등과 관련된 서적들 역시 사대부의 독서대상에서 분리시켜 중인신분층의 학문으로 한정시키는 양상으로 바뀌었다.[10]

이러한 양상은 17세기 조선에 전래된 서학의 여러 분야 중 지식인의 관심이 천문과 역학 분야로 치중하게 만드는 요인으로 작용하였던 것이다. 물론 천문역법은 당시 정부차원의 적극적인 도입에 힘입은 바 컸으며 또한 이론과 실무 분야에 대한 역할 역시 사대부와 중인층이 서로 달랐다는 것이 특징적이다.

어쨌든 17세기 초부터 중국을 통해 수입되기 시작한 서양 관련 서적들은 17세기 말 이후 연행을 통해 양적·질적으로 크게 확대되었다. 즉 청으로 사행을 가는 조선지식인들이 청의 지식인들과 교류하면서 공적·사적으

---

8) 김영, 앞의 글, 220~221쪽.

9) 朴連鎬, 「16세기 士大夫敎養의 理念 ; 爲己之學(下)」, 『國史館論叢』 57, 1994, 14~18쪽.

10) 음양학이란 천문, 지리, 命課學을 포함한다(한영우, 「조선시대 중인의 신분계급적 성격」, 『한국문화』 9, 1988 참조).

로 서적을 구입하였으며, 이러한 교류와 수용 양상은 18세기 후반에도 지속되었다. 예컨대 이덕무, 박지원, 유만주, 홍대용 등이 연행을 통해 서적을 구입하고 서책가인 유리창을 방문하여 새로운 서적을 직접 접할 수 있었던 것이다.[11]

이렇게 전해진 외국서적들은 서서히 조선지식인의 관심을 끌기 시작하였다. 물론 여전히 조선의 지배층인 다수의 사대부들에게 독서는 도덕적 수양과 과거중심적인 학문에 치중되어 있었다. 이러한 독서문화 양상은 인조반정과 병자호란 이후 붕당정치의 전개 및 주자성리학의 절대화에 의한 조선중화주의의 고착이라는 분위기 속에서 수입된 서양의 다양한 번역서들이 그다지 주목을 받지 못하게 만들었다.

이를테면 18세기 정통성리학자로서 서학에 비판적인 입장을 보였던 신후담(愼後聃 : 1702~1761)은 중국 관리들이 저술한 『직방외기』 서문을 읽고 나서 당시 천주교가 중국에 널리 퍼진 것으로 파악하고 이를 위험시하였다. 그런데 이 책을 읽었던 이익 역시 유학정통에 대한 천주교의 위협을 걱정하지 않는 데 매우 당황하였던 것이다. 신후담은 이단을 공격한 맹자와 주자의 정신적 유산을 굳게 지키기 위해 스스로 서양교육의 부도덕성과 비실용성을 지적하는 데 주력하였는데 이는 17세기 이후 소중화주의에 함몰된 사대부의 전형적인 모습이라 하겠다.[12] 예컨대 1724년 신후담과 이익의 대화 중, 신후담이 서양은 조선에 어떤 실제적인 도움을 줄 수 있는지를 묻자 이익은 천문학과 수학이라고 답한다. 이에 대해 비판을 가한 신후담이 전설적인 고대 중국 제왕들의 도(道)만큼 훌륭한

11) 남정희, 「공안파서적의 도입과 독서체험의 실상」, 홍선표 외 지음, 『17·18세기 조선의 외국서적수용과 독서문화』, 혜안, 2006, 23~24쪽.
12) 도날드 베이커, 김세윤 역, 『조선후기유교와 천주교의 대립』, 일조각, 1997, 254~255쪽 ; 차미희, 「조선후기 직방외기의 도입과 교육사상의 변화」, 홍선표 외, 앞의 책, 2006 참조.

170

국가통치술을 제시할 수 있을 때만 천주교는 공부할 가치가 있다고 이야기하고 있다.[13] 즉 같은 서양서적을 독서하고서도 신후담과 이익은 서로 다른 모습으로 이를 수용하였던 것이다. 소중화주의에 터한 신후담은 18세기에 절대화한 주자성리학의 정통을 내세운 사대부들의 서양학문에 대한 이해의 모습을 잘 보여준다.

외래문화를 전면적으로 비판하는 입장을 취한 성리학자들과 달리, 그 문화의 선진적인 부분을 수용하는 데 긍정적인 자세를 견지했던 대표적인 인물이 이익이다. 그는 도덕적 수양을 위한 실천적 방법을 모색하고 교육과 과거제도의 개혁을 모색하는 과정에서 서양 교육, 서양 윤리, 서양 종교에까지 성찰의 대상을 확대하였다. 18세기 전반기에 절대화된 주자성리학과 소중화 의식을 바탕으로 서양학문에 대한 사대부들의 비판이 일반화된 가운데, 이러한 개혁성향의 지식인들은 도덕적 수양이나 사회 현실의 개혁의 차원에서 주자성리학의 절대화를 극복하고자 서양의 과학과 기술에 관심을 갖게 되었던 것이다.[14]

## 3. 서양과학서적을 통한 지식의 수용

17세기 이후 조선에 전래된 서양학문 중 과학과 기술 분야 서적은 비록 한정된 부류에 의해서이기는 하지만 독서되고 연구되면서 중기 이후 독서 대상 서적과 독서층이 조금씩 확대되어 갔다.[15] 물론 이러한 독서양상의

---

13) 金良善, 1972,「韓國實學展開史」,『梅山國學散稿』1집, 숭전대학교 박물관논총, 137~138쪽.
14) 그러나 그 관심은 서양의 과학과 기술을 문헌적 고증의 방법으로 우리나라에 소개하는 것에 불과하였다(成大慶,「茶山의 技術官吏 育成策」,『茶山의 政治經濟思想』, 창작과비평사, 1990, 110~111쪽).
15) 강영심, 앞의 글.

변화는 무엇보다도 1653년(효종 4)에 청나라의 시헌력을 공식 역으로 채택하는 조선의 개역 과정과 관련이 있었다. 즉 시헌력을 채용할 때 역서를 조선 현실에 맞게 수정할 수 있는 원리를 스스로 알아내기가 쉽지 않았다. 전쟁 직후 조선이 청의 주요한 위협세력으로 인식되고 있던 상황에서 조선 사신들은 청나라에 가서 서양 선교사들과 접촉하여 개역에 필요한 학문적인 성과를 확보하기는 상당히 힘든 일이었다.[16] 그러나 정부 차원에서 관상감 제조 김육(金堉)과 관상감 일관(日官) 김상범(金尙范)을 북경으로 파견하여 역법을 익히고 역서를 구입하게 하였다.[17] 이렇게 수용된 서양역법에 대해, 사대부가 도덕적 수양을 위한 방법을 모색하며 우주론이라는 이론적 철학적인 관점에서 접근하였다고 한다면, 천문학이나 역법체계 같은 실무적인 분야는 중인층인 일관들이 담당하였다. 당시 과학기술은 이처럼 이론과 실제가 분리되었던 것이 현실이었다.

　18세기 전반기에도 정부는 서양 과학과 기술 특히 시헌역법의 정착과 조선화에 대해 계속 관심을 쏟았다. 특히 이 시기는 청이 1681년 삼번의 난을 진압하면서 정치적으로 안정을 이룩하기 시작하면서 조선과의 화해를 모색하고, 조선 역시 북벌책의 현실성에 회의를 품게 되면서 청과의 관계를 새로 정리해야 한다는 인식이 확산되고 있었기 때문에 17세기에 이어 천문과 역학에 대한 한역서학서가 다수 유입되었다. 아울러 조선 사신들이 북경 천주당에서 서양인과 접촉하는 일도 빈번해졌다.[18] 이 시기에 역서를 구해오는 일은 청나라 사신으로 파견된 이이명, 이의현, 서명응 등이 담당하였으며, 관상감 관원들은 서양 선교사에게 시헌력추보 등 역법의 실제 운용법 등을 습득하였다.

---

16) 노대환, 「정조시대 서기 수용 논의와 서학 정책」, 『정조시대의 사상과 문화』, 돌베개, 1999, 204쪽.

17) 강재언, 『서양과 조선 : 이문화 격투의 역사』, 학고재, 1998, 70~76쪽.

18) 노대환, 앞의 글, 206~208쪽.

18세기 중반까지 천문 역법서적을 비롯하여 다양한 서양번역서가 조선에 수용되었다. 그런데 이 시기 중국에서 들어온 서적 중에는 서양서적 외에 당시 중국의 학문과 독서 경향을 반영한 판화가 삽입된 방각소설과 비평서적 등도 포함되어 있었다. 이러한 서적들은 당시 사대부의 관심을 끌면서 사대부의 독서욕을 자극하여 사대부들의 독서대상 범위를 확대시켜 나갔다. 심지어는 유학서적을 멀리하고 이런 종류의 서적에 탐닉하는 분위기가 만연하는 위험성이 지적되기까지 하였다.

이러한 과정을 거쳐 18세기 중반이 되면 사대부들의 독서대상은 서양의 과학과 기술 부분으로 확대되는 양상이 두드러졌다. 18세기 주된 학문적 경향의 한 축을 형성했던 실학자들의 독서 양상이 그것인데, 이는 이전 사대부들의 경향과는 대조적인 모습이다. 정약용, 홍대용 등의 실학자는 그동안 사대부의 독서가 과거급제를 목표로 하여 현실 문제는 도외시한 채 시나 부(賦) 위주의 사장지학(詞章之學)에 치우쳤던 점, 주자학에 대한 배타적인 집착으로 여타 사상이나 학문에 대해 폐쇄적인 태도를 취함으로써 현실적인 적합성을 잃어버리고 협애한 독서경향을 갖고 있었던 데 대해 비판적이었다.[19] 박지원(朴趾源 : 1737~1805) 역시 전통적인 사대부의 입신출세 위주의 독서관이나 이퇴계 등 조선 중기의 도학적 독서관에 머물지 않고 '이민택물'(利民澤物)하는 실천적인 독서로 나아갔다.[20] 예컨대 박지원은 "선비가 독서하여 이를 탐구한 성과가 자신의 입신출세나 명예 같은 자기욕망의 충족에 머물러서는 안 되며 그 혜택이 사해에 미치고, 그 공로가 만세에 드리운다"[21]라고 독서의 목적을 밝히고 있다.

---

19) 실학자들의 독서론에 대한 개별 연구는 아래와 같다. 김영, 「정다산의 독서론」, 『강원대논문집』 15, 1981 ; 김영, 「이덕무의 독서론」, 『동방학지』 36・37합집, 1983 ; 김영, 「홍대용의 독서론」, 『淵民李家源先生七秩頌禱紀念論叢』, 정음사, 1987.

20) 김영, 「연암의 '士'意識과 독서론」, 『동방학지』 53, 1986, 140~141쪽.

21) 『燕巖集』 권10, 原士, "一士讀書 澤及四海 功垂萬世."

박지원이 독서에서 실용을 강조하게 된 것은 조선이 처한 현실적 문제를 해결하기 위한 사대부들의 각성에서 비롯되었다. 당시 조선 사대부들은 소중화 의식에 물들어 청에게 도덕적·문화적 우월감을 가진 채 성명(性命)과 이기(理氣) 위주의 논변만 일삼으며 당면한 사회경제적 어려움을 해결하지 못하였다. 박지원은 실제 북경으로 가서 청나라의 선진문물을 접한 후 자신들이 그렇게 오랑캐라고 무시하며 북벌의 대상으로 삼았던 청나라에 비해 조선이 너무나 경제적으로 낙후되어 있다는 사실을 깨닫게 되었다.[22] 그래서 "선비의 사명은 명농(明農), 통상(通商), 혜공(惠工)하여 농민, 상인, 공인의 실업을 막고, 농·공·상의 이치를 밝히는 실천적 학문을 탐구하여 그들의 생활향상을 돕는 것이다"라고 하여 사대부의 학문대상을 확대할 것을 주장하였다. 그의 이론 탐구를 위한 독서는 문제해결을 위한 실천적 독서관을 특징으로 한다. 이는 당시 18세기 실학자들의 독서 양상과 궤를 같이하며 당시 현실에 대해 실천적인 문제의식을 갖고 독서할 것을 강조하여 독서대상의 확대를 낳았다.

박지원은 "참된 학문의 방법은 자기보다 나은 사람에게 잘 물어봐서 새로운 지식과 발달한 문물을 배우는 것이다"라고 하면서 선진문화국인 중국을 배우고, "참으로 백성에게 이롭고 나라에 도움이 되는 것이라면, 그 법이 혹 이적에서 나온 것이라도 그것을 취하고 본받아야 한다"라고 하여, 청의 개화 배경이 된 서양과학기술을 수용하고 교육할 것을 주장하였다.[23]

박지원 문하에서 학문을 연구하던 박제가(朴齊家 : 1759~1805)는 29세 때인 1778년에 청나라에 사은사로 파견된 채제공(蔡濟恭)을 따라 이덕무

---

22) 『燕巖集』 別集 권14, 『熱河日記』 審勢編 ; 『燕巖集』 권10, 原士, "若復高談性命 極辨理氣 各主己見 務欲歸一 談辨之際 血氣爲用 理氣纏辨 性情先乖 此講學之害之 也,"

23) 유봉학, 『燕巖一派 北學思想 研究』, 一志社, 1995, 109~116쪽.

와 함께 연경에 가서 건륭시대의 문물을 접하고, 이조원(李調元)·반정균(潘庭筠) 등의 청나라 학자들과 교류하였다. 그는『북학의』내편에서, "중국에 있을 때 서양 의서를 번역한 책이 있다는 애기를 듣고 구해 보려했지만 구하지 못했다"고 하면서 서양의 대학에서 의학을 교육하고 있으며, 그 의술은 매우 정확하다는 것을 이미 알고 있다고 서술하였다.[24] 그리고 그렇게 발달된 서양의 과학기술을 우리도 배워야 한다고 하면서 "만약 표착인(漂着人)이 있으면 연해 각 읍에서는 반드시 선제(船制)와 다른 기예(技藝)에 관해 문의케 하여 재간이 좋은 공장들에게 그들의 방법을 따라 조선(造船)하게 하고, 또한 혹 표착선에 찾아가서 배우고, 혹은 표도인(漂到人)을 접대하여 그 기술을 습득한 후에 환송시키자"라는 제안을 내놓기도 하였다.[25] 더 나아가 정조 10년(1786)에 올린 병오소회(丙午所懷)에서는 아예 서양선교사를 초빙하여 서양의 과학기술을 배워야 한다고 주장하였다. 예컨대 "제가 듣기에 중국의 흠천감에서 역법(曆法)을 다루는 서양 사람들은 모두 기하학에 밝으며, 이용후생의 방법에도 정통하다고 합니다. 우리도 그들을 초빙해야 합니다. 비용은 현재 관상감 한 곳에서 쓰는 것으로도 충분합니다"라고 하면서 당시 서양과학에 대해 부정적이던 지식인들과는 다른 태도를 보였다. 즉 청나라에서 새로운 서양과학기술을 직접 접한 박제가는 서양의 과학기술이 불교와 달리 삶을 윤택하게 만든다고 주장하며 "그들에게 열 가지 기술을 배우고 포교하는 일 한 가지만 금한다면 계산상 득이 된다"[26]라고 자신의 생각을 밝혔다.

---

24)『北學議』內篇 藥, "세상에서 가장 믿을 수 없는 것이 바로 우리나라의 의술이다.…… 중국에 있을 때 서양 醫書를 번역한 책이 있다는 얘기를 듣고 구하려 했지만 구하지 못했다."

25)『北學議』內篇 船.

26)『北學議』外篇 丙午所懷, "……그들은 머나먼 타국에 와서 오로지 자신들의 종교를 전파하는 데만 몰두하고 있습니다. 그들의 종교가 천당과 지옥을 독실하게 믿는 것은 불교와 다름이 없습니다. 그러나 그들이 사용하는 기구는 삶을

이러한 모습은 정약용(丁若鏞 : 1762~1836)이나 홍대용에게서 더욱 두드러졌다. 우선 정약용은 일본과 유구(琉球)가 중국의 선진과학을 배워 부국강병하게 되었다는 예를 들면서 당시 집권자들이 이미 망하고 없어진 명나라만 떠받들며 청나라를 무시하고 그들의 선진 과학기술을 배척하는 것을 통렬히 비난하였다.27) 정약용이 독서대상으로 삼은 것은 우선 자기 수양을 위한 책들로서 사서, 육경, 주자전서 등이었고, 세상을 바로잡는 데 필요한 책들로는 우리 민족이 딛고 서 있는 현실을 이해하기 위한 역사책과 우리나라의 옛 문헌과 문집같이 경세치용(經世致用)에 도움이 되는 책이었다.28) 이렇듯 18세기 후반으로 갈수록 서학에 대한 관심은 본격화되었으며 특히 천문 역학 분야를 중심으로 서양과학기술에 대한 관심이 증폭되었다.

정약용은 이미 젊은 시절부터 서양의 과학기술을 담은 한역 서학서를 탐독하였고,29) 관료가 된 뒤에는 주교(舟橋) 가설, 수원성 건축, 도량형 통일, 농업기술 개선, 인두접종 등과 같은 현실적 문제에 과학지식과 기술을 활용, 응용하였다. 그는 과학과 기술의 관련성에 대해서도 분명한 인식을 보여주었다. "백공(百工)의 기예는 모두 수리(數理)에 기초하는바, 구고현(句股弦)의 법칙과 예각, 둔각의 상호 보완에 대한 원리를 명백하게 이해한 다음에야 비로소 기술을 체득할 수 있다. 진실로 장기간에 걸쳐 스승으로부터 가르침과 학습을 쌓지 않고서는 끝내 기술을 소유할 수

윤택하게 한다는 점에서 불교와는 다릅니다. 따라서 그들로부터 열 가지 기술을 배우고 포교하는 일 한 가지만 금한다면 계산상 득이 됩니다."

27) 『여유당전서』 1집, 11권 시문집8 論, 「技藝論」.
28) 김영, 「丁茶山의 독서론」, 『강원대학논집』 15, 1981.
29) 『正祖實錄』 권46, 정조 21년 6월 21일 庚寅 (국편영인본 47집 26면), "신이 이 책을 얻어다본 것은 대체로 약관의 초기였습니다. 이 때에는 원래 일종의 風氣가 있었는데, 天文 · 曆象 분야, 農政 · 水利에 관한 기구, 측량하고 실험하는 방법 등에 대하여 잘 말하는 자가 있었으며, 流俗에서 서로 전하면서 해박하다고 했으므로 신이 어린 나이에 마음 속으로 이를 사모하였습니다."

없을 것이다"[30]라고 하여, 기술이란 단시일에 성취되는 것이 아니라 일정한 기초과학 특히 수학, 기하학 등의 지식을 터득한 연후에야 전수되고 획득되는 것이라고 보았다. 이런 것으로 보아 그가 17·18세기에 수입된 다양한 서양과학서적을 독서했을 것임은 짐작하고도 남는다.

정조대의 가장 뛰어난 천문 역학자로 평가되는 이가환(李家煥 : 1742~1801) 역시 『서학범』, 『직방외기』 같은 한역 서학서를 읽었다.[31] 이가환이 정조에게 올린 '금대전책'(錦帶殿策)에서는, 천문학을 진흥시키기 위한 방안으로 역상의 근본을 바로세우고, 역상의 기구를 다스리고, 역상의 인재를 양성하는 세 가지를 들었다. 이러한 방안을 실현하기 위해 이가환이 무엇보다 주요하다고 본 것은 도수지학(度數之學)을 밝히는 일이었다. 도수지학이 역상에서뿐 아니라 공업, 농업, 병학 등 모든 분야의 근본이 되는 원리라고 파악했기 때문이다. 이가환은 시헌력을 뒷받침하는 서양수학의 학습을 통해 천문·역학 분야의 전문인을 양성하고 이를 제반 산업을 활성화시키는 동력으로 삼고자 하였다.[32] 특히 그는 천문학과 수학에 밝아 일식·월식이나 황도 적도의 교차 각도를 계산하고, 지구의 둘레와 지름에 대한 계산을 도설로 제시할 수 있을 만큼 정밀한 수준에 이르렀다.

한편 선진학문의 수용에 적극적이었던 이러한 학자들을 발탁한 정조 역시 서양과학 및 그 기술의 수용에 관심이 깊었다. 그리하여 천주교 서적의 유입은 금지시키면서도 서양기술 관련 서적의 수입은 추진하였던 바, 정조 5년(1781)에 중국본 도서의 구입목록인 『내각방서록』(內閣訪書錄)에 『기기도설』, 『서방기요』, 『직방외기』 같은 서양 과학서적이 포함되어 있었던 사실로도 잘 알 수 있다. 정조가 이러한 서적들을 접했음은 물론 이를 실제에 활용하게 하여 정약용에게 『기기도설』의 내용을 강론케

30) 『與猶堂全書』 5집 2권 政法集, 『經世遺表』 冬官 工曹.
31) 『黃嗣永帛書』 48행(李晩采 編, 『闢衛編』, 悅話堂, 1971).
32) 노대환, 앞의 책, 236~237쪽.

하고 이를 화성 건설에 이용했다는 것은 잘 알려진 사실이다.[33] 정조는 서양 과학서적과 기기의 수용에서 당시 사대부들보다 선진적인 면모를 보였는데, 서양인을 초빙하여 직접 서양과학을 수용하려는 모습도 보였다. 하지만 정조의 이 같은 노력은 연이은 천주교 관련 사건으로 인한 반서학론자들의 반대로 벽에 부딪혔다. 그런 속에서도 1791년 윤지충과 권상연의 처형 직후 서학서를 소각하면서 과학 기술 관련 서적은 제외하라고 지시한 것은 서양과학에 대한 정조의 인식을 엿볼 수 있다.[34]

앞에서 살핀 바와 같이 18세기 후반기에 이르러 노론과 근기 남인의 일부 사대부들이 서양의 과학기술을 독서대상으로 삼았으며, 그 독서가 학문과 탐구의 대상으로까지 발전하였음을 파악하였다. 또한 정조도 서양 과학서적을 읽었던 것으로 짐작되며 나아가 선교사 초빙을 통해 서양과학을 직수입할 의도도 가지고 있었던 것으로 추정된다. 이처럼 18세기 후반으로 갈수록 지식인들 사이에는 서양 윤리, 서양 종교의 도덕적 위협에 대해 지적으로 대응하면서도 현실의 당면한 문제를 해결하기 위해 서양의 과학기술을 주체적으로 수용하고자 서양과학서적을 적극 수입하였으며 독서를 통해 천문, 역법, 수학이론을 수용, 연구하였던 것이다.

## 4. 시헌력 개수 관련 서적의 수입과 시헌력의 조선화 과정

17세기에 수입된 역법 관련 서적들을 보면, 서양역법인 시헌력을 수용하기 위한 기본적인 내용이 담긴 서적이나 그 이론서류가 다수를 점했던

---

33) 노대환, 위의 책, 236~237쪽 ; 강혜영, 「朝鮮朝 正祖의 서적수집정책에 관한 연구」, 연세대학교 도서관학과 박사학위논문, 1990 참조.

34) 노대환, 위의 책, 240~241쪽.

데 비해, 18세기가 되면 이를 보다 정밀하게 완성하기 위한 시헌력의 세부지침에 해당하는 서적들이 주를 이루었다. 아울러『역상고성』,『역상고성후편』등과 같이 중국에서 시헌력을 개수하기 위한 서적이 편찬되면 분초를 다투어 조선으로 수입하였던 점도 특징으로 드러난다.

이러한 모습은 역시 중국의 역을 주체적으로 도입한 조선정부가 시헌력을 조선화하기 위한 후속작업의 일환이었다고 할 수 있다. 예컨대 1653년(효종 4)에 시헌력을 채택하였으나 새로운 역법체계에 따른 행성운동의 계산법을 확실하게 이해하지 못한 까닭에 완성도가 떨어질 수밖에 없었다. 조선의 관상감 관리들도 시헌력의 정밀성을 인정하여 신역의 정착을 서둘지 않을 수 없었다. 예컨대 "서운관(書雲觀)의 추보(推步)가 우리나라가 생긴 이래로 가장 정밀해졌는데, 이를테면 천도(天度)를 3백 60도로 매긴 것과 지체(地體)를 혼원(渾圓)으로 정한 것, 칠정(七政)의 본천(本天)이 멀고 가까움과 세차(歲差)에 따라 항성의 위치가 동쪽으로 이동하는 것은 구설(舊說)의 근본이론을 바꾸어 위로 천체의 운행에 맞춘 것이다"[35]라고 하여 시헌력의 장점을 평가한 바 있다. 이에 시헌력을 보완하기 위한 조선정부의 정책적인 노력이 뒤를 이었다. 조선정부의 대중국 외교와 관상감의 천문학자 허원(許遠)과 김상범 등의 주도 하에 다양한 방도의 실천적인 연구가 추진되었다.

그 노력은 결실을 맺어 1698년에는 시헌법에 맞는 5행성의 계산이 가능해졌으며, 마침내 1708년 중국 시헌력을 조선 실정에 맞는 역으로 정비할 수 있게 되어 대소월(大小月), 24기(氣), 상하현망(上下弦望)의 시분(時分) 예보가 정밀해졌다.[36]

---

35) 『增補文獻備考』卷1, 象緯考1. 추보란 天體의 운행을 관측하는 것을 의미한다.
36) 『增補文獻備考』卷1, 象緯考1, 曆象沿革. 그런데 영조 원년 改用新修時憲七政法, 즉 1725년 수정한 시헌칠정법을 시행하기에 이르렀다는 기사가 있으나 신수 즉 중국의 매곡성이 수정한 매법시헌력의 기초서인 역상고성이 수입된 것은

그러나 중국에서 서양 선교사들이 서양천문학 지식에 기초하여 제작한 시헌력은 중국 내에서도 2차에 걸친 개수를 거쳐 18세기 중엽에야 마무리 되었으므로 조선 역시 그와 동일한 개수 과정을 거쳐 1750년대에 완결되었 다. 아울러 시헌법 개력 이후 조선정부의 천문학 관리들과 천문학자들은 미비점을 보완해 나가는 한편, 새로운 문화를 수용하고 이를 정착시키기 위해 역법 연구를 심화시키고 대대적인 관측기구의 정비 및 관측에도 주력하면서 시헌력의 조선화에 박차를 가하였다. 그 과정을 살펴보면 다음과 같다.

ㅇ 숙종 27년(1701) 7월 19일, 관상감에서 청의 칠정추보법(七政推步法) 을 배울 총명하고 민첩한 자를 뽑아 보내고, 방서(方書)를 사오게 하였다.[37]

ㅇ 숙종 31년(1705), 관상감 추산원 허원을 연경으로 보내 흠천감 하군석 에게 방술서를 사오게 하였다.[38]

ㅇ 숙종 32년(1706), 관상감원 허원이 청나라의 만년력을 구해 왔다.

ㅇ 숙종 39년(1713), 허원이 이백항년표(二百恒年表) 중 계산법이 어긋나 자 흠천관원 하군석과의 서신왕래를 통해 추보술을 익혔다.

ㅇ 숙종 40년(1714) 5월 23일, 관상감 정 허원이 연경으로 들어가『의상지』 와 도본을 구매해 와서, 관상감에서 이를 간행하였다.[39]

ㅇ 숙종 41년(1715) 4월 18일, 관상감 관원 허원이 연경에서 오관사력(五 官司曆)을 만나고『일식보유』(日食補遺),『교식증보』(交食證補),『역

1729년이며 중국도 1726년부터 이역을 시행했다는 점을 고려하면 1725년은 다소 무리한 면이 있어 그 신수시헌칠정역의 의미를 재검토해야 할 필요가 있다.

37)『숙종실록』35권, 숙종 27년 7월 19일.

38)『숙종실록』42권, 숙종 31년 6월 10일.

39) 이 때 간행된『의상지』는 서적 13책과 도본 2책이었다(숙종[보궐정오실록] 55권 숙종 40년 5월 23일). 이 책은 1673년 페르비스트(남인회)가 저술한 항성 관련 서책이다.

초병지』(曆草騈枝) 등 도합 9책과 측산기계(測算器械) 6종을 얻어왔다.40)

○ 영조 1년(1726) 7월 12일, 관상감에서 연경에서 구입한 책 가운데 일식·월식의 책력지침서인『교식역지』(交食曆指) 등의 방서를 반포하도록 청하였다.41)

○ 영조 8년(1732) 2월 10일, 관상감 이세징이 청에서 개정한 만년력과 『화성세초』(火星細草),『칠요추보고』(七曜推步稿) 등의 방기서를 사왔다.42)

○ 영조 9년(1733) 7월 20일, 역법이 청나라와 어긋나므로 안중태(安重泰)로 하여금 동지사행을 따라 청나라로 들어가 흠천감관 하국훈(何國勳)에게 추고법을 습득케 하고, 안중태는 사재(私財)로『칠정사여만년력』(七政四餘萬年曆) 3책,『시헌신법오경중성기』(時憲新法五更中星紀) 1책,『이십사기혼효중성기』(二十四氣昏曉中星紀) 1책,『일월교식고본』(日月交食稿本) 1책과 일월규(日月圭) 1좌(坐)를 사왔다.43)

○ 영조 11년(1735) 1월 30일, 관상감원 안중태가 연경으로 가서 어긋나는 절기법을 배우고『일전표』(日躔表),『월리표』(月離表),『칠요역법』(七曜曆法) 등을 구해 왔다. 병진년(1736)부터 추보하여 역서를 만들고 이 역법을 쓰도록 하였다.44)

○ 영조 18년(1742) 11월 20일, 관상감에서 천문도·오층 윤도를 본떠 만들기를 청하다.

○ 영조 19년(1743) 2월 25일, 안국빈이 일식·월식 추보서를 사왔으며

40)『숙종실록』40년 5월 23일.
41)『영조실록』영조 1년 7월 12일.
42) "壬寅年(1722) 이후 曆註의 길흉과 宜忌가 차이 나는 경우가 많았으므로 청나라 만년력 新本을 구하고, 方技의 여러 서책을 구해왔다"(『영조실록』영조 8년 2월 10일).
43)『영조실록』영조 9년 7월 20일. 이 서적들은 역가에게 가장 긴요한 것이었고 일월규 역시 관측에 긴요한 도구로서 밤중에 시간을 측정하는 데 도움이 되는 기구였다.
44)『영조실록』영조 11년 1월 30일.

이를 연구하여 자세히 이해하도록 문자를 지어내니, 청나라의 역법과 차이가 없게 되었다.

○ 영조 20년(1744) 5월 15일, 관상감에서 아뢰기를, "칠정력 가운데 자기(紫氣)·일요(一曜)를 청나라에서는 임술년부터 비로소 첨입했습니다만, 우리나라에서는 아직 배우지 못했습니다. 지난 해 절일(節日)의 사행(使行) 때 본감(本監)의 관원 안국빈(安國賓)을 역관 변중화(卞中和)·김재현(金在鉉)과 동행시켜 흠천감의 관원인 대진현(戴進賢)·하국신(何國宸)을 통하여 자기의 추보법·좌향법(坐向法)·연길법(涓吉法)과 교식(交食) 등 신법 가운데 미진했던 조목을 빠짐없이 배워가지고 오게 했습니다. 그리하여 역관으로 하여금 기왕의 것을 추구하게 하였더니 대부분 꼭 들어맞으니, 오는 을축년부터 첨입시키게 하소서.

○ 영조 20년(1744) 7월 3일, 관상감 관원 김태서(金兌瑞)가 『태을통종』(太乙統宗) 『도금가』(淘金歌)와 의기(儀器) 중 대천리경(大天里鏡)은 모두 역가(曆家)에게 긴요한 것인데 많은 사재를 들여 간신히 사가지고 왔으며, 또 서양인 대진현((戴進賢, I, Kögler)과 주법(籌法)에 대해 무의 논란하여 그 방법을 다 배워가지고 왔다.[45]

○ 영조 21년(1745) 7월 13일, 역관 안명설(安命說)과 관상감 관원 김태서(金兌瑞) 등이 『신법력상고성후편』(新法曆象考成後編)을 구납(購納)하였고, 일관(日官) 안국빈이 신수제법(新修諸法)을 배워 왔다.[46]

○ 영조 31년(1755) 9월 24일, 1753년 절행시 연경에 간 관상감원 이동량(李東樑)이 사재를 많이 들여 서양국 사람과 인연을 맺고 신법 『항성표』(恒星表) 및 『교식칠요추보』(交食七曜推步) 등을 24책이나 간신히 얻어 왔다. 이 때부터 항성의 수도(宿度)에 착오가 없게 되었다.[47]

---

45) 『영조실록』 영조 20년 7월 3일.
46) 『영조실록』 영조 21년 7월 13일.
47) 청 흠천감에서 항성경위도 표를 중수하였는데 건륭 19년(1754) 七政書는 이 표로써 推步한 것이다. 이동량이 이 신법 항성표 등을 얻어가지고 왔다(『영조실록』 영조 31년 9월 24일).

182

　상술한 일정에 따라 18세기에 수입된 천문 역법 관련 서적과 그 독서자를 정리해 보면 〈표 1〉과 같다.

<표 1> 18세기 수입된 서양천문역법 서적과 독서자

| 서 명 | 편저자 | 간행 연도 | 도입 시기 | 도입 경로 | 독서자 및 인용문헌 |
|---|---|---|---|---|---|
| 時憲法七政表 | | | 1708 (1705) | 1708년 관상감 관원 許遠이 구입 | 숙종5/허원 |
| 儀象志 | 南懷仁 | 1673 | 1713 (1714) | 許遠이 구입해 온 것을 관상감에서 간행 | 숙종39/(40) 최한기의 推測錄/허원 |
| 日食補遺 | | | 1713 (1715) | 許遠이 何國桂로부터 구입 | 허원 (숙종39/41) |
| 交食證補 | | | 1713 (1715) | 上同 | 숙종41/허원 |
| 曆草駢枝 | | | 1713 | 上同 | 숙종41/허원 |
| 黃赤正球 | 羅雅谷 | | 1713 | 上同 | 숙종39/허원 |
| 交食曆指 | 湯若望 | | 1723 | 관상감에서 구입 | 영조원년 (실록, 승정원일기) |
| 曆象考成 | 何國宗 등 | 1723 | 1729 | 역관 高時彦이 구입 | |
| 曆象考成 | | | 1729 | 『對數表』 등이 빠진 全書 구입 | 황윤석(이재난고)/홍대용 (담헌서)/서명응(선구제) |
| 七政四餘萬年曆 | 湯若望 | | 1733 | 관상감건의에 따라 관원 安重泰 구입 | 영조9(1733)/안중태 |
| 萬年曆 | 湯若望 | | 1706 1732 | 관상감건의에 따라 관원 安重泰 구입 | 영조8(1732)/안중태 |
| 御定三元四甲子萬年曆 | | | 1730 | 관상감건의에 따라 관원 安重泰 구입 | 영조6(1730)/안중태 |
| 時憲新法五更中星紀 | | | 1733 | 上同 | 영조9/안중태 |
| 二十四氣昏曉中星紀 | | | 1733 | 上同 | 영조9(1733) |
| 日月交食稿本 | | | 1733 | 上同 | 영조9/안중태 |
| 日躔表 | | | 1735 | 관원 安重泰가 구입 | 영조11/안중태 |
| 月離表 | | | 1735 | 上同 | 영조11/안중태 |
| 七曜曆(법) | | | 1735 | 上同 | 영조11/안중태 |

| 律呂正義 | 徐目升 | | 1741 | 역관 安國麟, 卞重和 구입 | 안국린/변종화 |
|---|---|---|---|---|---|
| 八線表 | | 1728,<br>1729,<br>1741 | 1741 | 역관 安國麟, 卞重和 구입 | 영조5(증보문헌비고)<br>영조6<br>영조17/안국린, 변중화 |
| 月食補遺 | | 1714 | 1741 | 역관 安國麟, 卞重和 구입 | 영조17/안국린, 변중화 |
| 月食籌稿 | | | 1741 | 역관 安國麟, 卞重和 구입 | 영조17(증보문헌비고)<br>안국린, 변중화 |
| 日月五星表 | | 1741 | 1741 | 역관 安國麟, 卞重和 등이 구입 | 영조17(증보문헌비고)<br>안국린, 변중화 |
| 日月交食表 | | | 1741 | 상동, 湯若望의<br>『交食表』로 추정 | 영조17(증보문헌비고)<br>안국린, 변중화 |
| 對數八線表 | | | 1741 | 上同 | 영조17(증보문헌비고)<br>안국린, 변중화 |
| 對數闡微表 | | | 1741 | 上同 | 영조17(증보문헌비고)<br>안국린, 변중화 |
| 新法天文圖 | 戴進賢 | 1723 | 1742 | 영조 17~18년 사행이 입수하여 모사 황도총 성도모사 | |
| 黃道總星圖 | 戴進賢 | 1752 | | | |
| 新法天文圖說 | | 1752 | | 1754년 이전 완성,<br>戴進賢의『黃道總星圖』<br>로 추정 | |
| 曆象攷成後編 | 戴進賢,<br>서무덕 | 1742 | 1744 | 사행 역관 安命說<br>등이 구입 | 영조21/정조15<br>홍대용의 湛軒書<br>서명응(선구제)/안명설 |
| 淸國新法曆象<br>攷成後編 | | | 1745 | 皇曆賚咨官 金泰瑞가<br>구입(역상고성후편<br>추정) | 영조21/김태서 |
| 恒星表<br>(신법항성표) | 湯若望 | 1733 | 1755 | 관상감 관원<br>李東樑이 구입 | 영조31/이동량 |
| 交食七曜推步 | | | 1755 | 上同 | 영조31/이동량 |
| 律曆淵源 | 하국종,<br>매곡성,<br>명안도 | 1723 | 18세기<br>중엽 | | 洪大容의 籌解需用<br>황윤석 이재亂藁<br>이규경의 五洲衍文長箋<br>散稿<br>증보문헌비고 상위고 |
| 의상고성 | 쾌글러 | 1757 | | | 황윤석, 증보문헌비고 |

앞서 살펴본 바와 같이 1708년 중국 시헌력을 조선 실정에 맞는 역으로 정비할 수 있는 수준이 되어 대소월, 24기, 상하현망의 시분(時分)의 예보가 정밀해졌다. 하지만 조선정부는 앞서 본 중국의 시헌력 개수 상황을 그대로 수용하여 1차『역상고성』(상·하편)에 기초해 1725년 일 월 및 5성의 운행을 수정하게 되었다. 이후 다시 1745년 북경에서 역상고성 후편 10책을 구입해 들여와 이를 조선에 적용하니 중국에서 편찬된 지 불과 2년 만의 일이었다.

조선정부는 시헌력의 정확한 적용에 필수적인 중국에서 발간된 천문역산학 문헌을 구입해 오는 것은 물론 관상감 담당자들에게 직접 중국으로 건너가 시헌력의 추보법 등을 습득해 오게 하는 등 가능한 모든 방법을 동원하였다. 위의 자료에 나타난 바와 같이 서적뿐 아니라 측정기구의 확보에도 심혈을 기울여, 올바른 관측을 통한 시헌력의 정착에 노력하였다. 각종 서책과 의기를 구입하려고 한 이러한 시도는 물론 정부차원에서 추진되었으며 특히 관상감이라는 기관이 중심에 있었다. 구하기 쉽지 않은 서책과 의기는 이들 관상감원들의 활동으로 구입할 수 있었으며, 이 경우 대체로 사재를 들이고 있어 이들이 서책 구매에 얼마나 적극적이었는지를 가늠케 한다. 또한 안중태, 안국빈, 김태서 등은 추보법과 시헌력에 필요한 각종 이론을 습득해 옴으로써 조선에서 시헌력이 오류없이 정착하는 데 일익을 담당하였다.

18세기에 구득한 역법 관련 서적들은 역시『역상고성』,『역상고성후편』등과 같이 중국에서 시헌력 개수를 위해 편찬된 서적과 각종 추보서가 주종을 이루며, 각종 의기나 방기서 등이 포함되었다.

이와 관련하여 〈표 1〉 중 1723년 이전에 도입된 시헌력 관련 서적은 아담 샬의 서양신법 역서를 따른 추보서적들이며, 1729년 이후 1744년 사이에 도입된 책들은 중국인 매곡성에 의해 개수된 시헌력 1차개수 관련 서적들이다. 즉 중국은 1721년 기존의 아담 샬의 서양신법 역서를 재정리하여 상술한『역상고성』(曆象攷成) 상·하를 편찬하였으며 1722년에 이를 토대로 역을 정비했기 때문에 이에 기초하여 역을 계산해야 했던 조선 역시 신속한 도입을 서두른 것이다.[48] 『역상고성』은 매곡성이 중국 전통의 역을 토대로 하고 서양역을 꿰맞춘 것이어서 곧 그 일·월식의 예측에 오류가 생겼다. 이에 중국정부는 2차 개수에 착수하였으니 대진현(쾌글러)의『역상고성후편』으로 재수정하였던 것이다. 이 후편은 카시니의 관측치와 케플러의 타원궤도론을 도입하여 작성한 역법서였다. 1744년 이후의 시헌력서는 이것을 기초로 하였다. 이렇게 시기별로 구득해온 서적을 연구하고, 중국의 시헌력 개수에 따라 매곡성의 역법과 대진현의 역법에 대한 추보법을 습득해 왔다. 그리고 이들 추보법을 전하고 심화시켰을 뿐 아니라 매일매일 직접 관측한 자료들을 근거로 조선에 맞는 천문 계산법을 고안해 내어 해마다 조선에 맞는 역법을 제작하였다. 예컨대 시헌력 또한 역서를 편찬할 때는 태양의 출몰시각 등 여러 현상들이 다른 나라들과는 다르므로 반드시 우리의 계산법을 써야 한다고 주장하였다. 이렇게 새로 도입된 시헌력법을 연구하고 실제 우리나라의 구체적인 실측 자료에 기초하여 우리 실정에 맞는 새로운 역서로 펴낸 것이 바로『천세력』(千歲曆)이다.

『천세력』은 정조 원년(1777) 정조가 관상감에 명하여 100년 정도 계속 쓸 수 있도록 한 권으로 펴낸 책력이다. 1444년(세종 26) 갑자일을 상원(기점)으로 하고 정조 1년인 1777년을 시작으로 1886년까지 110년간에 해당하는 이 역서는, 매 10년마다 앞으로 100년간의 역법을 정해 나갈 수 있게 한 것으로서, 말 그대로 천년간의 역에 대한 예보였다.

『천세력』은 110년간 매년의 대, 소월과 24절기, 매월의 1일, 11일, 21일의

---

48)『淸史稿』時憲志 1(中國天文曆法史料 5책, 臺北 : 鼎文書局), 8~9쪽.

해뜨는 시각을 시헌력법으로 추산하였다. 『천세력』의 작성은 당시 우리나라 실정에 맞는 새로운 역서를 편찬하고자 한 노력이 맺은 성과 중 하나였다. 이는 『천세력』의 편찬원칙에 보이는 지적, 즉 세종이 중국역법을 조선화한 결실인 『칠정산내외편』이라는 역이론이 체계화된 1444년을 상원으로 정했다는 데서도 엿볼 수 있다. 향후 110년간의 절기일을 예측하여 천세력을 편찬할 수 있었다는 것은 당시 조선의 역법 작성 수준을 가늠케 해주는 것으로, 시헌력을 수용하여 서양역법체계를 완벽하게 조선화하였다는 것을 말한다. 예컨대 1791년에 관상감제주 서호수는 과학적 근거에 기초하여 조선 8도의 일출, 일몰 시각과 절기의 관계를 측정하여 역서에 부록으로 첨부함으로써 역서의 실용성을 높이자고 주장하였다.[49] 이처럼 역서는 그 정확성과 실용성이 높아짐에 따라 농업과 일상생활에 유익하게 활용될 수 있게 되었다.

한편 조선왕조는 매년 역서를 작성해서 반포하였다. 시헌력으로 개력한 이후에도 시헌서를 제작 반포하였다. 형식적으로는 중국 역서를 인간(印刷)하는 방식을 취하였지만 실제로는 관상감에서 계산하고 추보한 역서였다.[50] 조선시대는 물론 그 이전의 모든 왕조에게도 역서의 발간은 국가적인 일로서, 사적인 역서의 발간은 엄히 금하였다.[51] 역서의 수찬은 길흉을 가리는 것이며 하늘을 공경하는 큰 도리라고 강조할 만큼, 역서 제작은 국가적인 관심사였다.[52] 이는 역서 편찬이 농사때를 정확하게 알려주는 데 그 목적이 있다는 점을 중시한 것으로, 역서에서 절후(節侯)의 진퇴상착오가 생기거나 하면 담당 관리인 관상감관리가 처벌을 받곤 하였다.[53]

---

49) 『정조실록』 정조 15년 10월 11일.
50) 『顯宗改修實錄』 현종 8년 1월 신사.
51) 『書雲觀志』 권2, 治曆, 4쪽.
52) 『書雲觀志』 권2, 선택.
53) 『영조실록』 영조 10년 2월 신유.

조선후기의 역서는 그 종류나 명칭이 다양하지만, 상용역인 시헌력과 왕실과 고위관리들이 사용한 내용삼서(內用三書)와 장기력인 천세력 등이 중요하였다.[54] 역서가 간행되면 내직과 외직으로 나누어 반포하였는데, 18세기 말 정조 당시 유수감사, 절도사 등 지방수령에게 분급된 역서는 여러 경로를 거쳐 향촌의 재지사족에게까지 전달되었다. 농사 시기는 물론 그 밖에 실생활에서 때맞추어 역서를 사용하도록 역서를 배포한 것이라 하겠다.[55]

## 5. 18세기 천문역법서적의 독서 양상과 천문인식의 변화

17세기 조선에 수입된 서양천문 관련 서적 중 『천문략』, 『건곤체의』, 『치력연기』 등이 당시 조선지식인의 천문관에 영향을 주었다면, 18세기에는 『역상고성』, 『역상고성 후편』, 『의상고성』 등의 시헌력 관련서 중 지원설(地圓說)과 케플러의 타원궤도설을 소개한 책들의 영향력이 컸다.

그렇다면 18세기의 조선지식인들이 어떤 천문역법서적을 읽었으며, 그 책을 읽고 어떻게 이해하고 수용했는지를 살펴보자.[56] 앞 절의 〈표 1〉과 17세기에 이미 수입된 서적이지만 18세기 지식인이 독서한 것을 정리한 〈표 2〉를 중심으로 해서 고찰하였다.

우선 지적해둘 것은 관상감 직원의 경우, 직접 책을 읽었다는 기록을 확인할 수는 없다고 해도 그들이 직접 구입한 책들은 필히 읽었을 것이라

54) 이 밖에도 역서를 사용한 신분층이나 수록 내용 및 크기와 재질에 따라 다양하여 내용삼서, 백장력,첩장력, 청장력일과 중력, 상력, 백중력 등이 있다(정성희, 『조선시대 우주관과 역법의 이해』, 177~188쪽 참조).
55) 위의 글 참조.
56) 홍선표 외 지음,『17·18세기 조선의 외국서적수용과 독서실태-목록과 해제』, 혜안, 2006 참조.

<표 2> 17세기 이후 도입된 서양역법 천문서적과 18세기의 독서자

| 서명 | 저자 | 간행 연도 | 수입 시기 | 독서자 및 인용자 |
|---|---|---|---|---|
| 시헌력 | 아담 샬 | | | 이익(이익열람서목) |
| 日月食推步書 | 아담 샬 | | | 이익(이익열람서목) |
| 시헌력 | 아담 샬 | | | 이익(이익열람서목) |
| 新法曆引 | 아담 샬 | | | 황윤석(황윤석열람서목) 정약용 (여유당전서3 608) |
| 曆通 | 穆尼閣 | | | 황윤석(황윤석열람서목) |
| 古今交食考 | 아담 샬 | | | 규장총목 |
| 奇器圖說 | 테렌쯔등 | 1653 | | 정약용(다산시문집) |
| 幾何原本 | 마태오리치 등 | | | 황윤석(이재유고) 이익 (이익열람서목) 유만주(흠영1권) |
| 同文算指 | 이지조등 | | | 황윤석(이재유고)) |
| 西洋新法曆書 | 아담 샬 | | | (규장총목) 황윤석(이재유고) |
| 欽若曆書 | 아담 샬 | | | 이덕무(청장관전서10권 91) |
| 西洋曆指 | | | | 서호수 |
| 천문략 | 디아즈 | | | 정조(홍제전서6 184) 황윤석(이재난고) 서명응(선구제) |
| 혼개통헌도설 | 이지조등 | | | 이익(이익열람서목) 황윤석(이재유고) |
| 數理精縕 | 매곡성등 | | | 황윤석(이재유고) 안국린 정조(정조실록 16권, 296) 홍대용(담헌서) |

는 점이다. 따라서 관상감 관원인 허원, 안중태, 김태서, 이동량 등과 중국역서 구입에 적극적이었던 안국빈, 변중화 등도 독서자로 보아야 할 것이다.

우선 관상감의 추산관인 허원은 김상범처럼 북경을 오가며 시헌력의 오성추보법을 배우고 시헌력과 관련한 다수의 방술서를 구득해 온 중요 인물이다. 그는 1714년 북경에서 『영대의상지도』(靈臺儀象志圖)를 구득해 왔는데, 이 서책을 기초로 추보를 함으로써 달의 크기와 24절기 상하현 망의 시각과 분초가 잘 들어맞도록 한 공로를 인정받은 바 있다.[57)]

또한 그는 중국의 흠천감원인 하군석과 서신을 주고받으며 미비한

---

57) 정성희, 앞의 책, 122쪽.

추보계산법을 습득하기도 하였다. 다양한 방법을 통해 시헌력의 추보법을 습득한 허원은 그 성과를 1711년『세초류휘』(細草類彙)란 책으로 간행하였다. 이 책의 원래 제목은『현상신법세초류휘』로서 허원이 김상범의 행적을 따라 북경을 왕래하며 배우는 동안 서로 문답을 나누며 쪽지에 기록했던 것을 정리하여 편찬해낸 것이다. 그는 서문에서 이 책이 역을 추보하는 사람에게는 마치 목수의 먹줄이나 자와 같은 역할을 할 것이라고 하며 시헌력 추보의 지침서라고 자평하였다. 이 책은 일전월리와 연근법, 오성추보 등에 대한 설명으로 구성되어 있다.[58]

다음으로 관상감원 안중태는 앞의 절에서 살핀 대로 1733년(영조 9) 동지사행시 흠천감관으로 추보법에 정통한 하국훈에게 추고법을 배웠으며『시헌신법오경중성기』등 중요 역서를 구입해 왔던 인물이다.[59] 그런데 이듬해『역상고성』에 따라 절기를 계산할 때 중국역법과 착오가 많이 생기자 이 문제를 해결하기 위해 관상감 관원 자격으로 재차 청에 파견되었다. 그는 착오의 근본 원인이, 중국 시헌력이 1차 개수되어 신법으로 시행되던 매곡성의 시헌력(소위 '매법')의 기준연도가 1684년에서 1723년으로 변경되었기 때문임을 파악하였다. 이에 따라 신법의『일리표』,『월리표』,『칠요역법』등을 구입하여 중국 역과의 착오를 제거하는 공을 세웠다.[60]

그런데 시헌력을 사용한 이후 숙종대에 이르러 항성의 세차(歲差)가 생기기 시작했으므로 시헌력에 대한 수정이 뒤따랐다. 예컨대『증보문헌비고』에 보면, 1725년(영조 원년)에 새로 수찬한 시헌칠정법으로 고쳐 썼다는 기록이 나온다. 이는 1725년에『역상고성』의 매법에 의하여 일월 5성의 운행을 수찬하였음을 의미한다.[61] 그럼에도 불구하고 아직 완전

---

58)『한국천문학대계』중『세초유휘』서문.

59)『영조실록』영조 9년 7월 20일.

60) 앞글 40권 영조 11년 1월 30일(辛丑).

190

하지 못했거나 혹은 오류가 생겨 예보에 계속 오차가 생겼던 것이다. 이 오류를 시정하고자 관상감 관원 안중태 등이 북경으로 파견되었다. 그런데 오류의 근본 원인은 중국시헌력 1차개수역인 매곡성의 역법 자체가 갖고 있던 한계였으므로, 1744년 서양선교사인 대진현에 의한 2차개수로 비로소 문제가 해결될 수 있었다. 관상감원 안국빈과 김태서는 중국의 2차 개수시헌력인 대진현의 역법자료를 구득하고 그 추보법 등을 배워 조선시헌력의 완성에 일조한 인물들이다.

그 밖에 중인출신 관상감 관원으로 천문역법에 뛰어나다는 평가를 받은 문광도라는 인물이 있다. 그는 관상감제조였던 서명응의 명으로 『신법혼천도』를 제작하였으며, 당시 『칠요표』를 비롯한 서양천문 역법 관련 서적을 두루 섭렵하였다고 한다. 대표적인 천문학자로 알려진 서호수(徐浩修 : 1736~1799)조차 그에게 천문에 대해 배웠다는 기록이 있는 것으로 미루어, 그의 천문학의 학문적 깊이를 가늠해 볼 수 있다. 하지만 남아 있는 기록은 그가 『칠요표』를 읽었고, 관상감관원으로 객성을 관찰하였다는 영조 46년의 실록 기사가 전부이다.[62] 관상감관원으로서 문광도역시 조선정부가 중국에서 수입한 대다수의 시헌력 등 서양 역법이나 천문서적을 통해 서양천문학을 수용하고 이를 전통천문학에 접목함으로써 천문학의 수준을 제고시켰던 것은 아닐까?

17세기 시헌력이 시행되고 시헌력 관련 서양천문역법사상이 수입됨에 따라 조선지식인의 천문관에도 서서히 변화 양상이 나타나기 시작하였다. 상술한 바와 같이 관상감 관원들 사이에 이미 17세기 말부터 서양역법, 천문학 전문가들이 배출되었을 것이며, 18세기에 이르면 양반출신 천문학자인 서호수조차 중인신분의 문광도를 당대 최고의 천문역산학 전문가로

61) 『서운관지』 권2, 治曆.
62) 배우성, 「18세기 지방 지식인 황윤석과 지방 의식」, 『한국사연구』135, 2006, 54쪽 ; 『영조실록』 영조 46년 윤5월 10일.

꼽을 정도가 되었던 것으로 짐작된다.

이러한 변화의 조짐은 유학 전통에 젖어 있던 양반지식인들 사이에서도 나타나, 전통적인 천체이론인 '천원지방설'(天圓地方說) 대신 지원설(地圓說)이 제기되었으며, 이후 홍대용의 '지전설'과 '우주무한설' 등으로 발전해 나갔다.[63]

성호 이익(1681~1762)은 서양과학사상에 관심이 많아 중국에서 수입된 서양과학과 기술에 대한 번역서를 읽고 당시의 학자들과 토론을 하며 서양과학사상을 수용하였다. 그의 대표적인 저서 『성호사설』(星湖僿說)에는 서양과학기술에 대한 내용이 약 60건 정도 되는데 거기에는 서양인물의 이름과 과학기술서적이 적혀 있다.[64] 〈표 1〉과 〈표 2〉에 의하면, 이익이 읽고 인용한 책들은 『주제군징』(主制群徵), 『천문략』, 『직방외기』, 『간평의설』, 『태서수법』(泰西水法), 『기하원본』, 남인회의 『곤여도설』(坤輿圖說), 『혼개통헌도설』, 『칠극』(七克)이며 그 밖에 『천주실의』 등을 꼽을 수 있다.[65] 그런데 『직방외기』, 『기하원본』, 『천문략』, 『간평의설』, 『칠극』 등은 모두 『천학초함』에 포함되어 있으므로 이익이 『천학초함』을 통해 이 책들을 읽었다면 『천학초함』에 함께 게재된 『서학범』, 『동문산지』, 『구고표』 등의 개별 서적도 접할 수 있었을 것으로 생각된다.[66]

이익은 이 책들을 통해 서구의 자연과학을 접하였을 뿐 아니라 조선이나 중국의 자연과학서적에도 깊은 관심을 가지고 탐독하였으며, 세계정세에

63) 박성래, 「과학과 기술」, 『한국사35 조선후기의 문화』, 국사편찬위원회, 1998.

64) 물론 이익의 『성호사설』에는 3,500여 건의 기사가 서술되어 있으므로 서양과학 관련 기사가 차지하는 비중은 크다 할 수 없지만 동시대의 다른 학자들에 견주어 서양과학사상의 수용에 적극적이었다는 점에서 진정한 의미가 있다(박성래, 「성호사설 속의 서양과학」, 『진단학보』 59, 1985, 178쪽).

65) 『국역성호사설』 1~6권, 천지문과 만물문편(민족문화추진위원회) ; 홍선표 외 지음, 『17 · 18세기 조선의 외국서적수용과 독서실태-목록과 해제』, 혜안, 2006 참조.

66) 박성래, 「성호사설 속의 서양과학」, 『진단학보』 59, 1985 참조.

192

대해서도 안목을 가지고 있었다. 그는 서양과학 중 특히 천문학의 과학성과, 그 과학성은 관측기구에 의한 실험에서 얻은 것임을 인정하였다.

즉 『성호사설』에서 "지금 실시하는 시헌력은 곧 서양인 탕약망이 만든 것인데 여기서 역법은 극치에 달하였다. 해와 달의 교차, 일식, 월식이 하나도 틀리지 않았다. 성인이 다시 태어난다고 하더라도 반드시 이에 따를 것이다"라고 할 정도로 서양역법의 정확성을 극찬하였다.[67]

그런데 시헌력은 서양과학 중 역산과 천문학에 대한 기초적인 지식을 요구하였으므로, 이익 역시 서양의 천문 역산학에 상당한 관심을 갖고 있었다. 이익은 땅이 평평한 것이 아니라 둥글다는 지구설을 서양과학이 전해준 것으로 평하고 있다. 그는 전통적인 우주론인 '천원지방설'의 부당함을 증명하면서 지구가 둥글다는 확신 아래 지구직경이 3만 리이며 지구 주위는 9만 리라고 하였다. 이를테면 지구는 둥글기 때문에 사람들이 각자 자기가 있는 곳이 가장 높은 위치라고 믿을 뿐이며 중국이 세계의 중심에 있다고 여길 필요가 없음을 지적하였다. 이 지적은 기존의 주자학자들이 믿어 왔던 천원지방설에 큰 타격을 주었다.[68]

또한 둥근 땅 위에 사람들이 살 수 있는 이유는 지심론(地心論)을 들어 설명했다. 즉 일점의 지심에는 상하사방 모두가 안으로 향해 있다고 보고 그 지심의 작용 때문에 사람들이 땅 위에서 살 수 있다고 하였다.[69] 그 밖에도 광야에서 멀리 바라보거나 바다에 임해 수평선을 바라보면 지구설을 스스로도 체험할 수 있다고 했다.

이익은 자신의 이론을 과학적이며 체계적으로 지전설을 주장하는 단계로까지 발전시키지 못했지만 지구의 자전에 관한 의문을 제기하였다.

67) 『국역성호사설』 2권, 189쪽.
68) 『국역성호사설』 2권, 日徑地徑, 120쪽 ; 地厚, 142쪽 ; 日出入, 156쪽 ; 천원지방, 239~240쪽.
69) 『국역성호사설』 2권, 地球, 203~204쪽 ; 일출입, 156쪽.

예컨대 지전에 관한 성호사설의 구절을 들어보면, "하늘이 과연 돌며 땅이 과연 고정되어 있는 것인가? 땅이 안에서 돈다면 해와 달과 별이 선회하는데 이는 마치 배를 타고 배가 돌 때에 언덕만 도는 것처럼 보이고 자기 몸이 도는 것은 보지 못하는 것과 같다"라고 의문을 거론하고 있다.

이익은 또한 기존의 지구를 중심으로 수화목금토의 5행성과 태양과 달이 있고 여기에 다시 5행성을 포함한 그 밖의 모든 별들을 관할하는 종동천(宗動天)이 있다는 구중천설(九重天說)과, 구중천에 다시 세 개의 천을 더한 12중천설에 대해서도 의문을 제기하였다.[70]

이처럼 이익은 나름대로 서양과학에 대한 다양한 지식을 수용하여 우주와 천문에 대해 새로운 시각을 갖게 되었으며 서양 신지식에 대한 의문을 자신의 제자들과 연구하고 토의하는 과정을 거쳤을 것으로 짐작된다. 왜냐하면 이익의 문하에서는 주요한 학술주제에 있으면 견해를 달리하더라도 토론을 벌이고 활발히 강론하는 방법을 취하였기 때문이다.[71] 그렇다면 이익만이 아니라 그의 제자들 역시 이익이 독서한 책들을 접했을 것이며, 아마도 서양과학에 대한 정보를 가지고 있었을 것이란 추측도 가능하다. 어쨌든 이익은 중국에서 수입된 서양과학서적을 통해 그 사상을 수용하여 기존의 역법과 천문 분야에서 학문적 진전을 이루었으며, 이 분야가 이후 서명응과 홍대용으로 이어지는 중대한 계기를 열어놓았다고 평가할 수 있다.

서명응(1716~1787)은 하늘의 별자리, 태양과 달 등 천문관계 서적인 『비례준』(髀禮準)과 『선구제』(先句齊)를 저술하였다. 이들 서적을 보건대, 그는 당시 지식인들에 비해 천문역법지식이 상당한 수준에 올라 있었으며 17세기 이후 전래된 서양천문학지식에 대해서도 상당히 깊이 있게

---

70) 『국역성호사설』 2권, 구중천, 118쪽.
71) 원재린, 「조선후기 성호학파의 독서법과 강론방식」, 『한국사연구』 120, 2003, 118쪽.

이해하고 있었음을 알 수 있다.[72] 또한 서명응은 아들 서호수와 함께
『증보문헌비고』, 『상위고』의 편찬에 편집당상의 일원으로 참여하기도
한 천문학 전문가였다.

　그러므로 서명응은 지원설을 완전히 이해하여 다음과 같이 설명하고
있다. 첫째, "사람이 남쪽으로 250리를 걸어가 보면 북극이 1도 낮아지고
남쪽에 있는 별은 1도 높아지며, 북쪽으로 250리를 가면 남쪽의 별은
1도 낮아지고 북쪽의 별이 1도 높아진다." 이어 '250리당 1도'라는 이론에
근거하여 지구의 반경을 9만 리로 계산하고 있다. 둘째, "동으로부터 서에
이르기까지 지방에 따라 자오선을 정하면 모든 절기와 시각이 동쪽에
있는 지방에서는 4분이 더해지고 서쪽에 있는 지방에서는 4분이 감해진
다."는 설명이다. 이 때 '4분'이라는 값은 지구상에 매 지방마다 경도선
즉 자오선을 그을 때 1도 차이마다 4분의 시차가 생기는 것을 의미한다.

　아울러 『비례준』의 「태양준」에서 서명응은, 태양을 "망원경으로 관측
해 보면" 태양에 흑점이 있으며 이 흑점이 움직여 직경을 지나는 데 14일이
걸린다는 것을 알 수 있다고 언급하고 있다. 이 사실을 통해 그는 태양의
자전을 알고 있었다. 태양과 달 및 오행성에 관한 지식들은 갈릴레오(1564
~1642)가 망원경을 가지고 하늘의 여러 천체들을 관측함으로써 처음
알려졌는데, 이러한 갈릴레오의 관측 내용들은 17세기에 수입된 『천문략』
에 실려 있다. 따라서 서명응이 비록 책 이름을 거론하지 않았지만 분명
『천문략』이나 다른 서양천문학서를 독서하였다고 추측된다.[73]

　또한 『비례준』에서는 태양 및 달 그리고 각 행성들과 지구 사이의 거리
를 잰 자세한 수치를 채택하고 있는데, 이 수치 역시 『천문략』과 『건곤체

---

72) 박권수, 「서명응의 상수학적 자연관」, 『과학사상』 2000년 여름, 121쪽 ; 박권수,
　「서명응(1716~1787)의 역학적 천문관」, 『한국과학사학회지』 제20권 제1호,
　1999.

73) 『髀禮準』 하편, 太陽準 ; 박권수, 앞의 글, 68~70쪽.

의』에서 마태오 리치가 제시한 수치와 일치한다.[74] 위의 "지면에서 250리
를 이동하면 북극고도가 1도 증감한다"고 할 때의 '250리당 1도' 역시
『건곤체의』의 수치와 동일하다.[75] 그 밖에 그가 서양천문서적을 독서했
다는 흔적은 『선구제』에서 상세히 서술한 '청몽기차'(淸蒙氣差) 현상에서
도 잘 드러난다. 즉 그는 태양의 형체가 대기굴절에 의해 일출과 일몰
때 원이 아닌 계란형으로 보이는 현상을 유기(遊氣)라는 이름으로 설명하
면서, 이것을 처음 발견한 사람이 제곡(第谷 : 티코 브라헤, Tycho Brahe)라
고 밝히고 있다.[76] 청몽기차에 대해서는 1770년에 간행된 『증보문헌비고』
에 소개되어 있는데, 이는 『역상고성』에 나오는 청몽기차 내용과 동일하
다. 이 같은 사실은 그가 『역상고성』을 독서하고 그 내용을 연구하였음을
짐작케 해준다.

또한 서명응이 태양의 형체를 타원형이라고 한 것은 케플러의 타원궤도
론을 수용하였음을 의미하는데, 이는 곧 케플러의 타원궤도론이 소개된
『역상고성 후편』을 읽었을 것임을 추측케 한다.[77] 이와 관련하여 서명응
이 홍문관제학, 예조참판 등을 거쳐 『증보문헌비고』 편집당상에 임명되고
1782년 『천세력』의 간행에 참여하였던 점 등을 고려하면, 『역상고성 후편』
을 접하고 거기에 실린 타원궤도론을 포함한 새로운 역법 지식들도 알게
되었을 것이다.

---

74) 이를테면 지구와 화성 사이는 2741,2100리, 地心과 태양 간은 1605,5690리,
    지심과 달 사이는 48,2522리라고 제시했다(박권수, 앞의 글, 70쪽).
75) 그런데 『증보문헌비고』 권1, 상위고에는 '250리당 1도'라는 수치가 '200리당
    1도 증감'이라고 표기되어 있으며, 지구 둘레를 90,000리라고 한 서명응의 계산
    과는 달리 '200리당 1도'를 토대로 72,000리로 계산되어 있다. 그리고 '200리당
    1도 증감'과 '지구둘레 72,000리'라는 수치들은 중국에서 수입된 『역상고성』의
    수치와 일치한다.
76) 『先句齊』 32쪽, 일전제.
77) 중국에서 케플러의 타원궤도론이 처음 도입된 시기가 『역상고성 후편』이 간행된
    1742년이었다.

196

　이렇게 보면, 서명응은 다양한 서양천문학 서적을 읽었을 것으로 판단되며 특히『천문략』,『건곤체의』,『역상고성』,『역상고성 후편』등을 독서했음을 파악할 수 있다.

　그러나 서명응은 주자에 의해 확립된 구중천설을 바탕으로 서양에서 전래된 십이중천설을 비판적으로 수용하여 각각의 항성과 행성에 배당된 중천의 개수를 12개가 아닌 9개라고 주장한 점, 구중천설과 지원설을 증명하는 과정에서 전통적인 상수학적 자연관에 기초하여 복희8괘도와 은하도의 중관 등을 이용하는 모습을 보이고 있다. 즉 서양천문학의 지식들을 역학적으로 재해석하면서 전통적인 천문학 지식들과 함께 수용·통합해서 그의 새로운 천문학 체계를 구성하였던 것이다.[78]

　천문학에 대한 서명응의 이러한 역학적 해석은 조선성리학 사상체계 내에서, 그리고 18세기 조선의 사상적인 분위기 속에서 새로운 서양천문학 지식에 대한 유학자의 사상적인 반응과 외래지식수용 과정 중에 나타나는 선택적 수용을 잘 보여주고 있다고 평가된다.[79]

　18세기 서양과학에 관심을 기울인 또 한 명의 인물로 황윤석(黃胤錫 : 1729~1791)을 들 수 있다. 〈표 1〉과 〈표 2〉에 의하면 그가 독서한 서양과학서로는『신법역인』,『역상고성』,『역상고성 후편』,『의상고성』,『혼개통헌도설』,『표도설』,[80]『팔선표』등을 들 수 있다. 그런데 황윤석은 당시 중국에서 주장했던 서양과학 중국원류설을 기본 전제로 이들 서양이론을 연구하였다.[81] 즉 서양이 천문역산학을 정립했다고 인정하면서도, 신기해 보이는 서양역산학과 수학의 원리는 이미 중국 고대의 성현들이 모두

---

78) 박권수의 앞의 글에 자세하다.
79) 박권수, 위의 글, 99쪽.
80) 황윤석,『頤齋遊稿』, 106쪽. 천문과 측량방법을 소개한 책으로 서양선교사 판토하가 서술하였다.
81) 황윤석,『頤齋續稿』권11, 漫錄 ; 정성희,『조선시대우주관과 역법의 이해』, 지식산업사, 2005, 32쪽.

말해둔 것이라고 주장하고 있다.[82] 아울러 황윤석은 시헌력에 대해 평가하기를, 숭정 연간에 서양 선교사들이 황제의 명으로 역법을 수정하였으며 의종이 그 결과를 반포하려 하였으나 끝내 '오랑캐'에게 빼앗기게 되었으니 시헌역법은 '불행히도' 청에 의해 사용되었을 뿐이라는 것이다.[83] 이러한 입장은 결국 서양과학은 중국 고대의 성현이 그 원리를 갈파했을 뿐만 아니라 명대에 정리된 것이니, 근본적으로 오랑캐일 수밖에 없는 청의 문화와는 무관하다는 중국중심적 학문관에 뿌리를 두고 있음을 의미한다.

앞서 살핀 학자들보다 서양과학사상의 영향을 가장 많이 받았다고 평가되는 학자가 홍대용이다. 그는 17·18세기에 중국에서 수입된 우수한 서양과학을 수용하여 한국과학사상 서양과학을 체계적으로 이해하고 자연사상의 독특한 체계를 세운 중요한 위치를 차지하고 있다.[84] 예컨대 홍대용의 우주관은 서양과학의 영향이 절대적이었다고 볼 수 있다. 그의 우주론은 서양천문학을 수용하여 기존의 상수학적 우주론을 탈피한 무한 우주론, 다우주론을 기초로 하며 그 위에 지구구형설 및 자전설을 주장하는 수준으로 발전하였다.[85]

자연과학에 열정이 많았던 홍대용은 17세기 이후 수입된 서양천문학 서적과 각종 천문기기를 접하였다. 선배학자들의 저서와 학문적인 교류 등 다양한 경로를 통해 서양과학사상을 수용하고 여기에다 북경연행사행에 동행하여 직접 서양선교사를 만나 그들과 천문학에 대해 토론을 벌이기

---

82) 배우성, 「18세기 지방 지식인 황윤석과 지방 의식」, 『한국사연구』 135, 52쪽. 황윤석에 대한 것은 정성희, 「이재 황윤석의 과학사상」, 『청계사학』 9, 1992에 자세하다.

83) 황윤석, 『頤齋亂藁』 권11, 무자년 8월 16일 曆引跋 ; 배우성, 앞의 글, 53쪽.

84) 박성래, 「홍대용의 과학사상」, 『한국학보』 23, 일지사, 1981.

85) 문중양, 「16·17세기조선우주론의 상수학적성격」, 『역사와 현실』 34, 1999 ; 박성래, 「홍대용의 과학사상」, 『한국학보』 23, 1981 ; 박성래, 「홍대용, 담헌서의 서양과학발견」, 『진단학보』 79, 1995 ; 김용헌, 「서양과학에 대한 홍대용의 이해와 철학적 기반」, 『철학』 43, 한국철학회, 1995년 봄.

도 하였다. 이렇게 보면, 그는 17세기 이후 조선에 수입된 서양과학서적의 대다수를 독서했을 것으로 추측된다. 그는 서양과학의 새로운 지식과 그 관측도구들을 적극 수용하고 이를 실제로 적용하는 과정을 통해 서양이론을 완벽하게 소화하고 체계화하여 새로운 우주론으로 한 단계 나아갈 수 있었다. 이러한 그의 사상을 집대성한 것이 『담헌서』(湛軒書)였다. 『담헌서』를 살펴보면 그의 우주론과 천문관에서 서양과학이론의 영향을 확인할 수 있다. 우선 〈표 1〉 및 〈표 2〉에서 보듯이 그가 『수리정온』, 『오위역지』, 『역상고성』, 『역상고성 후편』 등을 독서했음을 알 수 있다. 홍대용은 김원행 문하에서 수학했으므로 17세기 대표적인 천문역산가인 김석문의 『역학도해』를 접했을 것이다.[86] 그리고 그 영향을 받아 『오위역지』도 읽었을 것으로 추측되는데, 그의 우주구조론을 살펴보면 이는 더욱 명백하다. 즉 홍대용의 태양계 구조는 『오위역지』에 제시된 티코 브라헤의 구조론과 일치한다.[87]

즉 브라헤의 우주구조는 지구를 중심으로 가까이는 달과 태양이, 멀리로는 항성천이 회전하며 태양을 중심으로 수·금·화·목·토의 5성이 회전하는 구조이다. 다시 말해 프톨레마이오스 이론과 코페르니쿠스의 구조론을 절충한 우주체계론이다. 『담헌서』의 「의산문답」에 나오는 홍대용의 설을 살펴보자.

그에 따르면, 금성·목성·수성·화성·토성은 태양을 중심으로 공전하고 일월은 지구를 중심으로 공전한다. 금성·수성은 태양 가까이에 있으므로 지구와 달이 금성·수성의 공전 궤도 밖에 있으며, 화성·수성·토성은 태양으로부터 멀리 있기 때문에 지구·달이 그 공전 궤도 밖에 있게 된다.[88]

---

86) 『담헌서』 상, 「의산문답」.
87) 강영심, 앞의 글, 78, 88, 89쪽.
88) 『담헌서』 상, 「의산문답」, 334쪽.

그런데 홍대용은 티코 브라헤의 우주설 가운데 우주체계에 대한 이론만 수용하고 브라헤가 지구자전을 인정하지 않는 부분은 수용하지 않았다. 더구나 홍대용은 무한우주설을 주장하여 항성천을 설정한 브라헤와는 다르게 근대적인 천문관 및 우주론으로 발전하는 특징을 보인다. 다만 금·목·수·화·토는 태양을 중심으로 돌고 태양과 달은 지구를 중심으로 돈다는 태양계의 구조만큼은 브라헤의 그것과 일치한다. 이렇게 볼 때 홍대용의 우주설은 『오위역지』에 실려 있는 브라헤의 설과 지구자전설이 결합된 것이라고 볼 수 있다.[89]

홍대용이 지구자전설을 주장했다는 것은, 박지원이 북경을 방문하여 중국인들에게 홍대용의 지전설을 소개하고 "서양인들은 이미 지구가 둥근 줄 알면서도 지구가 돈다는 것만은 말하지 않았는데, 이것은 그들이 지구가 둥글다는 것은 알았으나 둥근 것은 반드시 돈다는 것을 몰랐기 때문"[90]이라고 전했던 사실로도 입증된다. 이는 지구설과 지전설이 서술된 서양과학서를 읽었음을 확인해 주는 사례가 된다.

그의 유명한 의산문답 중에 이러한 대목이 나온다.

"그러나 정밀하고 자세한 서양인들도 이미 '하늘은 운행하고 땅은 정지해 있다'고 했으며, 중국의 성인 공자도 역시 '하늘의 운행은 굳건하다'고 말했습니다. 그렇다면 그들이 모두 틀린 겁니까?"

실옹이 대답했다.

"……땅이 정지해 있고 하늘이 움직인다는 것은 상식이며 그런 상식이 백성들에게 해를 주는 것도 없고 역법의 계산에도 어긋남이 없소. 그러므로 그것으로 제정하고 다스리는 것이 또한 옳지 않겠소? 송나라 장재(張載)가 지전에 대해서 조금 밝혔고 서양인 역시 해안이 움직이느

---

89) 김용헌, 앞의 글 참조.
90) 박지원, 『燕巖集』, 권14, 「熱河日記」, '鵠汀筆', 257쪽.

냐 배가 움직이느냐 하는 비유를 통해 언급했지요. 천문을 관측하는
데는 오로지 하늘의 운행을 주로 하는 것이 편리하오."[91]

우선 '배가 움직이나, 연안이 움직이나?'라고 하는 부분은 갈릴레이가
사용한 비유이다. '갈릴레이의 상대성'을 보여주는 이 예는 바로 일정한
속도로 움직이는 체계 속에서는 그것이 스스로 운동해서 일어나는 것인지
혹은 대상이 운동을 해서 일어나는 현상인지를 판별할 수 없다는 것을
보여준다. 이를 보건대 홍대용은 갈릴레이 이론이 담긴 서적을 독서한
것으로 판단된다.

그의 주장에 따르면, 천체 가운데 가볍고 빠른 것은 자전과 공전을
함께 할 수 있지만, 무겁고 느린 것이라면 자전은 하지만 공전은 할 수가
없다. 이 때문에 지구는 자전만 하는 것이다. 이러한 그의 주장은 당시
수입된 서양천문학 서적에서 얻은 지식을 바탕으로 한 것임이 분명하
다.[92] 둥근 지구가 하루에 한 번 자전하고 이로써 낮과 밤이 생긴다고
분명하게 밝힌 학자는 홍대용이 처음이다. 그보다 앞서 이익이 이미 지원
설을 수용하기는 했지만, 역시 지구에는 상하지세가 있어서 지구 반대쪽에
도 사람이 살 수 있음을 확연히 밝힌 학자가 홍대용이었다.

또한 홍대용은 우주는 유한한 것이 아니라 무한하다고 주장하였다.
아울러 이 무한한 우주에는 지구를 중심으로 한 세계 외에도 많은 다른
세계가 있다는 다우주론을 제시하였다. 그는 현재 태양계라 부르는 것을
'지계'라고 불렀는데, 다른 항성 둘레에는 그 나름의 행성계가 있다고
상상한 것으로도 보인다.

---

91) 『담헌서』 상, 「의산문답」, 333쪽.
92) 박성래, 앞의 글 참조. 우주가 무한하고 그 가운데 지구와 비슷한 다른 천체들이
    따로 그 나름의 세계를 만들고 있으리라는 생각은 17세기를 전후해 서양에서
    널리 퍼지기 시작한 것이다.

이렇게 홍대용은 지전설뿐 아니라 지구의 자전과 우주의 무한성을 말하고, 나아가 우주 속에 여러 가지 생명이 있을 가능성을 설파하였다. 또한 지구상의 여러 가지 물리 현상에 대해서도 서양과학의 영향을 받은 이론을 전개하는가 하면, 생물에 대해서는 지극히 상대주의적인 생명관을 드러내었다.

홍대용은 『담헌서』 서술을 통해 서양과학을 발견하고, 과학의 중요성에 눈뜨기 시작했다는 사실을 공표하였다. 이는 18세기 조선사회에서 홍대용이 선각자의 자리에 서 있었음을 뜻한다. 특히 그의 지전설과 우주무한설 등은 당시의 다른 동양 사상가들 사이에서는 찾아보기 힘든 선구적 측면이라 할 수 있다.[93] 이렇게 17세기 시헌력의 수입에 즈음하여 도입되기 시작한 서양역법 천문서적 등을 통해 지원설과 지구설 등의 우주론들이 전해지고, 18세기에 이르면 지전설, 갈릴레이의 태양궤도설 등 더욱 심화 발전된 사상들이 전해졌다. 독서를 통해 이들 사상을 수용한 18세기의 지식인들은 천원지방설에서 탈피하여 지원설을 인정하면서도 김석문이나 서명응은 오히려 전통과학의 강화와 정교화라는 길을 택했다. 이에 비해 홍대용은 오행성은 지구가 아니라 태양을 중심으로 공전하고 우주의 중심은 지구가 아니라 각 성수(星宿)가 각각 하나의 세계를 가진다는 근대적인 천문관으로 발전된 우주관을 자신의 학문으로 체계화하였다는 점에서 문화변동의 정점에 서 있었다고 할 것이다.

## 6. 맺음말

17세기 중반 이후 중국을 통해 수입되기 시작한 서양과학서적들은 선진적인 지식인의 지적 호기심을 자극하였다. 이에 더하여 서양역법에

---

93) 박성래, 「홍대용 『담원서』의 서양과학 발견」, 『진단학보』 79, 259~260쪽.

기초한 시헌력의 도입과 시헌력 실시를 위한 서양역법, 천문 관련 서적의 수입은 서양천문, 우주이론과 접촉하는 계기를 제공하였다. 아울러 이에 대한 전문적 연구를 통해 조선에 시헌력이 시행되기에 이르렀다. 본 논문에서는 이러한 17세기의 새로운 문화적인 경험에 기초해 18세기 문화수용에 뒤이은 정착과 변용의 모습을 추적하는 것을 목표로 하여 18세기 전문적으로 천문과학사상을 연구하는 지식인들을 중심으로 그들이 독서한 서적 및 그 변화 모습을 살펴보았다. 그 결과를 정리하면 다음과 같다.

첫째는 18세기에 수입된 천문 관련 서적은 『역상고성』, 『역상고성후편』, 『의상고성』 등과 같이 시헌력개수의 세부지침서와 카시니의 관측치, 케플러의 타원궤도론을 정리한 것들이었다. 이는 18세기 시헌력의 정착과 정확한 활용에 필요한 전문역서들로서, 역법 담당관들인 정부의 역관들이 그 구입과 독서에서 주를 이루었다고 하겠다. 또한 18세기에는 최신 천문학에 관련된 내용을 담은 서적에 대한 독서층도 다소 확대되어 실무진 외에 이익, 홍대용, 황윤석, 서호수 등과 같은 학자들의 독서를 통해 조선의 천문학이 한 단계 업그레이드되는 결과로 이어졌다.

둘째, 중국에서 도입된 서양역법 및 천문서적 중 17세기에는 『천문략』, 『혼개통헌도설』, 『오위역지』 등 지구중심적인 중세서양천문학설이 영향을 끼쳤다면, 18세기에는 『역상고성』, 『역상고성후편』, 『율력연원』, 『의상고성』에 소개된 서양근대과학의 지동설, 태양계운동의 타원궤도설 등이 당시 조선지식인에게 전달되었음을 알 수 있었다.

셋째, 1770년에 저술된 『증보문헌비고』는 17·18세기에 수입된 서양역법, 천문 관련 서적을 연구 정리한 결과를 당시의 천문사상으로 인정하여 수록하고 있으며, 특히 『역상고성』과 『역상고성후편』의 지동설, 태양계운동의 타원궤도설 등을 공인한 사실을 확인할 수 있다.

넷째, 17세기 시헌력의 수입을 즈음하여 도입되기 시작한 서양역법

천문서적과, 이들 서적을 통해 전해진 지원설, 지동설, 태양계운동의 타원 궤도설 등의 새로운 이론들이 조선지식인에게 영향을 주었지만, 그 문화의 변용에서 나타난 양상은 다양하였다고 할 수 있다.

즉 독서를 통해 외래문화를 수용한 18세기의 지식인들은 천원지방설에서 탈피하여 지원설을 인정하면서도, 김석문이나 서명응은 오히려 전통과학의 강화와 정교화라는 길을 취했다. 반면에 홍대용은 지구설은 물론 지전설, 무한우주설, 다우주론을 주장하는 근대적인 천문관으로 발전된 우주관을 자신의 학문으로 체계화함으로써 서양문화의 수용을 통해 창조적 문화변용을 이루었다는 점에서 18세기 지식인의 한 양상으로 평가할 수 있다.

## 참고문헌

『增補文獻備考』
『숙종실록』『영조실록』『정조실록』
『燕巖集』
『北學議』
『국역성호사설』
『여유당전서』
『이재난고』
『국역성호사설』
『담헌서』
홍선표외 지음, 『17·18세기조선의 외국서적수용과 독서문화』, 혜안, 2006.
홍선표외 지음, 『17·18세기조선의 외국서적수용과 독서실태-목록과 해제』, 혜안, 2006.
정성희, 『조선시대 우주관과 역법의 이해』, 지식산업사, 2005.
나일성 외, 「17·8세기 한국의 천문관-역산에 기초가 되는 자료를 중심하여」, 『동방학지』 21, 연세대학교 국학연구원, 1979.
이원순, 「명청말 한역서학서의 한국사상사적 의의」, 『한국천주교회사연구』, 한국교회사연구소, 1986.

문중양, 「조선후기 자연지식의 변화패턴 - 실학 속의 자연지식, 과학성과 근대성에 대한 시론적 고찰」, 『대동문화연구』 38, 성균관대 대동문화연구소, 2001.

박권수, 「서명응(1716~1787)의 역학적 천문관」, 서울대학교 대학원 석사학위논문, 1996.

김용헌, 「서양과학에 대한 홍대용의 이해와 그 철학적 기반」, 『철학』 43, 한국철학회, 1995년 봄.

한영호, 「서양 기하학의 조선 전래와 홍대용의 "주해수용"」, 『역사학보』 170, 역사학회, 2001.

문중양, 「18세기 후반 조선 과학기술의 추이와 성격 - 정조대 정부 부문의 천문역산 활동을 중심으로」, 『역사와 현실』 39호, 2001.

임종태, 「17·18세기 서양 과학의 유입과 분야설의 변화 - 『성호사설』 분야의 사상 사적 위치를 중심으로」, 『한국사상사학』 21, 한국사상사학회, 2003.

전용훈, 「조선후기 서양천문학과 전통천문학의 갈등과 융화」, 서울대학교 대학원 박사학위논문, 2004.

정성희, 「이재 황윤석의 이학사상」, 『청계사학』 9, 청계사학회, 1992

강영심, 「17세기 서양천문역법서적의 수입과 천문역법인식의 변화 - 서양역법인 시헌력을 중심으로」, 『이화사학연구』 32, 2005.

# 조선 실학의 중국실학사상 수용과 주체적 변용과정

윤 대 식

## 1. 서 론

일반적으로 조선 실학의 연구는 유형원(磻溪 柳馨遠)에서 이익(星湖 李瀷)을 거쳐 정약용(茶山 丁若鏞)으로 집대성되는 경세치용의 계통에 주목한다.[1] 이와 같은 평가의 근거는 17세기 동아시아, 특히 중국과 조선 에서 발생한 정치적·사회적 변동의 연계성에 기인한다. 즉 명·청 교체 에 따른 정치적 변동과 함께 명의 멸망에 대한 중국 지식인들의 자성과 인식의 변동은 정치적·지적 연계성을 지니고 있었던 조선에 영향을 주었 고, 역시 청의 침입과 이로 인해서 발생한 사회적 변동에 기존 정치권위가 대응하는 과정에서 조선 지식인들의 인식변화를 불러일으켰다. 따라서 중국실학의 발생을 전제로 한다면, 조선실학의 발생과 전개는 17세기 동아시아의 정치적·지적 경향의 변화라는 맥락에서 접근할 수 있다.[2]

---

[1] 백낙준은 정인보의 평가를 빌어서 유형원－이익－정약용으로 이어지는 실학의 발흥이 영·정조 시대에 새로운 기운을 조성한 민족문화 부흥운동이었다고 평가하고 이 운동에 공명한 학자들을 실학자로 통칭한다. 백낙준, 「실학의 현대 적 의의」, 연세대학교 국학연구원(편), 『연세실학강좌 I』, 혜안, 2003, 17~20쪽.

[2] 다카하시 도루는 『조선유학사』에서 유형원, 이익, 정약용이 조선의 제반 분야에 걸쳐 변법 개조－토지제도의 근본적인 개조－가 시급했음을 역설했다고 분석한 다. 그러나 유형원－이익－정약용의 토지제도론에 초점을 맞춘 다카하시의 의도 는 중국의 정치적 사유에 조선의 실학자들이 영향을 받았다는 종속성을 강조하

그렇다면 조선 실학자들의 정치적 목표와 의도는 중국실학과 어떠한 상관성을 지닌 것일까?[3] 17세기에 이르러 중국의 명 왕조는 내부적으로 집권적이고 외부적으로 폐쇄적인 전제군주제 하에서 통치기제의 무력함을 심화시키고 있었다. 이로 인해서 내부적으로는 통치이념의 관념화와 도구화를 가져왔고, 외부로부터 서구문물의 유입과 청 왕조의 물리적 침입에 대처할 수 없었다. 내외적 요인의 상승작용으로 말미암아 명 왕조가 멸망했을 때, 중국실학은 자기반성과 통치기제의 회복이라는 문제의식으로부터 발생했다. 그 대표적인 사례로 고염무(顧炎武 : 1613~1682)의 『일지록』(日知錄)을 거론할 수 있다. 고염무는 명 왕조의 멸망원인을 통치기제의 붕괴로 분석했다. 고염무는 통치기제의 붕괴 원인 중 하나로 당시의 학술적 폐해를 지적하고 경세적인 학문태도로 복귀할 것을 강조하면서, 성공했던 통치기제로서 성왕의 통치, 즉 왕정(王政)을 전망한다. 따라서 『일지록』은 실패한 통치기제의 원인 분석과 그 대안으로 왕자(王者)의 출현이라는 유가적 이상을 내포한 정치개혁론의 성격을 지닌다. 더구나 고염무의 개혁론은 독자적인 인식으로부터 발생한 것이 아니라 그를 둘러싼 보편사적 흐름의 불가피한 표출이기도 하다. 따라서 『일지록』에 담겨 있는 고염무의 정치적 의도와 목표는 집권적 군주제의 폐단과 이로 인한 왕조의 교체라는 현상에 주목해서 정치권위를 어떻게 유지할 것인지에

---

기 위한 것이기도 했다.

3) 정태섭은 조선의 모든 전통학문이 중국학문의 절대적인 영향을 받았으며 중국학문과 유사한 구조와 내용을 갖는다고 지적한다. 그런데 조선의 독자성을 인정받으려면 3개 국 간 비교연구가 꼭 필요함에도 불구하고 그동안 일방적이며 고립적으로 서술되어 왔다고 비판적인 태도를 취한다. 이에 따라 정태섭은 한국의 실학 연구가 실학의 사상적 계보나 연원, 실학사조의 시대적 조건에 대한 일반화가 결여된 불구적인 연구형태에서 벗어나지 못했으며, 최근에야 이 문제에 대한 자각과 반성이 나타나고 있는 형편이라고 피력한다. 정태섭, 「중국실학의 개념 및 연구사 정리」, 송영배 외, 『한국실학과 동아시아 세계 4』, 경기문화재단, 2004, 49쪽.

대한 방법론이기도 하다. 이 같은 맥락에서 접근한다면, 17세기 조선에서
발생한 실학이 왜 우선적으로 경세치용의 계통을 형성했는지 이해할 수
있다.

본 연구는 중국실학의 정치적 의도가 성공했던 통치기제의 회복이었다
고 전제하고, 조선실학 역시 궁극적으로 왕정의 회복이라는 이념적 동질성
으로부터 군주-신민간 쌍무적 관계에 입각한 합리적 통치기제의 구축을
의도했음을 탐색하려고 한다. 이로부터 기존의 근대성 평가와 달리 조선
실학의 궁극적 목표와 의도야말로 성공한 통치기제로서 경국대전체제로
의 복귀였음을 밝힐 것으로 전망된다.


## 2. 조선실학의 이해를 위한 선행조건

### 1. 조선실학의 인식론적 배경

일반적으로 조선후기 실학을 어떻게 규정할 것인지에 대한 입장은 크게
내재적 발전론과 국가재조론으로 구별된다. 내재적 발전론의 입장은 조선
후기 실학의 발생을 정치적·경제적·사회적으로 근대적인 맹아의 형성으
로 파악한다. 그럴 경우, 당시 실학자들의 의도는 국가 개혁을 목표로
했다는 것으로 귀결된다.[4] 반면 국가재조론은 실학 역시 최종적으로 유가
적 왕정 실현을 목표로 했기에 기존 질서의 이념적 기반인 성리학을 '벗어
나고자' 했다는 논의 자체가 무의미하다고 파악한다.[5] 여기에서 양자의
입장은 하나의 사실로 귀결된다. 그것은 17세기에 이르러 심화되었던
체제모순과 무력해진 성리학적 통치기제에 대해서 자생적으로 정치적·

---

4) 김기승, 「다산 정약용의 부국강병형 국가개혁 사상」, 『한국사학보』 19호, 2005,
   62쪽.
5) 김태영, 『실학의 국가개혁론』, 서울대학교출판부, 1998, 103~104쪽.

사상적 문제의식이 발생했다는 점이다. 왜 여전히 작동하고 있는 현재의
통치기제를 문제로 인식했던 것일까? 이를 유추하는 단서는 조선의 통치
기제에 대한 이해이다. 그 단서는 경국대전체제이다.

여기에서 주목할 점은 경국대전체제의 기초를 제공한 정도전의 정치적
이상상이『주례』(周禮)의 국가이념과 정치체제였으며, 정치를 윤리도덕
의 실현 과정으로 보고 왕정에 의한 국가운영을 기대했다는 사실이다.6)
정도전은 예제에 의한 덕치론과 법제에 의한 형정론을 절충적으로 수용하
면서『주례』와 주자학의 정치적 이상상을 차용한다. 그것은 이후『경국대
전』(經國大典)으로 이어지는 법제·법전의 정비과정에서 유교이념에 맞
는 통치구조를 확립하는 기초로 기능한다.7) 결과적으로『경국대전』은
정도전이 의도했던 군주를 정점으로 하는 집권적 체제로서 법치에 기초한
통치기제의 구축을 의미한다.

『경국대전』은 이념적으로『주례』를 전범으로 삼았다.8) 이로 인해서
『경국대전』은 조선의 정치과정에서 조종성헌(祖宗成憲)의 위치를 점유하
면서 이후 군주들의 정책결정과 입법기준으로 기능했다. 경국대전체제의
순기능은 군신간 견제와 균형의 탄력적 적용을 가능하게 하는 것이었다.9)

---

6) 이미 한 제국 이후 역대 중국왕조와 조선의 경우 외형상의 통치이념으로 유가적
교의를 채택했지만 그 '유교'에는 법가적 요소가 혼재되어 있었다는 사실을
확인할 수 있다. 瞿同祖는 이를 '법의 유가화'(Confucianization of Law)로 명명한
다. 즉 고대의 '예법'과 같이 빈번히 '예'와 '법'이 동시에 사용되었던 용례는
양자의 관계가 명백히 밀접한 것을 가리키며, 예는 최초에 사회적 강제로 시작되
어 이후 법률적 강제로 적용되었다는 것이다. 따라서 구동조는 규범이란 사회적
강제와 법률적 강제 모두에 의해 동시에 유지되는 것임을 거론하면서 고대
중국의 예와 법이 상호보완적이며 동일한 의미였다고 평가했다. Chu, Tung-tzu,
*Law and Society in Traditional China*, Hague : Mouton & Co., 1965, 279쪽.
7) 도현철,「정도전의 정치체제 구상과 재상정치론」,『한국사학보』9호, 2000, 174~
175쪽.
8) 박현모,「경국대전의 정치학: 예치국가의 이념과 실제」,『한국정치연구』12집
2호, 2003, 111~113쪽.

이러한 순기능에 대한 평가는 조광조의 역사인식에서도 찾아진다. 조광조는 세종 시대를 "예악문물이 주나라와 비슷할 정도"[10]로 이상적인 정치에 근접했던 때로 간주했다. 이를 근거로 조광조는 성종의 통치가 세종의 치세를 계승할 수 있는 기회였다고 분석한다. 그것은 조선의 건국과정에서 기획된 유가적 통치기제의 회복을 위한 개혁의 정당성을 표현하는 것이기도 했다. 따라서 현실의 비리를 변혁하여 이상적인 국정을 일으키고자 했던 개혁론자들의 정치적 목표 역시 왕정의 실현으로 귀결되었으며, 16세기 율곡의 경장론(更張論)으로 분기되었다.

율곡의 개혁론 역시 "우리나라에 이르러서 태조가 창업하고 세종이 수성하여 처음에는 경제육전을 쓰다가 성종 조에 이르러 경국대전을 간행했다. 그 뒤로도 수시로 입법하여 기록을 쌓아나가라고 일렀다.…… 연산이 황란하여 용도가 사치스럽고 번잡해지자 조종의 공납법을 고쳐 날로 아래로 손해를 가져오고 위로만 보태주기를 일삼았다. 반정 후에 마땅히 옛 제도로 돌이켜야 했지만 처음에 나라를 맡은 자가 다만 공신으로 무식한 자들뿐이었다. 그 후 기묘년의 여러 현자들이 자못 뜻을 두어 하려고 했으나 참소의 칼날을 만나 참혹한 죽음을 당했다. 이어서 을사사화는 기묘사화의 경우보다 더 참혹했다"[11]라는 역사인식에 기초한다. 이로부터 율곡은 "성인이 입법했다 하더라도 현명한 자손이 있어 변통함이 없다면 마침내 반드시 폐단이 있을 것"[12]으로 정언하고, "근본을 붙들어 혼탁한 것을 환기 각성시키고 인습을 깨끗이 씻어서 오랜 폐단을 개혁하며 선왕이

---

9) 이재룡, 「조선왕조 법제도에서의 국가관」, 『동양사회사상』 10집, 2004, 110쪽.
10) 『靜庵集』 3, 「參贊官時啓」, "我國世宗祖, 禮樂文物, 制度施爲, 髣髴乎周時."
11) 『栗谷全書』 5, 「萬言封事」, "至于我朝, 太祖啓運, 世宗守成, 始用經濟六典, 至于成廟, 刊行大典, 厥後隨時立法……燕山荒亂, 用度侈繁, 變祖宗貢法, 日以損下益上爲事. 中廟反正, 政當惟舊, 而初年當國者, 只是功臣之無識者而已. 厥後己卯諸賢, 稍欲有爲, 而讒鋒所觸, 血肉糜粉. 繼以乙巳之禍, 慘於己卯."
12) 『栗谷全書』 5, 「萬言封事」, "大抵雖聖王立法, 若無賢孫有以變通, 則終必有弊."

남긴 뜻을 잘 계승하여 일대의 규모를 바꾸는"13) 경장을 요구했던 것이다.
결국 조선실학의 인식론적 배경은 크게 두 가지 맥락에서 정리될 수 있다.
우선 성리학을 통치이념으로 채택했던 정도전에서 조선 성리학의 변용된
왕정론이 형성되고, 이를 보편적 학풍으로 올려놓은 조광조의 도학으로
전개된다. 다른 한편으로 율곡의 인식은 보편적 학풍으로서 성리학과
실학간 내부적 분기로 작용한다. 특히 율곡의 개혁론은 16세기 현실개혁
과 국가개혁을 목적으로 했다는 점에서 17세기 조선후기 실학의 문제의식
과 맞닿아 있다.

## 2) 중국실학의 정치적 목표와 의도 : 고염무를 중심으로

고염무는 청대 고증학의 개조로 알려져 있는데, 그의『일지록』14)을
고증학의 표준으로 평가하는 것이 통설이다.15) 고염무는 명 왕조의 통치
이념으로서 기존 성리학이 관념적이고 추상적인 원리로 변질되었기 때문
에 체제의 붕괴를 가져왔다고 판단했다. 특히 고염무는 명대의 양명학을
경전의 본질탐구에서 벗어난 학문, 즉 심학(心學)으로 규정했다. 따라서
고염무에게 '경학은 곧 이학'(經學則理學)이며, 그 내용은 예에 기초한

---

13) 『栗谷全書』2,「聖學輯要」, "所謂更張者……則必有明君哲輔, 慨然興作, 扶擧綱維,
   喚醒昏惰, 洗滌舊習, 矯革宿弊, 善繼先王之遺志, 煥新一代之規模."

14) 『일지록』은 '매일 깨달음의 기록'이라는 뜻이다. 그것은 경전, 통치, 경제, 과거제
   도, 문학, 역사, 언어 등에 관련된 문제들을 다루고 있지만, 모든 주제들에 대해서
   새롭고 건설적인 재구성의 시도였다. 고염무에게 이러한 자료와 기록들은 '옛날
   동전'(old coin)이 아니라 '광산에서 막 캐낸 천연구리'(copper dug from hill)인
   셈이다. De Bary, Wm. Theodore & Lufrano, Richard (ed.), *Sources of Chinese
   Tradition*, New York : Columbia University Press, 2000, 36쪽.

15) 이러한 평가는 양계초에 의한 것이다. 양계초는 청대를 송명 이학의 암흑기를
   벗어난 중국사상의 르네상스기로 규정한다. Bartlett, Thomas, "Gu Yanwu," Cua,
   A. S (ed.), *Encyclopedia of Chinese Philosophy*, New York : Routledge, 2003,
   272쪽.

고대 주례적 질서였다. 이로부터 고염무는 경학을 공부하는 "군자란 널리 인문을 배운다. 자신으로부터 가정, 국가, 천하에 이르기까지 측정해서 제도를 만들고 이를 실행하여 형태로 삼는 데 있어서 인문이 아닌 것이 없다"[16]는 박학(博學)을 강조한다. 수신-제가-치국-평천하로 상승하는 유가의 정치적 실천과정을 고려할 경우, 그것은 일상생활에서 행위방식을 익히는 일이 곧 '이'(理)이고 '예'(禮)라는 점을 의미한다. 따라서『일지록』은 경학이 곧 경세학이라는 전제로부터 전개된 정치적 사유의 결과물이다. 왜냐하면 고염무는 명 왕조가 과도한 중앙집권적 통치구조와 허약한 지방정부로 인해서 외부의 침입에 취약했고, 그 결과 멸망을 초래했다고 분석하기 때문이다. 그렇기 때문에 고염무의 개혁대상은 집권적 통치구조일 수밖에 없으며, 분봉을 통한 봉건제를 재평가함으로써 분권적 체제를 대안으로 제시한다.

사실상 고염무의 분권론은 신민을 통치대상으로 인식하고 신민의 욕망을 충족시켜 주는 통치와 분치를 요구했던 시대적 인식의 반영이다.[17] 고염무의 분권적 통치구조에서 중요한 행위자는 군주의 정치적 권위를 유지하고 민의 복종과 지지를 유도해낼 수 있는 지방의 관료에 집중된다. 이로 인해서 분권론을 구체화하는 제도로서 고염무의 군현론은 지방정부의 행정적·군사적·재정적 독립성과 인사권의 자율성을 강조하는 급진성을 내포한다.[18] 더욱이 고염무의 개혁론은 논리적 전개상 법제의 개혁으로 확대된다. 법제에 대한 고염무의 강조는 법치의 폐단을 지적하기 위한 것이 아니라 법치의 경직성, 즉 전제성을 규범화를 통해서 수정하기

---

16)『日知錄』7,「博學於文」, "君子博學於文, 自身而至於家國天下, 制之爲度數, 發之爲音容, 莫非文也."
17) 溝口雄三, 김용천 옮김,『중국전근대사상의 굴절과 전개』, 동과서, 1999, 28쪽.
18) 고염무의 분권론이 지닌 급진성은 청 제국 말기 지방정부에 대한 강력한 통제를 부과하려는 왕실의 어떠한 노력도 역기능이며 자멸이라는 인식을 가져온 원인이기도 하다. De Bary & Lufrano, 앞의 책, 39쪽.

위한 것이었다.[19] 이로 인해서 고염무가 기대한 정치적 이상상은 군주를 정점으로 한 일사불란한 조직사회이며, 과거 이를 교란했던 유가 사대부들의 도덕적 인격보다 상벌에 의한 통제를 통해서 규범이 준수되는 왕정의 실현이었다.[20]

그렇다면 최초의 문제로 돌아가야 할 것이다. 과연 조선실학은 중국실학과 무엇을 공유하며 무엇을 차별화하는 것일까? 더 엄밀히 말해서 중국실학의 태동을 알리는 고염무의 개혁론이 지닌 구성요소들, 즉 군주를 정점으로 하는 상향적인 분권적 통치구조로서 군현제, 관료제의 개선, 인치와 법치의 조화, 왕정의 실현과 그 전범으로서『주례』의 채택이라는 정치적 목표가 조선 실학자들에게 어떻게 투영되고 변용되어 조선실학의 개혁론을 구성했는지를 탐색해야 할 것이다.[21]


## 3. 유형원의 국가개혁론 : 변법을 추구한 실학의 출발

### 1) 탈주자학적 변법관 : 개혁을 위한 새로운 인식

일반적으로 유형원의『반계수록』(磻溪隨錄)은 고대 경전에 담겨 있는

---

19) 蕭公權은 고염무가 말한 법치의 폐단이 진시황의 전제와 임법으로 말미암은 것이라고 지적하고 전제가 지나치고 법률의 문구가 너무 엄밀해서는 안 된다는 의미였을 뿐 법령의 불필요성을 말한 것이 아니라고 평가한다. 蕭公權, 최명·손문호 역,『중국정치사상사』, 서울대학교출판부, 1998, 1018쪽.
20) 이혜경,『천하관과 근대화론 : 양계초를 중심으로』, 문학과 지성사, 2002, 46쪽.
21) 葛榮晉은 중국실학과 조선실학이 서로 영향을 주었다는 측면에서 접근할 경우, 양국 선비들의 상호방문과 학술적 교류를 통하여 명·청 실학사상이 조선에 유입되었으며 조선 중·후기의 실학사상을 풍부하게 하는 자양분이었다고 평가한다. 그러나 그는 조선실학자들이 중국실학을 선택적으로 유입했을 뿐 학문 자체를 옮겨온 것이 아니라는 조심스러운 평가를 내리고 있다. 葛榮晉,「중국실학 연구의 몇 가지 문제」, 홍원식 외,『실학사상과 근대성』, 예문서원, 1998, 207~210쪽.

법제[古法制]의 연구를 통일적으로 수행함으로써 이를 조선의 개혁론으로 재구성했다고 평가된다.[22] 과연 유형원이 기대한 개혁은 무엇일까? 또한 개혁의 문제의식을 가져온 정치적 사유의 원천은 무엇일까?

유형원은 "대체로 천하만사는 단지 두 가지뿐이니 천리와 인욕이 곧 그것이다.…… 성인이 주장하는 바는 한 가지로 천리일 뿐"[23]이라고 정언한다. 여기에서 주목할 점은 유형원이 지적하는 '하늘의 이치'(天理)이다. 유형원은 "천지의 이치란 여러 사물에 나타나는 것이니 사물이 아니면 이치가 나타날 곳이 없다. 성현의 도란 여러 사업에서 실현되는 것이니 사업이 아니면 그 도가 실현될 데가 없는 것"[24]으로 설명한다. 그것은 천리로서 '성인의 도'란 현실문제에 대한 적절한 해결책이며, 현실 인간이 갖는 욕구의 충족이 통치의 본질임을 지적하는 것이다. 이로 인해서 유형원은 선악, 군자와 소인, 중화와 이적, 그리고 궁극적으로 천리와 인욕이라는 이원적 대립구도를 제기하는 유가적 세계관으로부터 일탈하지 않는다.[25] 오히려 유형원의 문제의식은 "삼대의 법이 모두 천리를 따르고 인도에 순응해서 만든 제도로서 그 요점은 사람들로 하여금 반드시 각자 살아갈 바를 얻게 하여 사방이 평안함을 이룩하는 데 있다"[26]는 질서관으로 전개되며, 삼대의 정치를 반영하는 『주례』를 역할모델로 한다.[27]

그런데 유형원의 정치적 이상상이 주례적 질서에 있고, 천리에 따른 인욕의 충족이 현실적으로 가능하다면, 그의 정치적 목표는 성리학적

---

22) 정호훈, 『조선후기 정치사상 연구』, 혜안, 2004, 198쪽.
23) 『磻溪隨錄』 2, 「田制」(下), 田制雜議附, "天下萬事, 只是兩端, 天理人欲而已……聖人所主, 一於天理而已."
24) 『磻溪隨錄』 26, 「書隨錄後」, "天地之理, 著於萬物, 非物, 理無所著. 聖人之道, 行於萬事, 非事, 道無所行."
25) 김준석, 『한국중세유교정치사상사론 II』, 지식산업사, 2005, 96쪽.
26) 『磻溪隨錄』 26, 「書溪隨後」, "三代之制, 皆是循天理碩人道, 而爲之制度者, 其要使萬物無不得, 其所平四寧畢."
27) 정호훈, 앞의 책, 198~199쪽.

214

이상 및 정치교의와 큰 차이점이 없다. 무슨 근거로 유형원의 의도가 개혁을 추구한 것이며 새로운 인식의 출발이었다고 말할 수 있을까? 그것은 '성인이 주장하는 바는 한가지로 천리일 뿐'이라는 전제로부터 "어떤 서적을 볼 때에는 예전 사람의 말을 그대로 받아들여 고집하는 것이 아니라 반드시 현재와 비교하여 옛날의 것을 확증하며 마음에서 해득한 다음에 사실과 대조해 보며 생각하고 또 생각하여 최후의 세밀한 것까지를 연구"[28]하는 유형원의 학문방법과 태도에서 찾아진다. 이로부터 유형원은 조선의 주자학적 세계관에 구속되지 않는 동시에 반주자 내지 반주자학적이 아닌 비주자학적·탈주자학적 태도를 보여준다.

유형원의 탈주자학적 태도는 "법은 때에 맞추어서 마땅하고 인정에 따라 제정하고 고르게 하는 것이니 각자가 다 자기의 몫을 얻게 명령하는 것이 가장 좋은 법"[29]이라는 변법의 당위성과 필연성으로 전개된다. 여기에서 유형원이 제기하는 법(法)은 천리로서 법의 어의가 지닌 의미 그 자체이며, 동시에 율(律)의 의미를 내포한다. 즉 "상고해 보건대 율학은 곧 법률을 연구하는 일"[30]이란 유형원의 정언은 도덕적 절대가치로서 천리를 법제를 통해 구현하려는 의도를 반영한다. 결국 "국가가 제도를 제정하면서 예의와 법들을 밝히고 인심을 바로잡는 데 중점을 두지 않고 다만 지극히 저열한 인간을 대상으로 하여 미리 기생제도를 설정하여 놓고 그 자들의 정욕을 채우게 하니 이것을 어찌 옳은 조치라고 하겠는가?"[31]라는 유형원의 변법관은 도덕만을 수렴한 성리학의 태도와 방법을

---

28) 『磻溪隨錄』, 「磻溪隨錄序」, "於書, 未嘗死守前人語言, 必度之於今, 而質之於古. 會之於心而參之於事, 思之又思, 究極精微."
29) 『磻溪隨錄』1, 「田制」(上), 分田定稅節目, "大抵因時之宜, 順人之情, 而制而均之, 令各得其分者, 法之善者也."
30) 『磻溪隨錄』10, 「敎選之制」(下), 諸學選制附, "按律學, 乃考法之事."
31) 『磻溪隨錄』25, 「續篇」(上), 女樂優戲, "國家立制, 而不務明禮法, 正人心, 而唯爲至下之人, 預設其具, 以濟其私欲者, 此豈理也哉?"

극복하고 법치의 한계성을 새로운 내용으로 전환하려는 의지의 표현이기
도 하다.

### 2) 국가개혁의 대상 1 : 토지제도로부터 출발

만약 유형원이 역할모델을 『주례』에서 찾았다면, 개혁은 논리적으로
'경계를 정하는 것'으로부터 출발해야 한다. 왜냐하면 "정치를 하는 자가
법을 조리 있게 만들면 일이 제대로 되어서 백성들이 각자의 직분에 안
정"[32)되기 때문이다. 그렇다면 우선 무엇의 경계를 바로잡아야 하는 것일
까? 유형원은 '토지의 경계'를 바로잡는 것으로부터 출발한다고 지적한다.
그 논거로서 유형원은 삼대의 정치가 성공적일 수 있었던 이유 역시 토지
의 경계를 확정함으로써 오랜 기간 질서정연함을 유지할 수 있는 규준을
확립할 수 있었던 데 있다고 거론한다. 또한 "인정은 반드시 토지의 경계를
확정하는 것에서 시작"[33)한다는 『맹자』(孟子)의 진술에서 보이듯이, 토지
의 경계를 정하는 것은 유가적 왕정 실현의 출발점이기도 하다. 이로부터
유형원은 공전제(公田制)를 제안하고, 공전의 원칙을 "사람에게 경지를
고르게 나눠주고 또 그 경지에 따라 병역 의무를 지게 하는 것"[34)으로
정의한다. 그것은 기존의 지주전호제를 해체함으로써 사적소유 토지의
국가몰수와 국가에 의한 일정 규모로의 재분배를 통한 소유의 균등화와
조세·요역·군역 등 국가 수취체계의 효과적 운영을 전망한 것이었다.[35)
그런데 유형원의 공전제는 시의적절한 대안이었을까? 더욱이 현실적

---

32) 『磻溪隨錄』3, 「田制後錄」(上), 經費, "但爲上者, 有以制其條理, 則事得宜, 而各安
其分."
33) 『孟子』, 「滕文公」(上), 3, "夫仁政, 必自經界始."
34) 『磻溪隨錄』1, 「田制」(上), 分田定稅節目, "公田之法, 均人以田, 計田出兵. 有田者,
必有役, 有役者, 必有田, 則田與人合一矣."
35) 정호훈, 앞의 책, 234~235쪽.

으로 토지의 사적소유권이 존재하는 이상, 어떻게 공전으로의 전환이 가능한 것일까? 사실상 유형원은 당시 조선의 군현제적 통치구조에 고대의 제도를 적용하는 데 따르는 현실적인 괴리를 해결하기 위해 이념적 대안으로 공전제를 제시했다.[36] 왜냐하면 군주를 정점으로 하는 하향적인 집권적 통치구조는 균등분배의 측면에서 일정 부분 차별성을 담을 수밖에 없기 때문이다. 이에 따라 유형원의 공전론은 토지를 받는 자의 신분과 처지에 기초해서 토지규모에 차등을 두는 한전(限田)의 의미를 내포한다. 즉 "이제 만약 옛날의 봉건제도를 회복하지 않고서 이 법만을 실시한다면 중국의 춘추시대에 있었던 것과 같은 자기 선대의 국록을 세습하는 폐단을 열어 놓을 우려가 있기 때문에 겸하여 토지소유 제한법을 참작하여 선비 이상에게는 일정한 토지를 더 주고 병역을 면제하게 하는 것"[37]이라는 유형원의 정언은 공전제의 취지가 당시 조선의 군현제적 통치구조에 대응할 수 있도록 절충한 현실적 대안임을 시사한다.

만약 유형원의 기대대로 공전제를 실행할 수 있다면, 분배의 차등성은 사회적 직분의 정비를 가능하게 하는 동기로 작용한다. 왜냐하면 공전제는 기존 토지소유 형태로 인해 발생한 토지병합이나 복잡한 생산관계, 조세의 누락을 방지하고 토지를 매개로 군주-신민의 의무 이행, 즉 왕자로서 군주의 의무선행-신민에 대한 경제적 조건의 제공-과 신민의 의무이행-복종과 순응-이 교차하는 쌍무적 관계를 재고시킬 수 있는 선행조건이기 때문이다.

---

36) 주목할 점은 유형원이 군현제라는 표현을 쓰지 않았다는 사실이다. 그것은 유형원의 의도가 이미 군현제에 기초하고 있다는 현실을 그대로 수용하면서 정전제의 본지를 실현하려는 것이었음을 반증한다. 김선경, 「반계 유형원의 이상국가 기획론」, 『한국사학보』 9호, 2000, 207쪽.

37) 『磻溪隨錄』 1, 「田制」(上), 分田定稅節目, "不復封建, 而但欲用此, 則又不無啓春秋世卿之弊. 故今兼取限田法, 儒士以上, 定田有加, 而免其出兵."

### 3) 국가 개혁의 대상 2 : 집권적 통치를 위한 군현제와 관료제 정비

만약 유형원의 개혁론이 토지의 사적소유권 확대와 모순을 정비해서 국가로의 귀속과 사회구조의 안정성을 도모하기 위해서 제시된 것이라면, 토지개혁의 다음 단계는 논리적으로 통치기제의 회복을 위한 제도개혁, 즉 군현제의 정비로 전개된다. 또한 그것은 하부단위로서 향촌의 사적영역이 확대되어 위협받았던 공적영역을 회복하고, 지방수령으로 대리되는 군주의 권위확보에 일관된 통치구조의 재정비를 위한 것이기도 하다.

유형원은 "지방수령으로 말하자면 왕을 대신하여 직접 백성을 다스리는 자"[38], 즉 군주를 정점으로 하부통치단위를 책임진 군주의 대리인으로 정의한다. 그것은 '수령이 백성을 가까이 하는 직책'(守令近民之職)이라는 통치원칙, 즉 '지방수령직은 가벼운 것이 없으며, 백성을 다스리는 책임성을 높일 것'(無輕外任, 以重民寄)이라는 원칙에 일관된 것이기도 하다.[39] 왜 굳이 유형원은 관료로서 지방수령의 책무를 강조한 것일까? 왜냐하면 "당우 시절에 관리의 수가 백 명뿐이었으며 하·상 때에 와서는 그 수가 배로 증가하였으나 다 정치를 극히 잘했다. 그러니 후세에는 관리의 수가 많을수록 정치는 더 문란해졌다"[40]고 판단했기 때문이다. 즉 유형원은 통치기제의 기능상실을 하부단위의 관료들이 보여주는 무능함에 기인하는 것으로 파악했다. 사실상 관료들의 무능은 "과거공부만 한 축들은 공연히 문장만을 숭상하고 조행을 단속한 자가 적으며 실무 역량은 없이 건방지기만 하여 도리어 남에게 욕먹을 것을 두려워하면서 맡은 일에

---

38)『磻溪隨錄』13,「任官之制」, 外任, "若守令則分王民, 而親代其治者也."

39) 지방수령직을 중시하는 태도는 정도전이 제안한 경외관 순환제에서 명백해진다. 새로운 정치체제를 정비해야 하는 정도전의 입장에서 경외관 순환제는 외관직 정비를 통해 재지사족의 경관등용과 순환을 지속하는 장치를 마련하려는 의도가 내포되어 있었다. 임용한,『조선전기 수령제와 지방통치』, 혜안, 2002, 139쪽.

40)『磻溪隨錄』15,「職官之制」(上), "唐虞建官惟百, 夏商官倍, 咸臻至治. 後世官逾多, 而政逾亂何哉?"

218

성과를 거두는 데는 여러 해 동안 관직에 복무한 자만 못하기 때문"41)이라
는 것이다. 그것은 두 가지 의미를 내포한다. 하나는 실제로 지방수령의
무능함이 현실이라면, 군주의 통치력을 약화시키는 원인으로 작용할 수
있다는 것이다. 다른 하나는 유능한 관료충원을 위한 군주의 엄격한 기준
과 통찰력의 부족이 원인이라면, 그것은 군주가 자신의 의무로서 도덕적
완성에 태만했다는 의미를 지닌다. 결국 양자 모두 왕정실현을 위한 통치
기제의 순기능을 저해하는 요인으로 작용한다.

그렇다면 유형원은 무엇에 초점을 맞추어 관료제를 개선하려고 한
것일까? 유형원은 첫 단계로 비변사 폐지와 의정부 기능의 정상화를
강조한다. 그것은 "의정부의 직무가 백관을 총수하고 아래의 정사를 지도
하며 모든 것을 음양에 맞게 하여 나라를 경영"42)했다는 고제의 정당성에
서 비롯한다. 사실상 중앙정부 내 관료제 개혁의 우선성은 집권적 통치구
조의 강화를 위한 전제이다. 그렇기 때문에 관료제 개혁은 필연적으로
지방관제의 개편도 동반한다. 이에 대해서 유형원은 "대체로 관리를 자주
교체하는 데서 생기는 해독으로 말하면 간사한 아전들의 농간질과 백성들
이 당하는 고통 같은 것은 오히려 적은 것"43)이라고 강조하고 지방수령의
구임(久任)을 제안한다.

여기에서 유형원의 의도는 두 가지 맥락에서 추론될 수 있다. 하나는
구임제를 통해 수령직 자체의 안정성을 확보하고, 한편으로 군현제 정비와
연계해서 군주를 정점으로 하는 중앙정부의 통제력 강화를 시도하기 위한
것이다. 왜냐하면 수령의 임기제한과 수체는 효율성에서 문제를 야기하

---

41) 『磻溪隨錄』13, 「任官之制」, 勿限門地, "科擧之類, 徒尙文辭, 少有飭行, 而浮躁無
實, 則反不如歷仕之輩."
42) 『磻溪隨錄』15, 「職官之制」(上), 京官職, "議政府. 其任總百官, 平庶政, 理陰陽,
經邦國."
43) 『磻溪隨錄』13, 「任官之制」, 仕滿遷轉, "蓋數處之害, 猾吏用奸, 黎民病弊, 此猶其小
者也."

고, 수령의 이동으로 인한 연쇄적인 인사이동이 중앙정부의 경관직에도 영향을 미치기 때문이다. 따라서 지방수령의 임기제는 중앙정부의 대신들이 사적 이해관계에 따라 친인척을 등용하는 등의 폐단을 막을 수 있기에 군주권 강화의 의도를 함축한다.

만약 구임에 의한 순기능－지방수령권의 안정성과 지속성－을 확보할 수 있다면, 하부통치단위에 대한 중앙정부의 통제력은 강화될 수 있고, 이로부터 군현제의 구조상 상향적인 통제와 관리가 가능해짐으로써 군주를 정점으로 하는 통치기제의 원활한 운용을 기대할 수 있다. 유형원은 지방수령의 존재와 의의를 공전제와 군현제라는 경제적 하부구조와 정치적 상부구조를 원활히 연결하는 고리로 파악했던 것이다. 즉 지방수령의 순기능은 하부단위의 자율성을 보장하기 위한 방안이며, 이를 통해서 군주의 통제력과 권위의 정당성을 하부통치단위로부터 자연스럽게 추출할 수 있는 상향적 통치기제의 구축을 기대할 수 있다. 결국 "옛날에는 토지에 따라 병역 의무를 졌기 때문에 단위 편제가 동리에서 결정되고 군사 행정은 도시 주변에서 이루어졌다. 그러므로 무릇 입대한 일반 병사들에 대하여는 이웃이 서로 보호하고 마을끼리 서로 구원하였으며 거처와 휴식도 같이하고 출입과 동작도 같이했으며 죽었을 때에도 서로 돌보고 경사가 있을 때도 함께 즐겼다."[44]는 진술은 유형원의 정치적 의도가 여민동락(與民同樂)이라는 왕정 실현에 있음을 반증한다.

## 4. 이익의 국가개혁론 : 인치와 법치의 조화

### 1) 실학으로서 경학 : 예법 겸전을 위한 인식론적 전제

---

44) 『磻溪隨錄』 卷21, 「兵制」, 諸色軍士, "古者, 以田賦出兵, 故卒伍定於里, 軍政成於 郊. 凡卒伍之人, 比閭相保, 族黨相救, 居處同游, 出入同作, 死喪同恤, 吉慶同樂."

220

이익의 실학적 태도는 기존 성리학의 학문방법이 한(漢)·당(唐)시대의 주소를 불신하고 자신의 학설을 성립시키는 공소하고 번다한 방법론이라고 비판하는 경학관에서 출발한다.45) 이익은 "성인의 말씀은 본래 간략하다. 이 한 조목을 빼버려도 앎을 이르게 하는데 사물에 이르지 않을까를 걱정할 필요가 없다.…… 이와 같이 보면 후학들이 각자 자기의 설을 주장하여 서로 다투는 한 가지 폐단은 없앨 수 있을 것"46)이라고 지적한다. 그것은 한대의 훈고학적 경학 연구방법론을 채택하여 시무적 실학으로 전환할 것을 의미한다.47) 이로부터 이익의 경학관은 "후세에 와서는 유술과 사공이 둘로 갈리어 서로들 헐뜯고 나무란다. 경생과 학사들이 주먹만 쥐고 책상 앞에 꿇어앉아 글이나 읽으면서 천하의 일을 해낼 수 있다고 한다면 이는 그릇된 것"48)이라는 개혁의 당위성으로 전개된다.

그런데 이익의 경학관은 동시대 청의 고증학이 갖는 경학관과 부합한다. 만약 고증학적 학문관이 현실도피적인 경전해석에 주력한 결과가 아니라, 명·청 교체라는 정치적 변동과정에서 철학적 공리공론을 거부하고 기존의 성공했던 통치기제를 회복하기 위해서 경학전통을 조직하고 분석한 것이라면, 고증적인 방법론은 불가피하게 학문의 실용성을 강조할 수밖에 없다.49) 이 점에서 이익의 경학관 또는 학문적 태도는 실학적이다.

---

45) 홍이섭은 이익 사상의 본질을 포착하는 작업에서 생각해야 할 사항으로 성호가 남겨놓은 문자를 통해 검토하는 데에는 당시 사회에서 선행적인 제정신과 선진적인 명·청 사회의 학-사상을 문제 삼지 않으면 안 될 것이라고 평가했다. 홍이섭, 『홍이섭 전집 2 : 실학』, 연세대학교출판부, 1994, 408쪽.
46) 『星湖僿說』, 「經史門」, 儒學, "聖人言簡, 雖去此一條, 不憂致知之不格物也……苟使如此, 或除後學之一段競爭矣, 遂相與一笑而罷."
47) 강경원, 『이익 : 인간소외 극복의 실학자』, 성균관대학교출판부, 2001, 131쪽.
48) 『星湖僿說』, 「人事門」, 恭儉, "然後世儒術事功判爲二塗, 互相譏義. 經生學士, 至謂擎拳曲跽, 可以了辨天下事, 則誤矣."
49) 벤자민 엘먼은 17세기 고염무, 황종희 등으로부터 시작된 고증학이 기존의 평가처럼 정치권력의 외압과 학문적 방법론으로의 축소라는 결과가 아니라 당시 발생한 근본적인 정치변동에 대한 문제들을 적극적으로 대처하기 위한

즉 "경서를 연구하는 것은 세상에 쓰이기 위해서"[50]라는 이익의 정언은 학문의 목적이 경세치용에 초점을 맞추는 것이라는 태도를 표명한다. 이로부터 이익은 고대경전의 본지야말로 "옛날 한 가지 경전 이상에 밝은 사람을 취한 것은 그가 그 경전에만 전력하여 이해가 깊어서 실용에 이바지 할 수 있었기 때문"[51]으로 '실학'(實學)의 의미를 재조명한다. 따라서 이익의 실학은 궁경의 목적이 경세에 있다는 원칙과 현실에서의 무능함이 갖는 괴리를 해결하기 위해 사공(事功)을 강조하는 실용성을 갖는다.[52] 결국 이익의 실학적 학문관과 태도는 실천의 과정으로 전개될 경우, 개혁 곧 변법의 당위성으로 전개된다.

이익은 "법이 오래되면 폐단이 생기게 마련이다. 폐단이 생기면 반드시 개혁해야 하는 것이 당연한 이치"[53]라고 지적한다. 여기에서 주목할 점은 이익이 사용하는 '법'의 의미이다. 이익은 '법'에 대해 "옛날에 상구로 형관의 이름을 삼았는데 상구는 본시 매이다. 그러므로 사나운 뜻으로 훈석한 것은 잘못이다. 매의 눈은 먼 데까지 살피기 때문에 그 밝음을 말한 것"[54]으로 정의한다. 그것은 형법과 제도를 근간으로 하는 치도(治道)로 인식하고 있음을 시사한다.[55] 이로부터 이익은 "나라를 부하게 하고 군사를 강하게 만드는 것은 농사에 힘쓰고 법을 엄하게 하는 것만 같음이 없다"[56]는

---

대안적 형태의 유학에 대한 호소라고 평가한다(벤자민 엘먼, 양휘웅 옮김, 『성리학에서 고증학으로』, 예문서원, 2004, 167~168쪽).

50) 『星湖僿說』, 「經史門」, 誦詩, "窮經, 將以致用也."
51) 『星湖僿說』, 「經史門」, 窮經, "古者, 取明一經以上, 爲其力專而見深, 資于實用也."
52) 원재린, 『조선후기 성호학파의 학풍연구』, 혜안, 2003, 141쪽.
53) 『星湖僿說』, 「人事門」, 變法, "法久弊生, 弊必有革, 理之常也."
54) 『星湖僿說』, 「人事門」, 刑, "古者, 爽鳩爲刑官之名. 爽鳩者, 鷹也. 故以鷹猛爲訓誤也. 鷹眼遠察, 故謂其明也."
55) 고대 중국의 순수 법가는 사회 상황의 변화에 따라 원리로서 道, 즉 법에 의해서 안정과 통합된 사회를 이룰 수 있다고 보았다(이재룡, 「인시제의와 법가적 법치」, 『법철학연구』 2권, 1999, 304~307쪽).
56) 『星湖僿說』, 「經史門」, 商鞅餘烈, "富國强兵, 莫如務農而嚴法."

222

당위성과 함께, "이런 점이 걸려서 어려운 시대를 구제할 수 있는 좋은
계책과 지극한 의논이 있는 줄을 모른다면 어찌 옳겠는가?"[57]라고 변법의
시의성을 강조한다.

그렇다면 이익이 말하는 '좋은 계책과 지극한 의논'이란 무엇일까?
이익은 이 점을 "오늘날 우리나라의 일이 또한 이와 비슷하다. 나라가
세워진 뒤로 시무를 알았던 분을 손꼽아보면 율곡과 반계 두 분이 있을
뿐이다. 율곡은 태반이 시행할 만하고 반계는 그 근원을 캐 들어가 일체를
새롭게 바꾸어 왕정의 시초로 삼으려고 했던 것"[58]으로 설명한다. 그것은
이익 자신이 율곡-반계로 이어지는 실학의 전통을 계승한다는 자임의식
이기도 하다. 그런데 논리적으로 변법의 시의성을 왕정실현의 선행조건으
로 정당화하려면 특정한 전제가 필요하다. 즉 기존 성리학의 구조로부터
도덕적 완성자의 출현과 통치를 기대할 수 없다는 논리적 귀결을 도출해야
한다. 이러한 전제가 성립되어야만 왕정 이전 단계로 법치를 상정할 수
있고, 법제가 인간의 합리성을 유도하는 장치로 기능할 수 있다는 점을
밝힐 수 있다. 만약 법제가 인간행위의 규칙성을 보장하는 안전장치로
순기능 한다면, 그 결과 인간행위는 언제든지 규범의 수준으로 진입할
수 있다. 그럴 경우 이후 모든 행위자들은 자발성에 기초한 행위자가
될 수 있으며, 왕정을 실현할 수 있다. 이에 대해 이익은 "법과 이익은
서로 승제가 된다. 그러므로 이익이 중시되면 법이 가벼워지고 가벼운
것을 제하면 무거운 것이 승하니 그 형세는 막을 수 없다. 따라서 그것을
조금이라도 소홀히 할 수 있겠는가?"[59]라고 전망한다. 그것은 "법이 없으

---

57) 『星湖僿說』,「人事門」, 變法, "坐是而不知更有嘉謨至論, 可以拯拯焚溺, 則奚可哉?"
58) 『星湖僿說』,「人事門」, 變法, "今我國之事, 殆亦近是. 國朝以來, 屈指識務, 惟李栗谷, 柳磻溪二公在. 栗谷, 太半可行, 磻溪則究到源本, 一齊劃新, 爲王政之始."
59) 『星湖僿說』,「人事門」, 刑法, "法與利互爲乘除, 故利重而法輕, 輕除而重乘, 其勢有不可遏也, 其可少忽耶."

면 백성을 다스릴 수 없고 어진 사람이 없으면 법을 시행할 수 없다"[60]는 변법의 의의로 전개된다. 따라서 이익의 변법관은 법제를 통한 강제적 구속과 질서의 구축이 문제해결의 대안이라는 의미에 한정되지 않으며 '사람과 법이 서로 유지되어야'(人法相維)한다는 예법겸전의 의미를 갖는다.

## 2) 국가개혁의 대상 1 : 토지개혁에 기초한 직분제의 재편

이익의 개혁론 역시 토지로부터 출발한다. 우선 이익은 "지금 사람들이 굶주림을 참지 못하는 것은 마음이 안정되지 못한 까닭이다. 그 연유는 무엇인가? 전쟁이 이미 멀어졌고 안일한 데 습관이 되었기 때문"[61]으로 토지개혁의 시급함을 분석한다. 그것은 두 가지 의미를 함축한다. 하나는 현재의 토지제도에 문제가 발생한 것이 본능적 욕구의 충족을 위해서 노력하거나 절제하지 못했던 결과라는 점이고, 다른 하나는 노력과 절제의 부족이 구조적 모순에 기인한다는 점이다. 이익은 그 근거로 "사람의 본성이 그렇게 다른 것이 아니리 형세가 그렇게 만드는 것이니, 부귀하고도 공검한 자는 곧 그 근본을 잊지 않은 것이다. 공손하면 사람이 붙좇고 검소하면 재용이 풍족하게 되는 것이니 이는 나라를 다스리는 데 요점이 되는 일"[62]이라고 단언한다. 왜 당시의 상황을 이렇게 인식했던 것일까? 그것은 왕정의 요체가 신민의 항산을 보존함으로써 그들의 항심을 유도해서 자발적인 복종과 순응을 이끌어 내야 하기 때문이다. 이를 위해서 신민의 생존을 보장하기 위한 제도적 장치가 선행되어야 한다.

이익은 "왕정이 토지의 경계를 바르게 하는 데로 귀결되지 않으면 모두

60) 『星湖僿說』,「人事門」, 人法相維, "故無法, 無以治民, 無賢, 無以施法."
61) 『星湖僿說』,「人事門」, 食少, "今人之不忍飢心之未之也. 其故何也? 兵戈旣遠, 安逸成習故也."
62) 『星湖僿說』,「人事門」, 不忘貧賤, "非人性分爾, 殊勢使然也. 貴富而恭儉者, 則不忘其本乎恭, 則人附儉, 則用足此治邦之要務也."

구차할 뿐이다. 빈부가 고르지 못하고 강약의 형세가 다르면, 어떻게 나라를 공평하게 다스릴 수 있겠는가?"[63)라고 지적하고, 인습과 사적 소유의 욕망으로 인해서 현재의 모순이 발생했다고 판단했다. 그렇기 때문에 이익은 "모든 천하의 토지는 모두 임금의 땅이다. 백성들이 각각 차지하고 있는 땅은 임금의 땅을 일시적으로 강점하고 있는 것에 불과하니 원래 본 주인은 아니다"[64)라고 전제하고, "대개 전지란 것은 본래 국가소유인 만큼 개인으로는 자기의 것이라고 감히 단정할 수 없으니 예나 지금이나 미워하고 싫어하는 것은 이 사전에 대한 폐단"[65)으로 단언한다. 즉 본래의 근거를 상기시킴으로써 군주의 정치권위와 권력행사의 정당성을 확보하고, 이를 위한 첫 단계로 토지제도의 변화를 시도함으로써 토지개혁이야말로 공전의 원칙과 기존의 사전간 긴장을 조정할 수 있는 대안임을 합리화한다. 그 구체적인 대안으로 이익은 "농지 몇 묘로 한계를 정하여 한 농부의 영업전을 만든다.…… 영업전으로 정한 몇 묘 이외의 농지는 마음대로 사고팔게 한다"[66)는 균전(均田)으로의 절충안을 제안한다. 그것은 전지의 균등분배 원칙을 의미한다. 즉 토지의 국가소유를 원칙으로 해서 현실의 토지사유를 국가의 조정에 의해서 수용하자는 것이다.

그런데 균등분배의 원칙은 현실적으로 문제를 가중시킬 수 있다. 만약 균등분배로 보장받은 개인의 생산기반[永業田]이 대토지 사유로 인해서 침해받을 경우, 또는 개인 생산자들이 분배받은 토지를 유지할 능력이

---

63) 『星湖僿說』, 「人事門」, 均田, "王政 不歸於經界, 皆苟而已矣. 貧富不均, 強弱殊勢, 如何能平治國家?"
64) 『星湖僿說』, 「人事門」, 均田, "凡天下之田, 莫非王土. 黎庶之各名其田, 不過就王土中, 一時強占, 原非本主."
65) 『星湖僿說』, 「人事門」, 田制, "夫田者, 本國家所有, 恐非私主 所敢斷, 古今所憎惡者, 私田之弊也."
66) 『星湖僿說』, 「人事門」, 均田, "以田幾畝定限, 爲一夫永業田……但多者, 取其中幾畝永業."

부족할 경우 스스로 이를 포기할 개연성이 상존한다. 이익 역시 "토지가 많으면 권력이 강해지고 권력이 강하면 법을 무너뜨리게 된다. 초과 소유분의 땅을 가난한 백성에게 팔려고 하더라도 그들의 위력이 그 고장에 행해지고 있는데 누가 감히 그 땅을 사려고 하겠는가?"[67]라고 문제점을 지적한다. 그것은 균등분배와 이를 기초로 한 부세의 균등성을 확보하려는 국가의 의도가 사적 영역과 충돌하는 현실을 지적하는 것이다. 사실상 이익의 현실인식처럼, 균전으로의 토지개혁은 원천적인 한계를 지닌다. 왜냐하면 토지의 균등분배 원칙이 현실에 적용될 경우, 인간의 본능적 욕망으로 인한 토지의 사적소유가 확대될 것이라는 가정과 함께 조세부과의 불균형이 발생하기 때문이다. 따라서 이익은 균등분배의 원칙적용이 현실에서조차 이루어지지 않았다고 판단한다. 이로 인해 전제와 부세개혁의 최종적인 해결책은 국가, 즉 군주의 의지에 달려 있다. 그 결과 이익의 개혁론은 "나라가 나라로 되는 것은 임금이 있고 백성이 있어야 하는데 임금과 백성도 모두 사람이다. 그러나 혹 백성만 있고 임금은 없을 수는 있으나 백성 없는 임금은 없다. 임금의 도는 백성을 얻는 것이 으뜸이 된다. 그러므로 사람이 있으면 토지가 있게 되고 토지가 있으면 재물이 있게 되고 재물이 있으면 쓰일 곳이 있게 된다고 했다. 사람을 얻는 근본은 덕으로 귀결되니 덕이란 사람을 얻는 까닭"[68]이라는 완성된 군주의 존재로 귀결된다. 결국 문제해결의 단서는 완성된 인간의 여부에 달려 있다.

### 3) 국가개혁의 대상 2 : 군주관과 관료관의 재정립

---

67) 『星湖僿說』, 「天地門」, 限民名田, "限民名田, 始於董仲舒……元時, 鄭介夫者, 上井田論……然田多則力强, 力强則敗法. 雖欲賣與貧民, 彼威行於閭里, 誰敢買之?"
68) 『星湖僿說』, 「經史門」, 得民得人, "國之所以爲國者, 有君有民也, 君與民皆人也. 然容有有民而無君未有, 無民之君, 則爲君之道, 得民爲上. 故曰, 有人, 此有土, 有土, 此有財, 有財, 此有用, 其有人之本, 則歸乎德德, 所以得人."

왜 도덕적 완성자로서 새로운 유형의 인간이 필요한 것일까? 이익은
인간을 이기적인 존재[自利]로 규정하고, 인간의 이기적인 본성으로부터
사회직분제의 재편을 위한 단서를 탐색한다. 우선 이익은 "간사하고 범람
한 짓을 하는 것은 재물이 모자라는 데에서 생기고, 재물이 모자라는
것은 농사를 힘쓰지 않는 데에서 생긴다. 농사를 힘쓰지 않는 자 가운데
좀과 같은 자가 여섯 부류인데……이 여섯 부류는 첫째가 노비이고, 둘째
가 과거를 일삼는 무리이고 셋째가 벌열이고 넷째가 기교를 팔아먹는
자들이고 다섯째가 승려이고 여섯째가 놀고먹는 게으름뱅이"[69]로 직분에
따른 역할과 의무의 불이행자를 구분한다. 무슨 이유로 태만한 구성원들
이 존재하는 것일까? 그것은 "농사의 이익은 겨우 두 배에 지나지 않는데
여름날 땡볕 아래서 일하는 괴로움은 그보다 더한 것이 없는"[70] 농사의
고단함에서 비롯되었다는 것이다. 그렇기 때문에 직분에 태만한 자들로
인한 질서의 교란을 방지하고 직분에 기초한 질서를 유지하는 것은 인간의
이기성을 얼마나 억제하느냐에 달려 있다. 그것은 사공을 강조한 인식론
적 전제와 일관된 것이기도 하다.[71]

그런데 현실에서 질서를 유지해야 하는 직분의 이행자는 군주와 관료이
다. 이로부터 이익이 기대한 완성된 인간은 군주와 관료에 집중된다.
이익은 "임금이 나아가는 곳에 백성이 따르는 것은 마치 물이 아래로
흐르는 것과 같아서 막을 수 없는 것"[72]으로 군주의 존재를 정당화한다.

---

69) 『星湖僿說』,「人事門」, 六蠹, "奸濫生於財不足, 不足生於不務農. 農之不務, 其蠹有
六…… 一曰奴婢, 二曰科業, 三曰閥閱, 四曰技巧, 五曰僧尼, 六曰遊惰."
70) 『星湖僿說』,「人事門」, 六蠹, "農之利, 不過數倍, 而夏畦之苦, 無上."
71) 이익의 중농억상책은 변법의 당위성을 제시했던 그의 논리적 귀결이라는 한계를
지닌다. 부국강병을 통한 물적 기반의 확보가 왕정 실현의 선행단계로 인식되었
기 때문에, 이익은 기간산업인 농업을 중시하고 이를 지탱하기 위해 상업과
화폐유통에 대해 소극적인 태도를 보일 수밖에 없었다. 또한 당시의 사회적
유동성은 직분제의 일탈이라는 결과로 이해되었기 때문에 중농억상과 근검,
절제의 생활태도라는 대안을 제시하는 것으로 진행되었다.

도대체 이익이 비유하는 '물이 아래로 흐르는 것과 같은' 통치란 무엇일까? 이익의 해답은 탕평(蕩平)으로 정리된다. 왜냐하면 "임금은 지극히 높고 백성은 지극히 낮다. 양쪽이 모두 먹는 것에 의지하여 사는데, 먹는 것은 백성에게서 나오고 공물은 임금의 먹는 것이 되기"73) 때문이다. 즉 "치우치고 사사로운 마음을 막는 것보다 더 좋은 것이 없다. 치우치고 사사롭게 하면 어긋나고 기울어지게 되며 넓고 공평하게 하면 바르고 곧게 될 것"74)이라는 직분에 충실한 질서정연함이다. 반면 당시의 현실은 '물이 아래로 흐르는 것과 같은' 통치로부터 벗어난 것이었다. 왜냐하면 "백성이 가난한 것은 아전의 탐학에 말미암고, 아전의 탐학은 뇌물이 자행하는 데 말미암고, 뇌물이 자행하는 것은 법이 해이한 데 말미암은 것"75)이기 때문이다. 어떻게 해결해야 하는 것일까? 그것은 사회적 직분의 재편을 통해서이고, 이를 위한 선행단계로 각각의 직분에 부합하는 경제적 조건의 재정비를 필요로 한다. 따라서 개혁은 토지로부터 출발하는 것이며, 이에 기초해서 직분의 정비기 기능한 것이다.

이익은 직분제를 정비하기 위해서 사농합일을 제안한다. 즉 "만약 사와 농을 하나로 합하여 법으로 유도하기를 마치 물고기가 물에서 헤엄치고 새가 숲으로 돌아가는 것처럼 자연스럽게 한 뒤 농사짓는 사람들 가운데서 재주와 덕이 있는 자를 뽑아 천거하도록 한다면 백성이 자기 분수를 헤아려 눈으로 보고 손으로 익혀서 각자 자기 본업에 안정을 느낄 것"76)이라고

---

72) 『星湖僿說』, 「人事門」, 民志趨向, "上之所造, 民志趨向, 如水歸下, 不可以遏矣."
73) 『星湖僿說』, 「人事門」, 近民, "君至尊也, 民至卑也. 兩皆賴食, 而生食出於民, 貢爲君食."
74) 『星湖僿說』, 「人事門」, 蕩平, "蕩平之要, 莫如禁絶偏黨. 偏黨則反側, 蕩平則正直."
75) 『星湖僿說』, 「人事門」, 吏貪賄行, "民貧由於吏貪, 吏貪故賄行, 賄行由於法廢."
76) 『星湖僿說』, 「人事門」, 六蠹, "國風, 固多別岐, 非農而亦可以厚占也. 若使士農合一, 法有導化, 如漁之遊水, 鳥之歸林, 其有材德, 拔之於阡陌之間, 不待自衒, 則民將視作己分, 目熱手習, 而各安其業矣."

228

전제하고, 사농합일을 통해서 개인적인 생존기반을 확보한다면 항산으로
인한 항심의 유도가 가능하다고 전망한다. 더불어 재덕을 겸비한 자를
천거할 경우 왕정 실현이 가능하며, 이러한 작동기제에 의해서 군주는
의무의 이행자인 동시에 자신의 정치권위를 공고화할 수 있다고 기대한
다. 따라서 이익의 직분제 개편은 사농일치의 방안을 출발점으로 해서
과거제의 폐단을 보완하는 천거제의 병행과 관료의 의무이행을 위한 감시
체계를 정비하는 것으로 전개된다.

　이익은 천거제의 기준과 장점을 "추천하는 데 재주 있고 유능한 자로
해야 한다는 것은 누구든지 다 아는 바다. 무엇을 재능이라 하는가? 백성을
잘 보호하고 외환을 미리 방비하는 것일 뿐 임금을 잘 섬기는 것은 여기에
해당하지 않는다"[77]고 강조한다. 특히 원칙의 준수를 강조한다는 점에서,
이익의 과천합일(科薦合一) 방식은 예제의 명목으로 진행된 자의적인
통치구조의 모순을 법제와 원칙에 의해서 보완하려는 그 자신의 변법관과
일관된다. 또한 과천합일의 방식은 하부통치 단위의 구조적 모순을 해결
하기 위한 선행단계이기도 하다. 이익은 그 사례로 "남쪽 지역의 향곡에서
힘을 믿고 멋대로 하는 자들에게는 양호의 폐단이 많다. 수재는 자주
갈리고 호민은 항상 있기 때문에 관리들이 장상은 속일지언정 감히 그
호민에게는 거슬리지 못한다.…… 이 때문에 모든 백성이 신역을 피하고
부세를 면하기 위하여 그들에게로 달아나며 고을에서는 감히 묻지도 못하
고 조정에서는 걱정만 하고 능히 금하지 못한다"[78]고 지적한다. 그것은
무력해진 관료충원제도로 인해서 유능한 관료의 파견이 이루어지지 않은

77) 『星湖僿說』,「人事門」, 擧主連坐, "薦以才能, 此愚智所通知也. 何謂才能? 保民禦
　患, 而己事上, 不與焉也."
78) 『星湖僿說』,「人事門」, 黨長里長, "南州之地, 武斷鄕曲者, 多養戶之弊. 守宰數易,
　武斷恒存. 故官吏可以欺長上, 不敢違其豪橫……是以, 齊民逃役免賦竄入其中官,
　不敢問朝廷, 憂之而不能禁."

결과이기도 하지만, 동시에 지역적 기반을 지닌 독립적인 사족의 영향력이
내부질서의 파괴를 초래함으로써 궁극적으로 군주의 정치권위를 위협하
는 현실에 대한 진단이기도 하다. 결국 이익의 개혁론은 분권에 기초한
상향적인 집권적 통치기제로의 회귀를 기대한다.

## 5. 정약용의 국가개혁론 : 합리적 통치기제의 구축

### 1) 경학관과 변법관의 상응 : 국가개혁의 당위성을 위한 논거

정약용은 당시 성리학이 '도를 알고 자신을 깨닫는'(知道認己) 원래의
역할로부터 일탈해서 번쇄한 개념분석에 빠져 있다고 지적한다. 이러한
태도는 "유자가 글 읽는 것이 정밀하지 못하고 또 배운 것에 치우침이
있어 그 말류의 폐단은 무릇 산림과 경악의 신하가 책을 끼고 연석에
오르면 오직 이기설과 심성설만 논해 아뢸 뿐이고 한 글자 반 글귀라도
감히 재부에 대해서는 언급하지 않는다"[79]는 정약용의 평가에서 찾을
수 있다.

정약용은 두 가지 맥락에서 성리학의 변질을 설명한다. 하나는 학문적
접근방식의 오류에 대한 지적이다. 이에 대해 정약용은 "유림들이 경서를
주석하면서 잘못한 것이 있었는데 후세 사람은 그 주석을 받들어서 경서라
하여 독실하게 믿어 의심치 않아 차라리 요순과 삼왕이 허황되고 괴상한
무고를 당할지언정 유림이 말한 것은 끝내 한 자도 감히 논박하지 못하는
데 모두 이런 이유"[80]라고 비판한다. 또 하나는 과거제의 병폐에 대한

---

79) 『經世遺表』, 「地官修制」, 田制9 井田議1, "儒者, 讀書未精, 學道有偏, 其流之弊,
凡山林經幄之臣, 挾冊登筵, 惟理氣心性之說, 是論是秦, 一字半句, 未敢或及於財
富."

80) 『經世遺表』, 「地官修制」, 田制1 井田論1, "儒林釋經有謬, 而後世之人, 奉注爲經,
篤信不疑. 寧堯舜三王, 受迂誕詭怪之誣, 而終不敢駁儒說一字, 皆此類也."

230

지적이다. 정약용은 "천거하지 않아도 과거에 나가니, 선비가 응시하는데 정원이 없는"81) 과거제의 문제점을 거론하면서, "남이 나를 임금에게 천거했는데 임금이 믿지 않고 나를 불러 재능을 시험하더라도 나는 벌써 부끄러울 일인데 하물며 처음부터 나를 천거해주는 사람도 없는데 내가 스스로 재능을 자랑해서 유사에게 파는"82) 것으로 비판한다. 이로부터 정약용은 성리학의 변질로 인해서 "경연에 입대해서는 오직 추나라 맹씨 의 두어 마디 말과 한나라 문제의 여러 가지 일을 외워 한때 사람들의 기림을 받고 백성의 바람을 얻으려 한다. 하지만 실상은 선왕의 전장을 능히 거슬러 상고해서 한 시대 규모를 이룩하지 못하여 그 내려오는 폐해 는 장차 나라 계획을 어수선하게 만들고 법기가 무너지도록 해서 백성이 해독을 받고 나라도 따라서 망하게 될 것"83)으로 전망한다. 그 결과 정약용 은 "생각건대 나쁜 법과 포학한 정사가 일어난 것은 모두 경서의 뜻을 밝히지 못한 데서 연유했다. 그러므로 나는 나라를 다스리는 요령은 경서 의 뜻을 밝힘보다 먼저 할 것이 없다"84)는 개혁의 당위성을 전개할 수 있었다. 따라서 정약용의 경학관은 탈주자학적이며, 또 다른 하나의 맥락 으로서 그의 경세관을 추론하는 단서이다.

정약용의 경학관은 『경세유표』(經世遺表)의 저술 의도를 '법을 논하기 위한 것'(玆所論自法也)으로 명시하고, 최초 명칭을 '나라의 예'(邦禮)로 정했던 사실에서 찾아진다.85) 정약용은 "선왕은 예로써 나라를 다스렸고

---

81) 『經世遺表』,「春官修制」, 科擧之規1, "一不擧而赴, 士無定額也."
82) 『經世遺表』,「春官修制」, 科擧之規1, "人擧我而薦於君, 君未之信也, 召我而試其所 能, 我其可愧. 況初無擧我之人, 而我自以其所能, 衒鬻於有司之人, 此何異……."
83) 『經世遺表』,「賦貢制」1, 九賦論, "入對經筵, 唯誦迹鄒孟氏數言, 漢文帝諸事, 以釣 時譽, 以收民望. 實不能溯考先王之典章, 以成一代之規摹, 卽其流之害, 將使國計板 蕩, 法紀潰裂, 民受毒而國隨以亡."
84) 『經世遺表』,「地官修制」, 賦貢制2, "臣謹案, 弊法虐政之作, 皆有於經旨不明. 臣故 曰, 治國之要, 莫先於明經也."
85) 금장태는 정약용의 학문관이 정조라는 정치주체와도 밀접한 연관성을 갖는다고

백성을 지도했다. 그런데 예가 쇠해지자 법이라는 명칭이 생겼다"[86]고 법의 기원을 설명하고, "많이 하는 데도 법이 있어야 마땅하고 박하게 하는 데도 법이 있어야 마땅하며 중하게 함도 법이 있어야 마땅하고 경하게 함도 법이 있어야 마땅한데 법이란 한 임금의 제도"[87]라고 변법의 당위성을 제시한다. 이렇게 보자면 정약용의 개혁론은 관념적인 명분과 교화를 축으로 하는 성리학적 통치기제의 대민 지배방식보다 법제를 시의에 맞게 재편하는 변법관에 기초함으로써 법을 통한 국가지배체제를 지향한다.[88]

## 2) 국가개혁의 대상 1 : 전제개혁과 정전제의 실천성

정약용의 개혁론 역시 토지정비로부터 출발한다. 정약용은 "천하의 전지는 모두 왕의 전지이고 천하의 재물은 모두 왕의 재물이며, 천하의 산림, 천택은 모두 왕의 산림, 천택이었다. 무릇 그런 다음에 왕이 그 전지와 재물을 그 백성들에게 널리 나누어주고 왕이 그 산림, 천택에서 나오는 것을 그 백성들에게 널리 나누어 줬다"[89]고 전제한다. 그것은

---

분석한다. 왜냐하면 정조는 왕권강화를 목적으로 기존 성리학 체계의 재정립을 시도했기 때문이다. 그것은 왕권의 우월성을 회복하기 위한 정학의 정립으로 전개되었다. 즉 전통적인 경학의 강조와 육경과 제자를 기본으로 하는 유가적 통치기제의 회복이었다. 이로 인해서 육경의 강조는 성리학을 '바른 학문'으로 회복해서 군주를 정점으로 하는 통치구조의 정비와 이에 기초한 정치권위의 회복을 정당화하는 이념적 선행조건으로 기능했다는 것이다. 금장태, 『다산실학탐구』, 소학사, 2001, 74쪽.

86) 『經世遺表』, 「邦禮艸本 引」, "先王以禮而爲國, 以禮而道民, 至禮之衰而法之名起焉."

87) 『經世遺表』, 「地官修制」, 田制12 井田議4, "厚宜有法, 薄宜有法, 重宜有法, 輕宜有法, 有法者, 一王之制也."

88) 이해준, 「<관 주도> 지방지배의 심층화」, 한국역사연구회 조선시기사회사연구반, 『조선은 지방을 어떻게 지배했는가』, 아카넷, 2003, 193쪽.

89) 『經世遺表』, 「地官修制」, 賦貢制5, "故天下之田, 皆王田也, 天下之財, 皆王財也,

'경계의 정비'야말로 토지에 국한된 것이 아니라 사회적 직분의 정비를 위한 것임을 보여준다.

그렇다면 토지의 경계는 어떻게 정해져야 하는 것일까? 정약용은 고대의 정전제(井田制)에 주목한다. 사실 정전제는 이미 중국과 조선의 관료와 지식인들조차 가상의 제도이거나 이미 폐기되었다고 판단했던 것인데, 왜 굳이 낡은 대안을 재론한 것일까? 왜냐하면 "경계하는 것은 천지를 새로 이룩하는 큰일이니 그 예를 엄중히 하지 않을 수 없기"[90] 때문이다. 즉 정약용은 "정전이란 전가의 황종척이다. 황종척을 만들지 않으면 풍악소리를 바룰 수 없고 정전을 만들지 않으면 전제를 정할 수 없다"[91]고 판단하고, "경계하는 것은 천지를 새로 이룩하는 큰일이니 그 예를 엄중히 하지 않을 수 없다"[92]고 강조함으로써 자신의 토지개혁론이 국가에 의한 토지소유와 분배를 상정했음을 시사한다.[93]

그런데 토지사유가 보편적인 형태로 자리잡았던 당시 상황에서 정약용은 무슨 근거로 정전제로 회귀할 수 있다고 판단한 것일까? 정약용은 "염려되는 것이 하나 있는데, 옛날에는 천자와 제후가 전지의 주인이었으나 지금에는 온 백성이 전지의 주인이 되었으니 이것이 도모하기 어려운 점"이라고 지적하고, "반드시 수백 년을 두고 흔들리지 않아서 차츰차츰 회수하고 차례대로 시행한 다음이라야 선왕의 법을 회복할 수 있을 것"으로 전망한다.[94] 이로부터 정약용은 그 실천을 위한 첫 단계로 "무릇 정전으

---

天下之山林川澤, 皆王之山林川澤也. 夫然後, 王以其田數, 錫厥庶民, 王以其財數, 錫厥庶民."

90) 『經世遺表』, 「地官修制」, 田制9 井田議1, "臣伏惟, 經界者, 天地重刱之大事也, 不可不嚴重其禮."

91) 『經世遺表』, 「地官修制」, 田制9 井田議1, "井田者, 田家之黃鐘. 黃鐘不作, 無以正樂音, 井田不作, 無以正田制."

92) 『經世遺表』, 「地官修制」, 田制9 井田議1, "臣伏惟, 經界者, 天地重刱之大事也, 不可不嚴重其禮."

93) 김태영, 앞의 책, 145쪽.

로 할 만한 곳은 좋아하는지의 여부를 묻지 말고 정으로 구획한 다음에, 이에 값을 물어서 공전 한 구역의 값을 관에서 정하는데 대략 후한 쪽을 따르고 사전 여덟 구는 시점에게 묻는다. 만약 그 여덟 구가 모두 한 집 전지로 되어 있으면 또한 예전대로 해서 갈라 쪼개는 일이 없도록 하고 다만 시점으로 하여금 여덟 농부를 엄선해서 여덟 구역을 갈라주도록 하며 한 농부가 전지 두 구역을 얻지 못하도록 하면 이것이 정전[95]이라고 구체화한다. 이를 현실에 적용할 경우, "우리나라 산세는 산림이 많고 원야가 적으니 정전은 진실로 할 수가 없다. 그러나 한 가지 방법이 있어…… 전지 10결마다 그 중 1결은 공전으로 만들고 부근 9결은 사전으로 만든 다음 아홉 결 농부에게 공전 1결을 함께 가꾸어서 국세에 충당하도록 하고 사전 9결에는 부세를 없애서 죄다 자기 집에 들이도록 하면 이것이 바로 정전"[96]으로 귀결된다.

여기에서 주목할 점은 '천자와 제후가 전지의 주인'이라는 정약용의 진술이다. 그것은 정전제로의 회귀야말로 토지의 왕권귀속 내지 국가귀속임을 가리킨다. 그것은 당시 토지에 기반한 기득권층—중앙정계의 폐쇄성을 가져온 벌열과 중앙정부의 통제로부터 이탈된 지방의 재지사족—의 경제적 약화를 유도함으로써 군주를 중심으로 한 집권적 통치를 재건하려는 의도를 담고 있다. 그러므로 정약용은 "경계를 바로잡지 않으면 호구가

---

94) 『經世遺表』,「地官修制」, 田制1 井田論3, "若其所憂則有一焉, 古者, 天子諸侯爲田主, 今也, 群黎百姓爲田主, 斯其所難圖也. 必持之數百年不撓, 收之有漸, 行之有序而後, 乃可以復先古之法."

95) 『經世遺表』,「地官修制」, 田制9 井田議1, "凡可井之地, 不問其肯與不肯, 劃之爲井. 然後乃問其價, 其公田一區, 官出其家, 大約從厚. 其私田八區, 問其時占. 若其八區, 都係一家之田, 亦令仍舊, 無使分裂, 但使時占, 嚴選八夫, 分授八區, 毋使一夫, 得佃二區, 於是乎井田也."

96) 『經世遺表』,「地官戶曹」, 經田司, "又我邦之勢, 山林多而原濕少, 井田誠不可爲也. 然有一法焉……每田十結, 以其一結爲公田, 以附近九結爲私田. 令九結佃夫, 同治公田一結, 以當王稅, 其私田九結, 不稅不賦, 悉入其家, 則於是乎井田也."

분명하지 못하고 부역이 고르지 못하며 교화가 일어나지 못하고 병비를 부칠 데가 없으며 간사한 것이 그치지 않고 사송이 날로 번거로워져서 만 가지 병통과 천 가지 폐단이 끊이지 않아 시끄럽고 어지러워진다"[97]고 지적하면서 내부 정비의 관건으로 경제적 하부구조의 개혁을 강조했던 것이다. 이로부터 정점에 군주의 존재가 상정되며, 군주를 정점으로 하는 통치구조는 하부구조와의 호혜성에 의해 공고화된다. 따라서 정약용의 토지개혁론은 집권적 통치기제의 회복을 위한 선행단계이며, 토지개혁을 출발로 한 개혁론은 군현제의 정비로 전개된다.

### 3) 국가개혁의 대상 2 : 군현제의 정비

만약 정전제의 실행이 가능하다면, 이와 같은 토지제도에 근거한 통치 구조로서 군현제의 순기능은 어떤 것일까? 우선 정약용은 "고염무가 지은 군현론에는 군현제도에 봉건하는 법을 이용하고자 했다"[98]고 소개한다. 사실상 『주례』를 근거로 "다섯 가구로 비를 만들고 비에는 장을 둔다. 다섯 비가 여를 이루고 여에는 서를 둔다. 사여가 족을 이루고 족에는 사를 둔다. 오족이 당을 이루고 당에는 정을 두며 다섯 당이 모여 주를 이루고 주에는 장을 둔다. 다섯 주가 향을 이루고 향에는 대부를 두었다. …… 위로부터 아래까지 다섯을 넘지 않는 경우에 잘 다스려지는 바가 있었다"[99]고 거론한 고염무의 의도는 존군의 관념을 그대로 유지하고

---

97) 『經世遺表』, 「地官修制」, 田制9 井田議1, "經界不正, 則戶口不淸, 經界不正, 則賦役不均, 經界不正, 則敎化不興, 經界不正, 則兵備無寄, 經界不正, 則奸猾不息, 經界不正, 則詞訟日繁. 萬病千瘼, 梦然淆亂."

98) 『經世遺表』, 「地官修制」, 田制9 井田議1, "然顧炎武郡縣論欲於郡縣之制, 參用封建之法."

99) 『日知錄』8, 「里甲」, "周禮, 五家爲比, 比有長. 五比爲閭, 閭有胥. 四閭爲族, 族有師. 五族爲黨, 黨有正五黨爲州, 州有長. 五州爲鄕, 鄕有大夫……而要之自上而下, 所治皆不過五人."

정치권위를 강화하기 위한 방안으로 제시된 것이었다. 즉 명 왕조의 멸망은 중앙정부의 과도한 간섭과 지방정부의 군사적·재정적 능력 약화에 기인한 것이기에 지방정부의 자율성과 독립성을 강조하는 분권적 통치구조의 구축을 강조한다. 따라서 고염무의 군현론은 지방정부의 자율성에 대한 보상으로 중앙정부에 자발적으로 복종하고 순응하는 통치기제의 성립을 기대한다. 그 관건은 분권화된 하부통치단위의 이탈 가능성을 어떻게 통제할 것인지에 달려 있다.

정약용 역시 분권화된 군현제의 실행이 집권적 통치구조의 와해를 의미한다고 판단하지 않았다. 정약용은 군현의 현실적인 병폐를 "조정의 일은 귀신이 알지만, 초야의 일은 한사라야 알 것이니, 이는 배우고 익힌 바가 같지 않기 때문이다. 주전하며 체류하니 공비를 감당하기 어렵고 물정이 막혀서 민원을 살피기 어려우며 지위가 존엄하여 적정의 부지런함과 게으름을 가지런히 하기가 어렵다. 하물며 수령에게 한 번이라도 혹 간여하도록 하면 간사한 아전이 그 사이에 끼어들어서 뇌물을 받고 간사함을 꾸며서 제 마음대로 넓히기도 좁히기도 할 것"[100]으로 지적한다. 따라서 군현제의 정비는 군주–관료–민으로 이어지는 통치구조의 연계성을 보장하고 향리와 지방토호들에 대한 구속력을 얼마나 확보하느냐에 집중된다.

그렇다면 안전장치는 무엇일까? 정약용은 정전을 구획하는 과정에서부터 지역의 유력자들을 동원하여 직임을 부여하고 이들을 관료로 충원하는 적극적인 방법을 제시한다. 즉 토지제도 정비와 관료제 정비의 상관성을 고려할 때, 정약용은 당시 조선의 실정에서 "군현의 등급을 정하면 서리의 정원의 다소도 여기에서 비율을 낼 수 있기"[101] 때문에 "민호와

---

100) 『經世遺表』, 「地官修制」, 田制9 井田議1, "朝廷之事, 貴臣知之, 草野之事, 寒士知之, 所學習不同也. 廚傳留滯, 公費難當也, 物情壅隔, 民怨難察也, 地位尊嚴, 役丁之勤惰難齊也. 況使守令, 一或干預, 奸吏猾胥, 得以其間, 受賄作奸, 操縱闊狹."

236

전결을 합계하고 그 수효로 군현의 대소를 분변하여 일곱 등급으로 차별"[102]할 것을 요구했던 것이다. 그럴 경우 "서도와 북도는 지역이 넓고 아득한데 감사가 경계 첫 고을에 앉아서 멀리 수천 리 지역을 통제"하는 문제 또는 "호남과 영남은 백성이 번성하고 정무가 번거로우니 능통한 재질과 큰 기국이 아니면 다스릴 수가 없는" 문제 등이 전면적으로 해결될 것으로 전망할 수 있다.[103]

　과연 정약용의 제안대로 군현제의 정비가 중앙정부의 통제력과 지방정부의 자율성을 조화시킬 수 있는 대안일까? 정약용은 그 관건으로 "임금이 그 신하를 물리치거나 승진시키는 데는 그 사람의 공죄를 살펴봄이 마땅"[104]하다는 사공의 원칙을 강조한다. 이로부터 정약용은 중앙정부의 "삼공과 삼고가 자신의 공적을 아뢰면 중추부에 내려서 고찰하도록 하고 정부 낭관의 공적은 삼공이 직접 고찰한다. 중추부의 영사와 판사의 공적은 의정부에서 고찰"[105]하도록 교차 확인을 통해서 인사의 객관성을 당사자에게 부담하는 방법을 제안한다. 그것은 민을 대상으로 하는 중층적 관리구조에 대한 군주의 중층적 안전장치를 마련하기 위한 것이기도 하다. 왜냐하면 향촌의 감독은 중앙의 직접통제방식으로서 경전어사제(經田御使制)의 운영을 포함하기 때문이다.[106] 즉 정약용은 향촌사회의 정전

101) 『經世遺表』,「天官修制」, 郡縣分等, "郡縣旣定, 吏額多少, 斯可以出率也."
102) 『經世遺表』,「天官修制」, 郡縣分等, "今取民戶田結, 合計其數, 以辨郡縣之大小, 差爲七等."
103) 『經世遺表』,「天官修制」, 郡縣分隷, "西路北路, 壤地曠遠, 監司坐於初界, 搖制數千里之地……湖南嶺南, 民物繁庶, 政務煩劇, 非有通材大局, 無以劑理."
104) 『經世遺表』,「賦貢制」5, 卝冶考, "人主黜陟其臣, 當觀其功罪."
105) 『經世遺表』,「天官修制」, 考績之法, "三公三孤, 秦績其下, 令中樞府考之, 其政府郎官, 三公自考之. 中樞府領事判事之績, 自議政府考之."
106) 어사제는 조선전기부터 군주의 직접적인 지방통제를 목적으로 채택되었던 방식이다. 어사는 桂邑 중심의 邑弊, 民瘼의 감찰활동으로 시작해서 조선후기에는 그 감찰범위와 사목이 확대된다. 특히 영·정조에 이르러 어사의 파견과 암행화가 절정에 이르는데, 그 목적은 지방수령의 전횡, 탐학, 권력남용을 염찰하고

제 유지와 운영이 정상적인지를 지속적으로 감독하기 위해서 중앙정부의
직접통제방식으로 "혹 사족이나 토호가 위세를 믿고 약한 자를 업신여겨
서 역정을 조정하여 고르게 하지 않은 자는 경전어사가 적발하여"[107]
폐단을 방지할 것을 강조한다. 만약 이러한 안전장치가 순기능 한다면,
"정전하는 법은 세를 거두어들이는 데에 고르게 하는 것뿐만 아니라 백성
에게 충순하는 것을 가르치는 것"[108]과 같은 결과를 기대할 수 있다는
것이다. 결국 정약용의 군현제 개혁은 군주-신-민의 관계를 저해하는
불합리성을 중앙과 지방정부간 통제력의 교차성과 중층성으로 해결하려
는 의도를 담고 있다. 그것은 주례적 질서, 즉 왕정이 상향적인 분권구조인
동시에 군주의 집권적 통치를 보장하는 통치기제라는 정약용 자신의 정치
적 청사진이기도 하다.

# 6. 결 론

일반적으로 중국실학은 고염무의 『일지록』으로부터 출발한다고 평가
한다. 그것은 명의 멸망에 대한 근본적인 원인을 파악하고 이민족의 통치

---

지방관에 대한 통제력을 강화하는 것이었다. 이에 따라 지방관에 대한 어사의
염찰과 감찰 기능이 생읍 중심에서 沿路諸邑으로 확대되고 감사, 병사, 수사,
수령, 염사, 만호, 찰방, 감목관, 중군, 영장, 우후 등 지방행정을 담당하는 지방관
전체를 포괄하는 특징을 나타낸다. 특히 정조대에는 특정 현안의 처리를 위해
파견하는 別遣御使를 운영했는데, 이들에게 부여된 현안뿐 아니라 연로 각읍을
염찰하고 각종 읍폐, 민막을 조사할 수 있는 권한이 부여되기도 했다(한상권,
「어사파견과 지방지배강화」, 한국역사연구회 조선시기사회사연구반, 『조선은
지방을 어떻게 지배했는가』, 아카넷, 2003, 205~216쪽).

107) 『經世遺表』, 「地官修制」, 田制10 井田議2, "其或士族土豪, 恃威侮弱, 調役不均者,
經田御使摘發."

108) 『經世遺表』, 「地官修制」, 田制10 井田議2, "井田之法, 不但稅斂均平, 抑所以敎民
忠順."

에 어떻게 대응해야만 자신들의 원래 모습을 되찾을 수 있는지에 대한 문제의식을 담고 있다. 따라서 『일지록』은 정치개혁론의 성격을 갖는다. 만약 『일지록』에 반영된 고염무의 정치개혁론이 왕정의 실현을 명백한 목표로 상정한 것이라면, 그의 정치적 의도는 군주제의 폐단과 이로 인한 왕조의 교체라는 점에 주목해서 정치권력의 정당성을 유지하기 위한 것으로 유추할 수 있다. 이러한 추론의 근거는 『일지록』 전반에 보이는 인식론적·제도적 개선을 요구하는 고염무의 태도에서 엿볼 수 있다. 즉 고염무는 이상적인 군주제로서 삼대(三代)의 정치와 왕자(王者)의 출현을 기대하는 동시에 현실군주의 정치적 역량으로 체제의 공고성을 확보하기 위한 제도적 개혁의 필요성을 전망했다. 이로부터 고염무는 군주와 관료, 관료와 민, 궁극적으로 군주와 신민 간의 정치적 관계를 각자의 의무이행을 통해서 사적이익을 공적이익으로 전환시키는 통치기제의 회복을 추구했던 것이다.

　중국실학의 정치적 목표와 의도를 전제로 할 경우, 조선실학 역시 총체적인 내외적 위기의 시기에 발생했다는 공통점을 지닌다. 우선 외부적 요인으로 청의 침입을 받고 형제관계와 군신관계로 전락했던 대외관계의 변화와 함께 내부적 요인으로 정치권위의 실추와 동반된 사회적·경제적 조건의 변화와 유동성을 거론할 수 있다. 따라서 내외적인 압력에 직면해서 기존의 성리학적 통치이념과 통치기제는 더 이상 체제를 유지할 수 있는 내구력을 상실했다. 그렇게 보자면, 조선실학자들의 의도는 기존 통치기제의 무력함을 개혁하려는 것으로 유추할 수 있다. 특히 유형원-이익-정약용으로 전개되는 경세치용학파는 인식론의 측면에서 탈주자학적 세계관과 정치적 이상상으로 왕정 실현이라는 정치적 목표를 공유한다. 그것은 중국실학의 정치적 이상상과 마찬가지로 『주례』에 기초한 질서로의 복귀를 의미한다. 따라서 유형원-이익-정약용으로 이어지는 경세치용의 조선실학은 정치적 의도와 목표에서 중국실학과 동질적이다. 반면 조선실학의 개혁론은 경세제민의 대안과 정치권위로서 왕자를 지향하는 중국실학의 이상상에 대한 변용이기도 하다. 왜냐하면 중국실학의 개혁론이 기존 통치기제로서 명 왕조가 멸망한 이후 이의 회복을 위한 왕자대망론(王者待望論)이라면, 조선실학의 개혁론은 여전히 유지되고 있는 성리학적 통치기제의 원래 모습, 즉 경국대전체제로 복귀하는 것이기 때문이다. 따라서 조선실학이 지닌 정치적 문제의식과 그 대안은 고유한 형태로 재창출되었다. 그 근거 중 하나는 역설적으로 조선후기의 실학을 실용성, 개방성, 진보성, 근대성으로 특징짓는 기존 평가에서 찾을 수 있다. 즉 조선실학자들은 군주–신민간 관계의 안정성과 지속성을 성공적으로 유지할 수 있는 합리적 통치기제로서 유가적 정치교의의 부활을 시도했던 것이다. 그렇기 때문에 조선실학자들의 의도는 현실적으로 회복 불가능한 과거 왕조로의 회귀가 아니라, 성공적으로 운영되었고 실현되었던 통치기제의 합리성을 회복하려는 대응이었다. 그것은 당시까지 여전히 유지되고 있는 조선의 통치기제, 즉 경국대전체제의 회복이었다.

결국 왕조의 멸망을 경험한 중국실학의 이상상과 왕조의 순기능이 약화되었던 조선이라는 특수성으로부터 양자 모두 새로운 역사단계에서 무엇을 통해 문제를 해결할 것인지에 대한 문제의식과 해결방법에 대해서 논리적으로 유사한 접근을 시도했지만, 양자 모두 근대라는 역사단계로의 진입을 위한 의도적인 준비와 새로운 세계관이 아니라 현실의 왜곡을 바로잡기 위한 원형적인 정치교의의 실용성과 개방성을 회복함으로써 자신들의 정치적 이상상에 충실했던 반응일 뿐이었다.

240

# 참고문헌

유형원, 북한 사회과학원 민족고전연구소 역, 『국역 반계수록』.

이익, 최석기 옮김, 『성호사설』, 한길사, 1999.

이익, 민족문화추진회 역, 『국역 성호사설』Ⅰ~ⅩⅡ.

정약용, 이익성 옮김, 『경세유표』Ⅰ~Ⅲ. 서울: 한길사, 1997.

정약용, 민족문화추진회 역, 『국역 경세유표』Ⅰ~Ⅳ.

정약용, 정해겸 교주, 『經世遺表-原文』, 현대실학사, 2004.

顧炎武 撰, 黃汝成 集釋, 秦克誠 点校, 『日知錄集釋』, 長沙: 岳麓書社, 1994.


강경원, 『이익 : 인간소외 극복의 실학자』, 성균관대학교출판부, 2001.

금장태, 『다산실학탐구』, 소학사, 2001.

김기승, 「다산 정약용의 부국강병형 국가개혁 사상」, 『한국사학보』19호, 2005,
    61~94쪽.

김선경, 「반계 유형원의 이상국가 기획론」, 『한국사학보』9호, 2000, 197~228쪽.

김준석, 『한국중세유교정치사상사론Ⅱ』, 지식산업사, 2005.

김태영, 『실학의 국가개혁론』, 서울대학교출판부, 1998.

도현철, 「정도전의 정치체제 구상과 재상정치론」, 『한국사학보』9호, 2000, 169~
    196쪽.

박현모, 「경국대전의 정치학: 예치국가의 이념과 실제」, 『한국정치연구』12집 2호,
    2003, 103~130쪽.

백낙준, 「실학의 현대적 의의」, 연세대학교 국학연구원(편), 『연세실학강좌Ⅰ』,
    혜안, 2003.

송영배 외, 『한국실학과 동아시아 세계 4』, 경기문화재단, 2004.

연세대학교 국학연구원 편, 『연세실학강좌』Ⅰ~Ⅳ, 혜안, 2003.

오영교 외, 『조선건국과 경국대전 체제의 형성』, 혜안, 2004.

원재린, 『조선후기 성호학파의 학풍연구』, 혜안, 2003.

이세영, 『조선후기 정치경제사』, 혜안, 2001.

이유진, 「정약용『경세유표』의 연구」, 『한국사상사학』14집, 2000, 77~143쪽.

이재룡, 「인시제의와 법가적 법치」, 『법철학연구』2권, 1999, 297~320쪽.

이재룡, 「조선왕조 법제도에서의 국가관」, 『동양사회사상』10집, 2004, 89~126쪽.

이해준, 「<관 주도> 지방지배의 심층화」, 한국역사연구회 조선시기사회사연구반,

『조선은 지방을 어떻게 지배했는가』, 아카넷, 2003.

이혜경, 『천하관과 근대화론 : 양계초를 중심으로』, 문학과 지성사, 2002.

임용한, 『조선전기 수령제와 지방통치』, 혜안, 2002.

정태섭, 「중국실학의 개념 및 연구사 정리」, 송영배 외, 『한국실학과 동아시아 세계 4』, 경기문화재단, 2004.

정호훈, 『조선후기 정치사상 연구』, 혜안, 2004.

한상권, 「어사파견과 지방지배강화」, 한국역사연구회 조선시기사회사연구반, 『조선은 지방을 어떻게 지배했는가』, 아카넷, 2003.

홍원식 외, 『실학사상과 근대성』, 예문서원, 1998.

홍이섭, 『홍이섭 전집 2 : 실학』, 연세대학교출판부, 1994.

Bartlett, Thomas, "Gu Yanwu," Cua, A. S (ed.), *Encyclopedia of Chinese Philosophy*, New York : Routledge, 2003.

Chu, Tung-tzu, *Law and Society in Traditional China*, Hague : Mouton & Co., 1965.

De Bary, Wm. Theodore & Lufrano, Richard (ed.), *Sources of Chinese Tradition*, New York : Columbia University Press, 2000.

다카하시 도루, 이형성 편역, 『조선유학사』, 예문서원, 2001.

벤자민 엘먼, 양휘웅 옮김, 『성리학에서 고증학으로』, 예문서원, 2004.

溝口雄三, 김용천 옮김, 『중국전근대사상의 굴절과 전개』, 동과서, 1999.

葛榮晉, 「중국실학 연구의 몇 가지 문제」, 홍원식 외, 『실학사상과 근대성』, 예문서원, 1998.

蕭公權, 최명·손문호 역, 『중국정치사상사』, 서울대학교출판부, 1998.

# 유교와 천주교 사이의 다산
## ‒인간 본성의 이해를 중심으로 논함‒

한 자 경

## 1. 문제제기

다산의 철학을 조선의 유학사 안에서 그리고 서학 수용사 안에서 어떻게 자리매김할 것인가는 아직도 논란중에 있다. 다산이 20대에 이승훈, 이가환을 통해 성호 이익의 저서를 읽게 되었고, 이벽과 교유하면서 천주교 서적을 읽고 거기 호감을 가졌다는 것은 분명하다. 그러나 조정에서 천주교를 사교(邪敎)로 규정한 이후 다산은 디 이상 천주교를 논하지 않았을 뿐 아니라, 상소문에서 자신의 한때의 '미혹'[惶惑]됨과 그로 인한 처벌을 "허명(虛名)만 사모하다 실화(實禍)를 받은 것"이라고 규정한다.[1] 반면

---

[1] 정조 21년(1797)「비방을 변명하고 동부승지직을 사양하는 상소문」(辨謗辭同副承旨疏)에서 다산은 "신이 이 책[천주교서]을 본 것은 대략 약관 초기였습니다. …… 신은 그 때 어렸으므로 그윽이 혼자서 이것을 사모하였습니다"라고 말한다 (『다산시문집』제9권. 본고에서의 다산의 글은 20책으로 간행된 『여유당전서』를 따른다. 책과 쪽수는 『여유당전서』의 책과 쪽수이다. 위의 상소문은 『여유당전서』제2책, 88쪽 이하이며, 내용은 민족문화추진회에서 나온 『국역 다산 시문집』제4권, 183쪽 이하에 번역되어 있다). 그리고 왜 그렇게 되었는가에 대해 다산은 스스로를 분석하여 다음과 같이 말한다. "신이 이 책을 본 것은 대략 약관 초기였는데, 이 때에 원래 일종의 풍조가 있어, 능히 천문의 歷象家, 農政의 水利器와 측량의 推驗法을 말하는 자가 있으면, 세속에서 서로 전하면서 이를 가리켜 해박하다 하였습니다. 저는 그 때 어렸으므로 그윽이 혼자서 이를 사모하였습니다. 그러나……세심하게 연구하지 못해, 그 껍데기와 그림자도 끝내 얻은 바가 없고, 오히려 사생설에 얽히고 克伐의 誠에 귀를 기울이고, 기이하고 잡박한

다산의 사상을 천주교 문맥으로 읽고 싶어하는 학자들은 다산의 상소문이
나 묘비명은 살아남기 위한 정치적 언술일 뿐이라고 하며 실제의 다산은
천주교 신앙을 갖고 속죄와 고행의 삶을 살다가 외국 신부에서 성사를
받고 죽었다는 교회측 자료를 제시하기도 한다.[2] 그러나 다산이 개인적으
로 천주교인이었는가 아닌가의 물음은 철학적 차원에서 볼 때 그렇게
중요한 문제가 아닐 수도 있다. 보다 중요한 물음은 다산 사상의 핵심이
과연 무엇이며, 그 사상이 우리의 정신사 안에서 어떤 위치를 차지하고
있는가 하는 점이기 때문이다.

다산 철학에 대해 여러 논란이 일어나게 되는 것은 그가 유교 경학자이

---

글에 현혹되어 儒門의 別派로 인식하여 문단의 기이한 볼거리라 간주하였는
데······ 그 본의를 따져보면 대체로 특이한 견문[異聞]을 넓히고자 해서였습니
다." 당시 천문이나 지리측량술 또는 수리기구 등에서 기존의 기술을 넘어서는
서학을 높이 평가하는 풍조가 있었기에, 자기도 그런 마음을 갖게 되었다는
것이다. 이는 곧 실용적인 경세의 관점에서 서학에 끌렸음을 말해주는 것으로,
여기서도 경세를 중시하는 다산의 태도를 엿볼 수 있다. 그러면서 한편 천주교이
론에 이끌렸지만, 이것 역시 뭔가 색다른 학설에 대한 관심 때문인 것으로 분석한
다. 그는 그것을 "변박한 글에 현혹되어 [천주교를] 儒門의 別派로 인식"한 것이라
고 말한다. 그러다가 서학이 유문의 별파가 아니고 다른 것이라는 점, "倫常을
상하고 天理에 거슬리는 말"(傷倫悖理之說)임을 안 것은 1791년 윤지충과 권상연
이 신주를 태우고 제사를 거부한 진산사건을 계기로 해서이다. 그는 이것을
"허명만 사모하다가 實禍를 받은 것"(慕虛名而受實禍)이라고 말한다.

2) 다산이 천주교인으로 자처했다는 주장은 달레(1829~1878)의 『한국천주교회
   사』(1874)에 따른 것이다(달레 저, 안응렬, 최석우 역, 『한국천주교회사』 중,
   한국교회사연구소, 1990 제3판, 185~186쪽 참조). 최석우 신부는 달레가 주로
   의거한 자료가 다블뤼(1818~1866)가 여러 자료를 모아 편찬한 「조선순교사비
   망기」인데, 그 비망기가 의거한 주 자료가 바로 정약용이 쓴 「조선복음전래사」라
   고 주장한다(최석우, 「정약용과 천주교의 관계 : 다블뤼의 비망기를 중심으로」,
   다산학연구원 편, 『다산학보』 제5집, 1983, 44쪽 이하 참조). 금장태는 『조선
   후기 유학과 서학 : 교류와 갈등』(서울대학교출판부, 2003, 228쪽 이하)에서 김
   옥희 수녀의 또 다른 주장도 언급하면서, 그러나 "불충분하거나 불확실한 사료로
   써 단정하기보다는 오히려 그의 경학사상 속에서 천주교 교리의 영향과 성격을
   파악하는 것이 문제의 핵심에 좀더 확실하게 접근하는 방법"이 아니겠냐고
   말한다.

면서 동시에 실사구시의 경세학자이고, 또 경전에 대해서뿐 아니라 정치 경제 군사 등 다방면에 걸쳐 방대하면서도 체계적인 저술을 남기고 있기 때문이다. 이 때문에 우리는 그를 17, 18세기 이래 한국 실학의 완성자, 집대성자라고 부르기도 하며, 그의 사상을 전통 성리학을 비판하는 새로운 학문체계라는 점에서 '다산학'이라고 부르기도 한다. 이처럼 한국 사상사 내에 독보적 존재로 우뚝 서 있는 다산의 철학은 우리의 사상사 안에서 어떤 의미를 가지는 것일까?

　한국 철학의 흐름 안에서 다산 사상의 성립을 설명하려고 한 이을호는 다산의 사상을 공맹사상으로 돌아가고자 하는 '수사학적(洙泗學的) 수기치인(修己治人)의 학(學)'으로 규정한다.[3] 그러나 한우근은 유학이 수기치인의 학[實學]인 것은 사장(詞章) 위주의 학풍을 배척하고 경학을 중시한 려말선초의 유학부터 그러하였으므로, 다산의 철학을 규정할 때에는 조선성리학이 지나치게 주자 일변도로 나아가 너무 사변화되고 예학화된 것에 대한 비판이란 점에서 '탈주자학적'이라는 개념이 첨가되어야 하지만, 그러나 이 규정 또한 다산 이전의 미수 허목, 백호 윤휴, 성호 이익 등에게도 적용될 수 있는 것이므로, 다산만을 특정짓기에는 불충분하다고 말한다.[4] 윤사순이 실학 전반을 '성리학자들의 실학'과 '탈성리학의 실학'

---

3) 이을호, 「다산학의 전통성과 근대의식」, 다산학연구원 편, 『다산학보』 제5집, 1983, 3쪽 이하 참조. 이을호는 1966년부터 『다산경학사상연구』(을유문화사)에서 다산학을 "수사학적 수기치인의 실학"으로 규정하였다.

4) 한우근, 「다산사상의 전개」, 『정다산 연구의 현황』, 민음사, 1985, 17쪽 이하 참조 수기치인지학으로서의 실학의 개념 및 백호 윤휴, 성호 이익, 다산 정약용의 학문관에 나타나는 반주자학적 수사학적 경향에 대해서는 한우근, 「이조 실학의 개념에 대하여」(1958), 「백호 윤휴 연구」(1961), 「성호 이익의 학풍」(1980), 「다산 정약용의 학문관과 학풍」(1982) 참조(모두 한우근, 『조선시대 사상사연구논고』, 일조각, 1996에 수록되어 있다). 미수 허목의 탈주자학적 경향 및 실학과의 연계성에 대해서는 정옥자, 「미수 허목의 학풍」, 『조선 후기 지성사』, 일지사, 1991, 103쪽 이하 참조.

246

으로 구분할 때, 후자가 17, 18세기 경세치용과 이용후생의 실학을 포함하고 있음이 이 점을 방증한다. 윤사순은 다산을 '경세치용 학파와 이용후생 학파의 사상을 아울러 집대성한 학자'로 규정한다.5)

그렇다면 다산 철학이 우리 사상사에서 갖는 위치는 무엇인가? 다산은 정말로 이전 실학자들의 사상을 집대성하고 완성하였는가? 그리고 그것이 전부인가? '탈자주학/탈성리학'의 의미는 다산 이전의 실학자에게 있어서와 다산에게 있어서 과연 어떻게 다른가? 탈주자학이 탈유학을 의미하는 것이 아니라면, 공맹의 근본유학과 성리학 그리고 실학과 다산학은 서로 어떤 관계에 있는가?

유학의 흐름 안에서 다산 사상의 특징을 해명함으로써 〈근본유학 → 성리학 → 탈성리학의 실학 → 탈성리학의 다산〉의 연속성과 단절성을 밝혀보고자 하는 것이 본고의 목적이다. 그 안에서 다산 사상의 핵심이 드러나면, 그 때 비로소 그것이 천주교와 어떤 연관이 있는지를 물을 수 있으며, 그렇게 함으로써 다산 및 천주교가 우리 사상사 안에서 갖는 위치와 의미에 대해 제대로 평가할 수 있으리라고 본다.

다산 철학을 천주교 내지 서양 근대성의 이념에 따라 해석하려는 연구자들은 대개 성리학의 기본이념인 천인합일과 만물일체를 사변적이고 관념적이며 비현실적인 공허한 구호로 치부해 버린다. 성리학은 '천인합일이라는 관념적인 융합'6)을 주장하거나 '거창한 만물일체를 설정'7)하며, '리

---

5) 윤사순, 「실학 의미의 변이」, 한국사상사연구회 편, 『실학의 철학』, 예문서원, 1996, 39쪽.

6) 최석우, 「다산 서학에 관한 논의」, 1993년도 다산문화제 기념논총, 『다산 정약용의 서학사상』, 다섯수레, 1993, 69쪽. 그는 "정약용은 수양의 극치를 천인합이란 관념적인 융합으로 보는 것이 아니라 상제에 감통하고 천명을 아는 신앙인의 모습에서 찾고 있는 것이다. 이것은 서학 내지 리치의 신앙적인 입장과 깊은 관련을 보여주고 있는 것이다"라고 주장한다.

7) 문석윤, 「다산 정약용의 새로운 도덕이론 : 마음에 대한 새로운 이해」, 『철학연구』 제90집, 2004, 100쪽. 여기에서 그는 "다산은 도덕 실천의 출발점에서 거창한

의 본체를 찾아가는 사변적인 관념의 세계'8)일 뿐이라고 한다. 따라서 그들은 다산의 성리학 비판은 그만큼 진보적이며, 다산이 강조하는 개체성 과 차이성, 인간 의지의 자율성, 행위의 실천성 등은 전통 유학과는 전혀 다른 새로운 근대적 발상이라고 평가한다. 그리고 바로 여기에서 천주교 의 영향을 발견할 수 있다고 본다.9)

그러나 서구의 개별자 실체론이 동양의 만물일체론보다 정말 진보한 사상인가? 천주교의 외재주의적 신관이 동양의 천인합일의 내재주의보 다 정말 더 깊이 있는 통찰인가? 개인의 자율적 선택권의 강조가 개인 심성 안에 내재된 보편적 천리의 주장보다 정말 더 의미 있는 주장인가? 다산 사상을 전통의 문맥, 유학의 흐름 안에서 파악한다는 것은 이런 문제의식을 갖고 다산사상에 접근한다는 것을 의미한다. 결국 한국 사상 사 안에서 다산을 어디에 위치시키는가는 우리가 우리 자신을 어디에 위치시킬 것인가 하는 문제와 맞물려 있는 것이다.

---

만물일체를 설정하고 그것을 동기로 설정하는 태도에 대해 비판하였다. 仁은 만물과의 일체에서 구현되는 것이 아니라, 바로 옆의 인간을 사랑하는 데서 구현된다고 보았다"라고 한다.

8) 금장태, 『다산실학탐구』, 소학사, 2001, 29쪽. 다산이 지향하는 새로운 세계관의 기본 방향은 "리의 본체를 찾아가는 사변적 관념의 세계가 아니라 愼獨事天, 强恕求仁, 恒久不息의 적극적 실천의 현실적 세계"라고 주장한다.

9) 금장태는 『한국 유학의 심설』(서울대학교출판부, 2002, 235쪽)에서 "다산은 서학의 '영혼' 개념에서 영향을 받으면서 성리학의 理氣철학적 심성론이 정립한 세계관을 극복하고 유교경전의 심 개념을 새로운 빛으로 조명하여 독자적으로 해석해 내었다"라고 말한다. 이에 대해 문석윤은 "다산은 마음의 존재에 대해 논증하면서, 마테오 리치의 논증에 따른 것이 아니라, 전통적인 방식, 즉 맹자 이래 유교 전래의 경험주의적 방법을 취하였다"(「다산 정약용의 새로운 도덕이론」, 96쪽)고 하여, 영향 여부와 상관없이 다산의 사상구조에 대한 논의는 다산과 마찬가지로 연구자 역시 전통적 문맥 안에서 다루는 것이 바람직하다는 것을 암시하고 있다.

248

## 2. 유학의 내재주의

### 1) 천(태극)의 내재화와 심층화

우주만물을 생성하고 주재하는 근원적 존재는 대개 높고 큰 존재, 무한한 일자(一者)로 표상된다. 이 하나[一]의 큰[大] 근원을 동양인은 하늘 천(天)이라고도 불렀다.[10] 공맹 이전의 『시경』, 『서경』, 『주역』은 천(天)이 인간과 만물을 생성하고 일체에 법도를 부여하며, 인간은 그 법도를 따르고 좋아한다고 말한다.

> 하늘이 많은 사람을 낳았고, 만물에 규칙이 있게 했다. 사람들은 그 법도를 지키고 아름다운 덕을 좋아한다.[11]

---

10) 무한한 절대자를 일자, 하나, '한'으로 이해하는 것은 어찌 보면 중국인보다 한국인의 사유에서 더 분명하게 드러나는 것인지도 모른다. 조선 초기 유학자 권근은 天을 파자하여 한 一과 큰(한) 大로 보았다(權近, 『入學圖說』, 제2도 「天人心性分釋圖」 참조). 하나와 크다는 의미의 '한'이 곧 하늘이고 천이다. 한을 우러러 존칭인 님을 붙인 것이 한님, 하느님, 하늘님이다. 한, 一者, 큰 존재, 하늘에다 님을 붙이는 이유는 무엇인가? 한(하늘)이 우주의 근원, 우주만물을 생성시키고 우주만물에 질서를 부여하며 자연과 정신, 몸과 마음에 생명을 불어넣는 힘이라고 여겨지기에 그 근원적 힘을 우러러 한님, 즉 하느님이라고 부른 것이다. 한자로 표기할 때 이 하느님을 上帝라고도 하고, 神이라고도 하고, 하늘의 주재자란 의미에서 天主라고도 한다. 이하에서 상제나 신이란 이런 의미에서 인간이면 누구나 마음속에 품게 되는 절대자, 무한자, 근원적 존재, 근원적 힘, 주재자라는 의미를 가진다. 그러므로 여기서 논하는 상제나 신이 과연 "'기독교의 인격신'이냐 아니냐와 같은 물음은 부차적이다. '기독교의 신' 자체가 일자, 절대자, 하느님에 대한 기독교식 표상이기 때문이다.

11) 『詩經』, 「大雅」, "天生烝民, 有物有則, 民之秉彝, 好是懿德." 이하 본문에서 인용되는 『시경』의 구절들은 『중용』에 인용될 뿐 아니라, 『심경부주』에도 실려 있는 것들이다. 『심경부주』는 1225년 간행된 진덕수의 『심경』에다 정민정이 주를 달아 1492년 간행된 것으로서 조선의 성리학자 이덕홍, 송시열, 김종덕 등이 보주를 달았다. 『심경부주』는 퇴계를 위시하여 조선의 성리학자에게 지대한 영향을 미쳤는데, 이는 한국 성리학의 心學的 경향을 보여주는 것이라고 볼 수 있겠다. 성백효 역주, 고전국역편집위원회 편, 『역주 심경부주』, 2002 참조.

그런데 일상적 표층의식에서 보면 존재의 근원, 천 내지 상제는 자연 만물과 마찬가지로 인간 바깥의 타자적 존재이다. 그러므로 표층의식에 머무르는 우리의 소박한 세계이해는 외재주의적이다. 점술과 기복이 발달했던 은(殷)나라의 문화 또한 외재주의, 신본주의이다. 상제는 인간 바깥에서 인간을 바라보며 감시하는 외적 존재로 간주된다. 따라서 인간은 그를 두려워하면서 그 뜻을 헤아려 따르고자 노력하게 된다.

상제가 너를 굽어보시니, 네 마음을 두 가지로 하지 말라.[12]

네가 군자들과 벗하여서는 너의 얼굴빛을 온화하고 유순하게 하여 혹시 잘못이 있지 않을까 염려한다. 그러나 네가 방에 있을 때에도 방귀퉁이에 부끄러움이 없게 해야 한다. 드러나지 않는 곳이라고 나를 보는 이가 없다고 말하지 마라. 신이 다가오는 것을 헤아리기도 힘든데, 하물며 신을 싫어할 수 있겠는가.[13]

반면 주나라의 인본주의를 숭상하는 공맹은 인간 삶의 영역으로부터 외적 타자로서의 상제나 신의 간섭과 그에 대한 두려움을 배제하고자 한다. 대신 인간이 추구하는 절대가치를 인간 자신 안에 내재된 내적 가치, 내적 신성(神性)과 도덕성으로 간주한다. 『중용』의 "천명지위성"(天命之謂性)은 천의 명령이 인간 바깥으로부터 주어지는 것이 아니라, 인간

---

12) 『詩經』, 「大雅」, "上帝臨女 無貳爾心."
13) 『詩經』, 「大雅」, "視爾友君子, 輯柔爾顔, 不遐有愆. 相在爾室, 尙不愧于室漏, 無曰 不顯, 莫予云覯. 神之格思, 不可度思, 矧可射思." 夏를 정복한 유목민족인 은족의 殷나라에서는 외재주의적 신관, 배타적 유일신관에 따라 제사 및 점술이 발달하였던 데 반해, 은을 정복하고 세워진 周나라에서 비로소 내재주의적, 보편적 신관이 형성되고 인본주의 문화가 전개되었다는 것, 이 점에서 공자는 혈통이 비록 은족에 속하지만 그 정신은 주나라 문화와 예를 따르겠다고 하였다는 것 등은 중국 고대철학을 해석하는 기본틀이라고 여겨지며, 논자도 이를 따랐다.

내면에 이미 인간의 본성으로 구비되어 있다는 것을 말하며, 『맹자』의 성선설(性善說)은 인간의 본성 자체가 절대적으로 선하다는 것, 인의예지 (仁義禮智)는 인간 마음 안에 이미 그 본성으로 존재한다는 것을 주장한다.

천이 명한 것이 곧 성이다.14)

인의예지는 바깥으로부터 내게 녹아 들어온 것이 아니라, 내가 본래부 터 가지고 있는 것이다.15)

그런데 이처럼 절대적 가치인 천(天), 태극(太極) 또는 신성(神性)을 인간의 본성으로 내면화한다는 것은 그 본성을 모든 인간의 표층적 차별성 을 떠나 그보다 더 심층의 보편성으로 이해한다는 것을 의미한다. 내면화 는 곧 심층화이다. 개체의 차별성은 표층 의식현상으로 간주되고, 그 심층 에 보편적 본성이 존재한다고 보는 것이다. 따라서 신성 또는 태극의 내면화는 그 보편적 본성을 인간 심층에서 구함으로써 하나의 인격을 심층자아와 표층자아라는 이중성으로 갈라놓는 작업이기도 하다. 유학에 항상 등장하는 인간의 대체(大體)와 소체(小體), 천리(天理)와 인욕(人慾),

---

14) 『中庸』, "天命之謂性." 주희는 이 구절은 "도의 본원이 하늘에서 나와서 바뀔 수 없음과 그 실체가 자기 몸에 갖추어져 있어 떠날 수 없음"(道之本源出於天而不 可易, 其實體備於己而不可離)을 밝힌 것으로 해석한다.

15) 『맹자』, 「告子」上, "仁義禮智 非由外鑠我也, 我固有之也." 이에 이어 "다만 생각하 지 않을 뿐이다. 그러므로 구하면 얻을 것이요 버리면 잃을 것이라고 말한다"(弗 思耳矣, 故曰 求則得之, 舍則失之)라고 한다. 이는 곧 인의예지가 본성으로 구비되 어 있다고 해서 그것이 이미 구체적으로 실현되어 있는 것은 아니라는 것을 말해준다. 본성으로 구비되어 있어도 스스로 생각해서 실현시켜야만 자기 것이 되고, 생각하지 않으면 잃어버린다는 것을 말하는 것이다. 이처럼 맹자는 '본유적 으로 주어져 있음'과 '구체적으로 실행하고 있음'이 서로 다르다는 것을 알고 있었다. 전자는 후자의 부정이 아니라, 오히려 후자의 가능 근거이다. 다산은 이 점을 간과하여, 사덕이 본유임을 부정한다.

도심(道心)과 인심(人心)의 대립이 그것이다.

> 도심은 오로지 미미하고, 인심은 오로지 위태롭다.[16]

(문) 다 같은 사람인데 누구는 대인이 되고 누구는 소인이 되는 것은 왜인가? (답) 대체(大體)를 따르면 대인이 되고, 소체(小體)를 따르면 소인이 된다. (문) 다 같은 사람인데 누구는 대체를 따르고 누구는 소체를 따르는 것은 왜인가? (답) 이목(耳目)의 기관은 생각지 않으며 사물에 의해 가려진다. 사물이 사물과 관계하면 눈귀를 유혹할 뿐이다. 마음의 기관은 생각을 하며, 생각한 즉 [대체를] 얻게 되고 생각하지 않으면 얻지 못하니, 이것[대체]이 하늘이 내게 부여해준 것이다.[17]

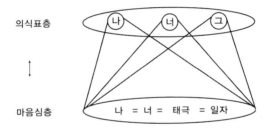

도심은 심층 깊이 가려진 보편적 본성이기에 잘 드러나지 않아 미미하며, 인심은 표층적 의식으로 심층의 도심을 망각하고 사적인 욕망에 따라 좌우되기 쉬우므로 위태롭다. 심층의 도심, 보편적 본성, 대체를 알아차리고 실현하는 자가 대인이며, 의식 표층에 머물러 사물에 유혹되고 욕망에

---

16) "人心惟危, 道心惟微." 이것은 주희가 『중용장구』 서문에서 유학의 도통을 설립하기 위해 인용한 말로서 『상서』에 나오는 말이다.

17) 『孟子』, 「告子」 上, "公都子問曰, 鈞是人也. 或爲大人, 或爲小人, 何也? 孟子曰, 從其大體, 爲大人, 從其小體, 爲小人. 曰, 鈞是人也. 或從其大體, 或從其小體, 何也? 曰, 耳目之官, 不思而蔽於物, 物交物則引之而已矣. 心之官則思, 思則得之, 不思則不得也. 此天之所與我者."

사로잡히는 자가 소인이다. 이와 같이 유학은 내재화된 태극, 보편적 본성
은 인간 마음의 심층에서 구하고, 인간 각자의 차별성과 개체성은 인간
마음의 표층에서 구한다.

## 2) 인간 본성의 이해

천명으로서 태극의 내면화와 심층화가 깊어지면 질수록, 내재화된 태극
의 보편성은 인간과 만물의 차별성을 넘어 우주 만물의 보편성으로 확대된
다. 인간 표층의 의식보다 더 심층으로 내려갈수록 그 심층에서 인간은
다른 존재와 더 많은 것을 공유하게 되며, 결국 궁극 지점에서는 하나가
되기 때문이다. 이처럼 공맹유학에서의 천명과 덕의 내재화와 심층화를
더욱 철저화시킨 것이 바로 송대 성리학이다.[18) 표층의식에서 우주의
외적 근원, 타자로 간주되던 상제(上帝), 신과 신성을 성리학은 태극과
리(理)로 칭하면서 우주만물 심층의 내적 본성으로 간주하는 것이다.[19)

---

18) 이처럼 성리학은 맹자가 인간 심층의 보편적 본성·덕성으로 간주한 것을 인간뿐
   아니라 만물의 근원적 본성으로 여긴다. 이는 맹자가 인간의 본성을 각각의
   인간의 차별적인 표층의식이 아닌 모든 인간에 공통적인 심층의 덕성으로 간주
   함으로써 인간 마음에 있어 표층적인 의식의 차원(心의 已發 : 用)과 심층적인
   존재의 차원(心의 未發 : 體)의 구분을 제시하였기 때문이다. 심층으로 내려갈수
   록 표층에 드러나는 차별성이 보편성 안에 융해되는데, 각각의 존재가 바로
   그 보편적 일자를 그 자신의 본성으로 간직하고 있다고 본 것이다.
19) 공맹의 근본유학과 송대 성리학을 서로 다른 것으로 양분하려는 자가 늘 주장하
   는 것이 성리학에 있어 太極이나 理는 우주의 근원인 上帝나 神과 비교될 수
   없게끔 단지 이차적이고 추상적인 이치, 사물에 귀속된 속성에 지나지 않는다는
   것이다. 그렇다면 성리학은 우주만물의 존재 및 생성의 근원을 무엇으로 이해하
   였다는 말인가? 동양인은 현실주의적이고 상대주의적이며 심지어 유물론적이
   어서 그런 근원에 대한 형이상학적 사유를 하지 못하고, 기껏 물질적인 사물들에
   귀속하는 속성인 리를 가지고 우주를 설명하였다는 것이다. 이것이 마테오 리치
   가 성리학을 읽는 방식이다. 이는 성리학에서 찾아볼 수 없는 우주의 근원,
   생성의 근원이 바로 천주교의 천주라는 것을 말하기 위한 것이다. 그러나 렴계는
   음양, 오행, 만물에 앞서 태극을 그 근원으로 논하고, 주희 또한 리의 근원성을

만물의 심층에 내재화된 태극의 보편성과 그럼에도 불구하고 존재하는
만물 표층의 차별성을 주희 성리학은 리와 기(氣)로써 설명한다. 리는
태극의 리이고 천지의 리로서 만물의 보편적 본성을 이루고, 기는 그
보편성에도 불구하고 표층에서 성립하는 차별적 개체성을 형성하는 힘이
다. 기는 차별적인 우주만물의 형태를 형성하며, 리는 그 만물 안에 하늘로
부터 부여된 내적 천명이며 보편적 성(性)이다.

> 하늘이 음양오행으로써 만물을 생함에 있어 기로써 형체를 이루고,
> 거기에 리 또한 부여하니 명령과도 같다.[20]

심층에 주어진 태극은 우주만물의 근원, 우주의 근본 원리이며 근원적
힘이므로, 인간뿐 아니라 일체만물 안에 내재된 보편적 본성이다. 만물은
그 심층에 태극을 간직함으로써 근본적으로 하나이다. 만물일체인 것이
다. 마치 지상의 각각의 나무가 땅 밑 뿌리에서 하나로 연결되어 있듯이,
존재의 가장 밑바닥에서 만물은 하나로 연결되어 있다. 그 심층의 하나가
바로 태극이고 신성이며 하느님이다. 이 심층에 구비된 하나의 보편적

---

강조하였으며, 퇴계는 리의 능동성과 주재성을 적극적으로 주장하였다. 결국
태극과 리를 능동적인 우주의 근원으로 간주하는가 아닌가는 성리학을 성리학
자체의 관점(내재주의)에서 볼 것인가, 마테오 리치의 말을 따라 천주교의 관점
(외재주의)에서 볼 것인가의 차이인 것이다. 박종홍의 다음 구절이 이 상황을
정확히 말해주고 있다. "같은 유학이지만 송대의 성리학, 그 중에서도 태극
또는 性을 理라고 하며 나아가 天을 그대로 理라고 하는 식의 생각이 강한 태도를
취하는 학자들일수록 천주교적 세계관에 대하여 반발함을 알 수 있다. 그러기에
이마두가 이미 그의 『천주실의』에서 천주가 태극이나 리와 같을 수 없음을
밝히려 하였거니와, 만일 같은 유학이라고 하더라도 理의 無爲·能能을 강조하
는 입장을 택한다면, 그 점에서 천주학과 일맥상통한다고 볼 수 있을 것이다"(박
종홍, 「對西歐的 세계관과 다산의 洙泗舊觀」, 『박종홍전집』 제5권 「근대사상편」,
민음사, 1998, 90쪽).

20) 주희, 『중용장구』 서문, "天以陰陽五行 化生萬物, 氣以成形, 而理亦賦焉, 猶命令
也."

254

태극으로부터 만물일체의 느낌인 인(仁)이 발생한다. 성리학은 만물 안에 내재된 그 근원적 하나를 만물의 본래적 성, '본연지성'이라고 부른다. 본연지성은 태극이고 천지의 리이며 원형이정의 오상(五常)이고 인의예지의 사덕(四德)이다. 인간, 동물, 식물과 무생물에 이르기까지 만물은 하나의 태극을 본연지성으로 갖으며, 이 점에서 만물은 일체이다.

대저 천지 만물은 본래 나와 일체이다.[21]

그러나 본연지성을 가진다고 해서 각각의 개체가 그 내적 본성을 다 의식하고 자각하고 실현한다는 말은 아니다. 각각의 존재는 자기 본성의 자각 정도와 실현 정도에서 차별적이다. 무생물은 태극의 리를 따라 수동적으로 존재할 뿐이고, 식물은 생장할 뿐이며, 동물은 지각 운동까지만 이르고, 인간만이 도의에 따라 본성을 회복하고 실현할 줄 안다. 이것이 순자가 논한 개체간의 차별성이다. 인간 중에서도 부분적으로 실현하는 자가 있고 완전하게 실현하는 자가 있다. 본성을 완전하게 실현하는 자는 태극을 실현하는 자, 우주 만물의 생육에 참여하는 자, 성인(聖人)이다.

---

21) 주희, 『중용장구』, "蓋天地萬物, 本吾一體." 이러한 '만물일체'가 개체를 전체 안에 융해시켜 버리는 것은 아니다. 개체가 전체 안에 융해되고 소멸되는 것은 개체를 전체를 구성하는 일부분으로만 파악할 경우이다. 즉 개체를 그 본성인 리를 도외시하고 차별적 기로서만 간주할 경우이다. 이 경우 전체는 부분으로서의 개체의 경계를 형성하는 기가 전체로 환원되어 결국 개체가 소멸함으로써만 얻어질 수 있는 것이기 때문이다. 이미 개별자 실체론의 관점에 서기 때문에 만물일체설이 개체의 소멸로 여겨지는 것이다. 이에 반해 유학의 만물일체설은 만물 안에 보편적 리가 그 본연지성으로 갖추어져 있다는 점에서 만물 일체를 주장하는 것이므로, 개체의 소멸을 주장하는 것이 아니라, 개체가 곧 전체라는 주장이다. 이는 개체를 전체의 부분이 아니라 그 자체가 곧 전체의 핵심인 태극을 구유하고 있다는 점에서 개체를 곧 전체로 간주하는 것이다. 이처럼 개체를 전체를 반영하는 소우주로 보는 성리학의 관점은 "一卽一切 一切卽一"을 주장하는 화엄의 논리와도 상통한다.

개별자의 차이는 본연지성의 차이가 아니라, 그 본성을 얼마만큼 투명하게 의식하고 아는가를 결정하는 개체구성의 요소인 기질에서 온다. 그 특징을 "기질지성"이라고 한다.

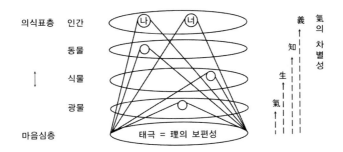

이처럼 만물에 있어 그 심층의 보편성은 리의 본연지성으로, 표층의 차별성은 기질지성으로 설명된다. 그러므로 만물을 포함하여 인간의 본성을 논할 때는 반드시 보편적 리 내지 성(본연지성)과 더불어 차별적 기(기질지성)를 함께 논해야 한다.

> 성만 논하고 기를 논하지 않으면 [인간 본성의 논의가] 다 갖추어지지 않고, 기만 논하고 성을 논하지 않으면 분명하지 않다.[22]

맹자가 논한 천명의 성, 성선(性善)의 성은 성리학에 있어 만물에 보편적으로 구비된 본연지성이며, 고자가 논한 '생위지성'(生謂之性)의 성인 식색지욕은 만물의 차별성을 만드는 기질지성에 속하는 것이다. 만물은 내면

---

22) 이는 정자의 말로 주희가 『맹자집주』, 「고자 상」에서 인용한 것이다("程子曰, 論性不論氣, 不備. 論氣不論性, 不明"). 정자는 인간의 보편적 본성을 理로 여기고 차별적인 才를 기질의 차이로 간주하여, 기의 차이에 따라 성인과 下愚가 구분된다고 말한다. 그러나 누구나 자기 기질을 극복하고 본성을 회복할 수 있음을 논한다.

에 선한 보편적 본연지성을 지녀 그 점에서 만물일체가 성립하지만, 각각
은 기질지성에 따라 개체적 구체성과 차별성을 갖게 되는 것이다.[23]

### 3) 성리학의 마음공부

만물에 내재된 태극, 리는 우주의 근원이고 생성의 힘이지만 그 자체는
차별적 형태를 떠난 무형의 것이다. 무형의 근원은 유형의 차별성을 떠나
야 제대로 드러나며, 보편성의 심층은 차별성의 표층보다 더 깊이 파고들
어야만 발견될 수 있다. 심층의 뿌리는 지상 위의 가지와 줄기 보다 더
깊이 땅 밑으로 파고들어야만 찾아진다. 뿌리가 그 자신을 자각하자면,
지상의 가지나 줄기로서 공기와 햇빛, 다른 사물들과 외적으로 소통하는
것이 아니라, 내적으로 뿌리 자신 안에서 만물의 뿌리와 연결되어 있는
그 지점에 이르러야 하는 것이다. 그 지점은 차별적 상, 유형의 것들이

---

23) 맹자가 인간의 도덕성을 논할 때는 그것을 동물과 인간을 구분짓는 인간의
종차로 보고, 인간과 동물에 공통적인 것을 고자의 식색지욕으로 논하였다.
즉 인간 마음에서 표층(용)과 심층(체)을 구분하기는 하였지만, 그 심체를 우주
만물의 내재적 근원으로까지 간주하지는 않았다. 그 심층화와 보편화를 철저히
수행한 것이 성리학이다. 그러므로 맹자의 도덕성을 본연지성으로 해석하되
그것을 만물의 보편적 본성으로 간주하였으며, 인간과 동물의 차이를 표층적인
기질의 차이로 간주한 것이다. 따라서 인간과 동물에게 무엇이 공통적이고 무엇
이 차별적인가에 대해 맹자와 주희의 관점의 변화가 있게 된다.

|  맹자 |  성리학 |
|---|---|
| 차별적인 것 : <맹자의 도덕성 = 본연지성> : 공통적인 것 | |
| 공통적인 것 : <고자의 식색지욕 = 기질지성> : 차별적인 것 | |

그러나 엄밀히 말하면 맹자의 도덕성이 곧 본연지성이고 고자의 식색지욕이
곧 기질지성인 것은 아니다. 맹자의 도덕성과 고자의 식색지욕은 각각 종차로서
논해진 것인 데 반해, 성리학에서 본연지성은 종차들 너머 만물의 보편적 본성이
며, 기질지성은 단지 동물적 식색지욕만을 말하는 것이 아니라, 인간·동물·식물
등 만물을 구별짓는 차이성을 말하는 것이므로 개념의 차원이 다르기 때문이다.
이 문제는 제3절 제2) 인간의 본성을 논하면서 다시 언급하기로 한다.

소멸하여 비어 있는 신령한 터전이다. 이것을 성리학은 유형의 물리적 사물이나 심리적 상들을 벗어난 마음 자체, '허령불매'(虛靈不昧)의 심(心)으로 이해한다. 허령불매의 심이 보편적 태극의 자각으로서 모두에게 하나인 마음, 일심(一心)이다.

> 비어 있으며 신령한 것 자체가 심의 본체이다.[24]

> 한 사람의 마음이 곧 천지의 마음이며, 한 자기의 마음이 곧 천만인의 마음이다. 그러므로 처음부터 안과 밖, 너와 나의 다름이 있지 않다.[25]

이 마음은 희로애락의 감정이 일어나기 전 미발(未發)의 심(心)이며, 의식적인 사려분별이 일어나기 전 사려미맹(思慮未萌)의 심이다. 이를 '적연부동'(寂然不動)이라고 한다. 그러다가 이 마음으로부터 의식이 표층으로 떠올라오면서 사물과 접촉하여 '감이수통'(感而遂通)하게 된다. 이때를 사려분별이 시작되고 희로애락의 감정이 일어나는 이발(已發)이라고 한다. 이처럼 인간의 마음이 허령불매하여 적연부동의 심층에 머무르는 때와 사물과 접촉하여 감이수통하며 희로애락이 발한 때로 구분되기 때문에, 성리학은 마음공부를 두 단계로 구분한다. 심층에서의 미발시 공부와 표층에서의 이발시 공부가 그것이다.

미발 공부는 마음 심층에서 자기 자신의 무형의 보편적 본성을 자각하여 만물일체를 깨닫고 인(仁)을 체인(體認)하는 것이다. 물리적 대상과 심리적 표상을 떠나 마음을 비우되 그러면서도 성성(惺惺)하게 깨어 있어,

---

24) 朱熹, 『朱子語類』 제5권, 성리2, 39조목, "虛靈自是, 心之本體."
25) 退溪, 『退溪先生文集』 권18, 28, 「答奇明彦論改心統性情圖」, 109쪽, "一人之心 卽天地之心. 一己之心 卽千萬人之心. 初無內外彼此之有異."

자신의 심층의 본성인 태극을 자각하여 만물일체를 깨닫는 것, 이것이 바로 미발 함양공부이다. 마음 자체만이 깨어 있는 이 미발시 공부를 성리학은 계신(戒愼), 공구(恐懼)로 칭한다.

> 보이지 않는 곳에서도 삼가고 신중하며[계신], 들리지 않는 곳에서도 두려워하고 조심한다[공구].[26]

그러나 성리학의 공부는 마음 심층에서 본성을 자각하고 인을 체득한 것으로 끝나는 것은 아니다. 본성을 자각한 마음이라도 그것이 표출되는 순간 바르게 표출되는지, 상황에 맞고 절도에 맞게 표출되는지는 다시 세심히 성찰되어야 하기 때문이다. 미발의 마음은 마음 본연의 허령지각 상태이므로 치우침 없는 중(中)이며 언제나 선(善)이지만, 의식이 표층으로 표현되는 이발(已發)의 마음은 절도에 맞는지 아닌지에 따라 선도 악도 될 수 있다. 그러므로 마음이 말이나 행위로 표출될 때는 내적 외적 상황을 성찰하여 과불급에 이르지 않고 중절하도록 힘써야 한다. 이것이 바로 이발시 찰식공부이다. 미발공부로 시작하여 이발공부로 마치는 것은 자신의 뿌리를 튼튼히 하여야 그 힘을 줄기와 가지로 뻗어나갈 수 있는 것과 마찬가지이다.

## 3. 다산의 외재주의

### 1) 태극의 외화와 본연지성의 부정

성리학은 유학공부에 있어 '천인합일의 오묘함을 얻는 것', '인을 체득하

---

26) 『중용』, "戒愼乎其所不睹, 恐懼乎其所不聞."

여 천지만물과 일체가 되는 것'을 강조한다. 이것은 '그것(신)이 바로 너이 니라!'(우파니샤드)의 통찰, '내 마음이 곧 네 마음'(최제우)의 통찰과 다름 아니다. 동양인의 심성에 보편적으로 놓여 있는 종교적 심성은 바로 이러 한 내재주의적 신관이다.

그러나 다산은 태극, 신성, 덕성의 내재성을 부정한다. 우주의 근원인 태극이 우주만물 및 인간 안에 내면화되어 허령한 하나의 보편적 심체로 존재한다는 것, 인의예지의 덕성이 인간의 본연지성으로서 마음 안에 이미 갖추어져 있다는 것을 다산은 받아들이지 않는다. 다산은 유학의 본연지성의 논의를 불교로부터 도입된 그릇된 학설로 간주한다.

> 본연(本然)이라는 말의 뜻을 세상에서 잘 모르고 있다. 불서(佛書)에 보면 본연이란 무시자재(無始自在)의 뜻이다. 유가에서는 우리 인간은 하늘에서 명(命)을 받은 것으로 이해하고 있지만, 불씨는 본연의 성에 대해 "받아온 것은 없고 언제 처음 나왔다는 것도 없이 천지 사이에서 자재하면서 끝없이 윤회하여, 사람이 죽어 소가 되고 소가 죽어 개가 되고 개가 죽어 인간이 되더라도 그 본연의 체만은 투명하게 밝고 자재한다"고 하였으니 이것이 이른바 '본연지성'인 것이다.…… 본연이 라는 두 글자는 육경 서서와 제자백가서에 전혀 출처가 없으며 오직 『수능엄경』에서만 중복하여 말하고 있다.[27]

불교는 사람이나 소나 개 등 개별자의 형태는 업력(業力)에 따라 형성되

---

[27] 茶山,「心經密驗」,『여유당전서』제4책, 147~148쪽. 번역은 전주대호남학연구소 역,『국역 여유당전서』경집1, 전주대학교출판부, 1986, 163~164쪽(이하에서는 「심경밀험」이라고만 쓴다. 그 다음의 쪽수는『여유당전서』제4권 중의 쪽수를 나타내며, 괄호 속 쪽수는 번역책의 쪽수를 나타낸다), "本然之義, 世多不曉. 據佛書, 本然者, 無始自在之意也. 儒家謂吾人稟命於天, 佛氏謂本然之性, 無所稟命, 無所始生, 自在天地之間, 輪轉不窮. 人死爲牛, 牛死爲犬, 犬死爲人, 而其本然之體, 瀅澈自在, 此所謂本然之性也.……本然二字, 旣於六經四書諸子百家之書, 都無出處. 唯首楞嚴經, 重言復言."

는 업보(業報)로서 궁극적 실재가 아닌 것으로 간주한다. 개별자는 허령한 본체인 심(心) 안에 나타나는 일시적인 인연화합의 결과물인 것이다. 허령 본체의 심만이 무시 이래로 불생불멸하는 것이며, 신령스런 자기 자각을 가진다. 성리학은 각 개체의 본연지성을 우주의 근원인 태극이 내면화된 것으로 간주하므로, 그 본연지성 또한 태극과 마찬가지로 무시이래의 불생불멸하는 것으로 본다. 개체적 다(多)의 심층 속에 보편적 일(一)이 내재되어 있으므로, 다는 그 심층의 일에 있어 하나가 된다. 이 허령불매의 심체를 불교에서는 진여, 여래라고 하고, 유교에서는 태극, 본연지성이라고 하며, 그 허령불매의 자각성을 불교에서는 공적영지(空寂靈知)라고 하고, 유교에서는 허령불매의 지각이라고 한다. 표면적인 심의 작용[已發의 心]과 달리 미발(未發)의 심체(心體)는 그 자체로 신령하고 신묘하며 선한 것으로 간주하는 것이다.

그런데 다산은 이러한 내면화된 태극, 내적 신성을 인정하지 않는다. 우주의 근원, 태극, 일자, 신, 상제는 우주 만물 바깥에 머무르지 만물에 내재된 것이 아니다. 만물의 심층에서 발견될 수 있는 보편적 일자는 없다. 그러므로 성리학의 기본전제인 "만물일체"에 대해 다산은 다음과 같이 말한다.

> 만물일체, 그것은 옛 경전에는 결코 나오지 않는 말이다.[28]

만물에 있어 만물일체를 이루는 본성을 부정하는 것은 인간에게서도 만물일체의 심체 및 그 작용을 부정한다는 것을 의미한다. 이는 곧 인간

---

28) 茶山, 「中庸講義」, 『여유당전서』 제4책, 252쪽, 번역은 전주대호남학연구소 역, 『국역 여유당전서』 경집1, 전주대학교출판부, 1986, 277쪽(이하에서는 「중용강의」라고만 쓴다. 그 다음 쪽수는 『여유당전서』 제4권 중의 쪽수를 나타내며, 괄호 속 쪽수는 번역책의 쪽수를 나타낸다), "萬物一體, 其在古經, 絶無此語."

마음의 허령불매성, 심층의 자기자각성 등을 인정하지 않고 마음을 그 표층의 심리작용만으로 간주한다는 것을 의미한다.

만물을 통섭하여 우주만물을 하나의 세계이게끔 조화시키는 일자는 만물 내면이 아니라 만물 바깥에 존재하는 외적 일자이다. 이 점에서 다산은 우주의 근원, 절대적 일자, 신, 상제를 우주만물 바깥에 두는 외재주의의 길을 간다. 상제는 개별자들 바깥에 존재하며, 개별자들을 주시하고 감시하며 상벌하는 타자이다. 결국 다산은 『시경』의 외재주의적 상제관으로 돌아가는 것이다. 그래서 후대의 유학이 태극을 내재화시키면서 본연지성과 심체의 허령불매성을 논하는 것을 불교에 영향을 받아 본래의 유학정신을 왜곡한 것이라고 해석한다.

> "허령한 것은 순수한 선으로 악을 행할 리가 없다"는 것은 불씨의 말이다.[29]

> 불교서적을 보니 천언만언 모두 심체(心體)의 아름답고 좋은 점을 찬탄하였는데, 우리 유가에는 이런 법이 없다.[30]

> 아직 발하지 않았을 때에는 참으로 선이라고 말할 수 없다.[31]

이처럼 다산은 본연지성 또는 미발의 중(中)을 갖춘 심성을 인정하지 않는다. 이는 곧 다산이 성리학의 내재주의를 비판하면서 공맹의 인본주의적 내재주의로부터도 멀어져 오히려 그 이전의 외재주의로 되돌아간다

---

29) 茶山, 「孟子要義」, 『여유당전서』 제4책, 439~440쪽. 번역은 이지형 역주, 『국역 다산 맹자요의』, 현대실학사, 1994, 137쪽(이하에서는 「맹자요의」라고만 쓴다. 그 다음 쪽수는 『여유당전서』 제4권 중의 쪽수를 나타내며, 괄호 속 쪽수는 번역책의 쪽수를 나타낸다), "凡以虛靈之體 謂純善 無可惡之理者, 佛氏之論也."
30) 「맹자요의」 535(323), "余觀佛書, 其千言萬語, 皆贊歎心體之美好, 吾家無此法也."
31) 「맹자요의」 534(322), "方其未發也, 固不可謂之善矣."

는 것을 의미한다. 다산은 맹자가 인간의 내재적 덕성으로 논한 인의예지의 사덕(四德)도 천(天)으로부터 본유적으로 구비된 것임을 인정하지 않는다. 인의예지가 모든 인간에게 본래적으로 구비되어 있는 덕목이 아니라, 인간이 구체적 행위를 통해 비로소 성취해야 하는 덕목으로만 간주하는 것이다.

이처럼 유학에서 논하는 허령불매의 심체, 만물의 본연지성과 인의예지의 덕성을 모두 부정함으로써 다산은 인간 심에 있어 그리고 만물에 있어 그 심층의 하나됨을 인정하지 않는다. 우주의 근원은 만물 바깥에 따로 존재하지 만물 안에 내재화된 심층의 하나, 다(多) 중의 일(一)이 아니다. 심층의 보편적 일자가 부정되면, 인간도 만물도 모두 표층적인 개별적 존재로만 간주될 뿐이다. 심층의 일자, 내적 신성은 부정되고 오로지 차별적인 개체들만이 실재하는 세계 그리고 그 개체를 존재하게 한 우주의 근원, 천, 태극, 상제, 신은 개체 바깥에 절대적 타자로 존재하면서 개체를 감시 감독하고 상벌로써 대응할 뿐인 세계, 그것이 다산이 그리는 세계상이다. 그 세계 안에서 인간은 어떤 존재인가? 신성이 만물 밖의 타자로 외화되면, 그 때 인간은 어떤 존재인가?

## 2) 인간의 본성

### ⑴ 본연지성과 기질지성의 보편성과 차별성의 문제

인간은 어떤 존재인가? 인간은 돌이나 초목이나 동물과는 어떻게 다른가? 현상차원에서 성립하는 차별적 모습은 순자가 이미 정확하게 표현하였으며, 성리학도 다산도 이를 따르고 있다.

물에는 네 품성이 있는데, 순자에 따르면 물과 불에는 기(氣)는 있지만 생명이 없고, 초목에는 생명은 있지만 지각(知覺)이 없고, 금수는 지각은 있지만 의(義)는 없다. 사람은 기, 생명, 지각 위에 의(義)를 갖고 있어, 이것으로 인해 존귀한 품류가 된다.[32]

그런데 성리학에 따르면 이 넷의 차이는 현상적 개체를 형성하는 기질의 차이일 뿐이고, 그들의 본연지성은 우주적 신성, 인의예지의 덕성으로서 차별적 넷을 포괄하는 심층의 영역에 놓여 있다. 차이는 기질의 치우침과 바름, 맑고 탁함으로 인해 그 본연지성을 그런 것으로서 바로 자각할 수 있는가 없는가의 차이일 뿐이다.

반면 다산에게 있어서는 그들을 포괄하는 보편적 본연지성이란 존재하지 않는다. 그러므로 그들 각각의 본성(본질)은 현상적으로 드러나는 표층적 차이(종차)에서 찾아진다. 즉 초목은 생명으로 인해 물불과 차이가 나므로 초목의 본성은 생명이고, 금수는 지각으로 인해 초목과 차이가 나므로 금수의 본성은 지각이며, 인간은 의(義)로 인해 금수와 차이가 나므로 인간의 본성은 의가 된다. 그러므로 다산은 (인간의 동물로부터의 종차인) 도의지심을 인간 본성으로 논한 맹자의 본성개념이 (인간과 동물이 공유하는 류적 특징인) 생지위성을 인간의 본성으로 논한 고자의 본성 개념보다 더 정확한 것이라고 말한다.

그[맹자]가 오로지 도의의 성만을 거론한 것은 실제가 참으로 그러하기 때문이다. 무릇 인간이 기질의 욕망을 가지고는 있지만, 절대로 그것을 인성이라고 이름할 수 없는 것이다.…… 인간에게 운동지각이 있으나 그 위에 또 도의의 마음이 있어 주재하니, 사람의 성을 논하는 자가 도의만을 논하는 것이 옳겠는가, 운동 지각을 아울러 말하는 것이 옳겠는가?[33]

---

32) 「맹자요의」 539(331), "物之品, 有四等. 荀子曰, 水火有氣, 而無生. 草木有生, 而無 知. 禽獸有知, 而無義. 人有氣, 有生, 有知, 有義. 斯其所以爲尊品也."

33) 「맹자요의」 539(331), "其專擧道義之本性, 勢固然矣. 大抵氣質之慾, 雖人之所固

인간과 동물을 구분짓는 종차로서의 도의지심을 인간의 본성으로 논해야지, 동물도 함께 가지는 운동지각 또는 식색지욕을 인간의 본성으로 논할 수는 없다는 것이다. 이것은 정자가 "성만 논하고 기를 논하지 않으면 [인간 본성의 논의가] 다 갖추어지지 않는다"[34]고 하여 맹자의 도덕성(본연지성)과 더불어 고자의 생위지성(기질지성)을 함께 인간의 성으로 논한 것을 비판한 것이다.

이렇게 해서 본연지성(도의지성)과 기질지성(식색지욕)의 보편성과 특수성의 관계는 성리학과 다산에 있어 서로 뒤바뀌게 된다. 성리학에서는 인의예지의 사덕이 자연을 생성시키는 우주적 근원, 태극의 원리로서 만물에 내재된 보편적 본성인 데 반해, 다산에게는 동물과 달리 인간만이 갖는 차별적 본성으로 간주된다. 성리학에 있어서는 인간과 동물의 차이가 자신의 내적 신성, 심층적 본성을 스스로 자각하고 실현할 수 있는가 없는가의 기질의 차이로 설명되는 데 반해, 다산에게서는 오히려 기질은 식색지욕의 성질로서 인간과 동물간의 공통적인 것으로 간주된다.

그런데 맹자는 도덕성을 동물과 구분되는 인간만의 특징으로 간주하고, 식색지욕을 인간과 동물이 함께 갖는 공통적인 것으로 보지 않았는가? 그래서 인간의 성을 인간만의 특징인 도덕성으로 규정한 것이 아닌가?

---

有, 而萬不可名之曰人性.……人身雖有動覺, 乃於動覺之上, 又有道義之心, 爲之主宰. 則論人性者, 主於道義可乎, 兼言動覺可乎?"

34) 정자와 주희의 성리학에서는 맹자는 본연지성을 말하되 기질지성을 논하지 않았는데, 정자가 고자를 통해 그것을 논하여 본성에 대한 논의를 완성하였다고 본다. 다산은 이를 비판하는 것이다. 본연지성과 기질지성, 둘다를 성으로 논하는 것은 결국 하나는 선이고 다른 하나는 주로 악이 되므로, 성선설이 아니라 선악혼재설이 된다는 것이다. "'의리의 성은 선을 주로 하고 기질의 성은 악을 주로 하는데 두 성이 서로 합해져서 완전한 성이 된다'는 말에 근거한다면, 양웅의 선악혼재설이 정론이 되고, 오로지 기질의 성만을 말하면 순경의 성악설이 정론이 된다. 그렇다면 공자 자사의 도통은 마땅히 순·양에 있어야 하는데, 어째서 맹자를 종통으로 삼는가?"(「맹자요의」 438).

다산은 바로 이 점에 착안하여 성리학을 공맹유학의 대립, 도치로 본다.

> 주자의 말은 저절로 맹자의 말과 합치하지 않는다.…… [맹자에 따르면] 기질의 성은 분명히 사람과 동물이 함께 얻은 것인데 선유[성리학자]들은 각각 다르다고 말하였고, 도의의 성은 분명히 우리 사람들만 얻은 것인데 선유들은 다같이 얻은 것이라고 하니, 이 점이 바로 내가 매우 의혹하는 바이다.[35]

그러나 여기서 다산이 인간과 동물의 차이점과 공통점으로 염두에 둔 도의지심과 식색지욕은 인간과 동물과 식물과 무생물을 구분하는 각각의 종차들일 뿐이다. 사물들의 표층적인 차별성에만 주목한 것이다. 그런데 성리학은 그러한 표층적인 종차의 차이를 모두 기질의 차이로 설명한다.[36] 그것은 그런 표층적 차별성에도 불구하고 만물은 그 심층에 존재와

---

35) 「맹자요의」 532(318~319), "朱子之言, 自與孟子 不合而已.……氣質之性, 明明人物同得, 而先儒謂之各殊. 道義之性, 明明吾人獨得, 而先儒謂之同得. 此臣之所深惑也."

36) 그러므로 본연지성과 기질지성의 보편성과 차별성, 즉 인물성 同異를 논할 때는 용어를 엄밀히 정의해야 한다. 말하자면 (위의 다산 인용에서) 맹자가 공통적이라고 말하는 기질지성(고자의 생위지성)은 인간과 동물이 함께 가지는 식색지욕만을 지칭하여 하는 말이고, 성리학이 차별적이라고 말하는 기질지성은 식색지욕만을 가지는 동물과 그 이상의 도의지심을 가지는 인간을 구별되게 만드는 성질 전반을 말하는 것이다. 그러므로 그 둘이 의미하는 바는 엄밀히 동일한 것이 아니므로, 그 둘의 공통성과 차별성이 서로 뒤바뀌었다고 다산이 의혹스럽게 생각하였다면, 그것은 다산 자신이 개념의 차이를 분명히 하지 못하였기 때문이다. 이는 성리학이 맹자가 인간 심층의 보편적 본성, 덕성으로 간주한 것(도덕성)을 인간뿐 아니라 만물의 근원적 본성(본연지성)이라고 더 보편화시킨 것인데, 다산은 아예 처음부터 인간에게 있어서조차 심층의 보편적 본성을 인정하지 않기 때문에 발생하는 혼동이다. 결국 다산이 만물의 표층적 차별성 너머 그 심층에 구비되어 있는 근원적 동일성을 보지 못하기 때문이다. 즉 우주적 근원을 만물 바깥의 타자로 설정하는 외재주의에 서 있기 때문에, 그 근원이 만물 자체 안에 구비된 내재적 본성이라는 내재주의를 이해하지 못한 것이다. 그러나 맹자가 인간의 본성을 심층의 덕성으로 간주함으로써 인간간의 차별성

생성의 근원, 태극을 간직하고 있다고 보기 때문이다. 그 내재적인 태극을 만물의 본성(본연지성)으로 보며, 그것을 맹자가 논한 인간 심층의 덕성으로 이해한 것이다. 이는 맹자가 인간의 본성을 각각의 인간의 차별적인 표층의식이 아닌 모든 인간에 공통적인 심층의 덕성으로 간주함으로써 인간 마음에 있어 표층적인 의식의 차원[심의 이발(已發) : 용(用)]과 심층적인 존재의 차원[심의 미발(未發) : 체(體)]의 구분을 제시하였기 때문이다. 그 가장 심층의 본성을 성리학은 우주 만물에 내재된 보편적 일자로 보는 것이다.

그런데 다산은 일자를 만물 바깥의 외적 신으로만 간주하며, 만물 안의 내재성을 인정하지 않는다. 따라서 현상의 표면적인 차별성보다 더 깊은 심층의 보편적 본성, 만물의 내적 신성을 인정하지 않고, 일체의 존재를 그 표층적 차별성인 종차에서 구하는 것이다. 결국 문제는 우주의 근원, 태극, 신을 만물 내재적인 것으로 볼 것인가, 만물 외적인 것으로 간주할 것인가의 문제로 귀결된다. 태극과 일자가 만물 바깥에 있으면, 만물 심층의 보편적 본성이란 무의미해지며, 만물은 서로 다른 차별적 개체에 지나지 않고, 각 개체의 본성은 그 종차에서 찾을 수밖에 없기 때문이다.

이처럼 다산은 외재주의적 신관을 유지함으로써, 우주만물의 심층적 본성뿐 아니라 인간의 심층적 본연지성도 인정하지 않는다. 다산에게 있어서는 인간의 마음도 인의예지의 덕성을 갖춘 심체가 아니라, 표층적인

---

너머 인간의 보편성을 논할 때는 이미 인간의 본성을 인간의 표층의식이 아닌 심층에서 구한 것이다. 아직 구체적 심리현상으로 드러나지 않아도 그 마음 안에 인의예지의 덕성이 갖추어져 있다고 본 것이다. 성리학은 바로 이러한 인간 심층의 본성과 덕성을 만물 안에 의식되지 않은 채 구비되어 있는 내재적인 우주적 근원과 같은 것으로 간주한 것이다. 이 점에서 성리학의 내재주의는 공맹유학의 내재주의의 심화이다. 다산이 내재주의의 핵심을 비껴가고 있음은 맹자 性善의 性조차 (심체에 구비된) '仁義禮智의 性'이 아닌 (표층적 의식의) '嗜好의 性'으로 간주하는 데서 분명해진다.

의식작용만으로 간주되는 것이다. 바로 이 점에서 다산은 성리학의 기본 정신을 놓치면서 동시에 공맹의 정신까지도 비껴가고 있음을 알 수 있다.

### (2) 사단(四端)과 사덕(四德)의 관계

다산은 우주의 근원, 태극, 신의 만물 내재성을 부정함으로써 성리학뿐 아니라 성리학이 기반한 공맹의 정신으로부터도 멀어진다. 즉 다산은 인의예지가 우주적 원리로서 만물의 본연지성이 된다는 것을 부정할 뿐 아니라, 인간 심성에 천부적으로 내재된 덕성이라는 것도 부정하는 것이다.

> 인의예지의 이름은 일을 행함[行事] 뒤에 이루어지는 것이다.……
> 인(仁)이란 사람의 공부에서 이루어지는 것이지, 태어날 때부터 하늘이
> 한 덩이리의 인(仁)을 만들어 사람의 마음 속에 끼워넣은 것이 아니다.
> …… 그것[인의예지]을 본심(本心)의 온전한 덕이라고 안다면, 사람이
> 할 일은 단지 벽을 향해 앉아 마음을 관하며, 회광반조하는 것밖에
> 없을 것이다.[37]

이처럼 다산은 인의예지가 마음 안에 이미 갖추어진 덕이 아니라는 것을 강조한다. 인의예지의 덕이 만인의 마음 안에 이미 갖추어져 있다면, 모든 사람이 이미 다 성인이어야 하지 않겠는가? 어진 이와 미혹된 이가 어떻게 구분되겠는가? 인이 이미 갖추어져 있다면, 인은 내가 취하고 버릴 수 있는 것이 아니지 않는가? 인하고 불인함이 인간의 공(功)이나 죄가 될 수 없지 않겠는가? 덕목이 인간 마음에 이미 있다면, 그것을

---

37) 「맹자요의」, 413(91~92), "仁義禮智之名, 成於行事之後.……仁之爲物, 成於人功,
　　非賦生之初, 天造一顆仁塊, 插於人心也…… 知以爲本心之全德, 則人之職業, 但當
　　向壁觀心, 回光反照."

268

배운다, 가르친다는 것이 불필요하지 않겠는가?38) 이런 이유를 들어 인의
예지가 마음에 이미 주어진 본성이 아니라고 강조한다.

그러나 이는 다산이 인간의 심성을 그 심층과 표층이라는 이중성으로
이해하지 않는다는 것을 의미할 뿐이다. 본성이 주어져 있는 것은 심층의
일이고, 그 본성이 의식화되고 현실화되는 것은 표층의 활동이다. 인간
심층에 우주의 근원, 덕성, 태극이 내재해 있다고 해서, 만물이 근원에서
하나로서 일체를 이룬다고 해서, 그 본성 또는 만물일체의 인이 표층에서
이미 실현되고 있다는 말은 아닌 것이다. 다산은 이러한 심층을 부정하고
있으므로, 인의예지가 심층에 이미 구비된 사덕이라는 것을 인정할 수
없다. 따라서 인의예지는 인간에게 이미 갖추어진 덕목이 아니라, 사단(四
端)의 마음과 그 마음에 근거한 행위를 통해 비로소 얻어지는 것이라고
주장한다.

성리학은 사덕을 마음 심층에 이미 구비된 덕으로 보며 표층적 마음작용
인 사단은 그것을 확인하고 실현하는 것이라고 보는 데 반해, 다산은
사덕은 밖에 있으며 안에 있는 사단의 마음을 통해 비로소 얻어지는 것이

---

38) 「맹자요의」, 417(99), "인이 천지가 만물을 생성하는 마음이고 또 본심에 갖추어
져 있는 온전한 덕이라고 한다면, 하늘이 부여한 것이 고르지 않음이 없어……하
늘의 높은 벼슬을 얻지 못한 자가 하나도 없을 텐데, 이것이 어찌 말이 되겠는가?
…… 인은 공이 되고 불인은 죄가 되며, 인은 상주고 불인은 벌을 준다. 만약
인을 본심에 갖추어져 있는 온전한 덕이라고 한다면, 사람이 인을 떠나 거기
거처하지 않으려 해도 될 수 없을 것이다.…… 인도 불인도 내 마음 안에 있지
않기 때문에 내가 생각해서 가려 이것을 버리고 저것을 취하게 되는 것이다" ;
「맹자요의」, 413~414(91~92), "맹자가 '생을 버리고 의를 취한다'고 말하였다.
생과 의가 모두 [마음 속이 아니라] 저 곳에 있으므로, 내가 그 곳에 나아가
선택하여 나쁜 것은 버리고 좋은 것은 취한다고 말한 것이다.……『예기』에서
'봄, 가을에는 예, 악을 가르친다'고 하였다. 만약 예가 마음 속에 있다면 무엇
때문에 가르치겠는가?…… 무엇 때문에 배우겠는가?…… 만약 타고날 때의 천성
이 원래 인과 智를 지니고 있다면, 모든 사람마다 근심하지 않고 미혹되지 않을
것이니, 어찌 어진 이와 지혜로운 이를 구별할 수 있겠는가?"

라고 본다. 이렇게 해서 사덕과 사단의 본말관계가 성리학과 다산에 있어 서로 달라지게 된다. 다산은 주회 성리학이 사단의 단을 근본과 시작의 의미로 읽지 않고, 단서와 실마리, 끝의 의미로 읽는 것을 비판한다.

> 사단의 뜻은 맹자가 직접 주를 써서, 불이 처음 타기 시작하는 것과 같고 샘물이 처음 솟아오르기 시작하는 것과 같다고 하였으니, 두 개의 '시'(始)자가 뚜렷이 그 뜻을 나타내고 있다. '단'이 시작이 되는 것은 이렇게 분명하다. 사단은 인의예지의 근본이 되는 까닭에 성인이 사람을 가르침에 여기서부터 공부를 일으키고 여기서부터 기초를 닦아 확충하게 하였다. 만약 사단의 이면에 또다시 이른바 인의예지라는 것이 있어 은연히 잠복해 주인이 된다면, 이것은 맹자의 확충공부가 그 근본을 버리고 그 끝을 잡은 격이며, 그 머리를 놓치고 그 꼬리를 잡은 격이다.[39]

문제는 다산이 인간의 마음을 표층적 작용만으로 바라볼 뿐, 그 심층의 본성을 보지 못한다는 것이다. 대답되어야 할 물음은 사단이 샘물의 시작이고 불의 시작이라고 할 때, 그 사단을 기점으로 터져 나오게 될 물과 불[四德]이 과연 안에 있는 것인가, 바깥에 있는 것인가 하는 것이다. 맹자는 그것이 본래 인간 안에 있는 것이며, 따라서 인간의 본성이 선하다고 논한 것이다. 덕목이 안에 있기에 그것을 일깨우고 실현시키는 수행이 가능하고 또 필요하다고 본 것이다. 덕목이 내면에 존재하되 사욕에 의해 가리워져 있으므로 그 물꼬를 트고 불을 붙이는 단초적 수행이 필요하다고 본 것이다. 다산이 이러한 심층의 본성을 보지 못한 것은 인간을 표층에서

---

39) 「맹자요의」416(95~96), "四端之義, 孟子親自注之曰, 若火之始然, 泉之始達, 兩箇 始字, 磊磊落落 端之爲始, 亦旣明矣. 四端爲四事之本故, 聖人敎人, 自此起功, 自此 肇基 便之擴面充之, 若於四端裏面, 又有所謂仁義禮智者, 隱然潛伏爲之奧主, 則是 孟子擴充之功, 舍其本, 而操其末, 放其頭, 而捉其尾."

만 이해하기 때문이다. 따라서 심층구조에 따라서만 가능한 구분, 즉 인식
상의 시작과 존재상의 시작, 수행방법상의 시작[末]과 수행근거에서의
시작[本]을 구분하지 못한 것이다.

### ⑶ 인간의 성 : 호선(好善)의 기호

심층 내면에 우주만물과 통하는 보편적 일자를 간직한 것이 아니고,
인의예지의 우주적 덕성을 간직한 것도 아니라면, 다산에게 있어 그럼
인간은 어떤 존재인가? 인간의 삶은 어디에 정초되어야 하는 것인가?

유학에서는 우주적 근원인 태극이 내적 본성으로 심층에 존재하므로,
인간 삶의 과제는 그 자신의 내면의 본성을 실현시키는 것, 바로 그 자신이
되는 것일 뿐이다. 다산이 이러한 인간 심층의 내면성을 부정한다고 해서,
삶의 기준점이나 정초점을 없애고 인간을 그냥 우주 공간 안에 부유하게
한 것은 아니다. 오히려 유학이 만물의 내적 본질로 생각한 신성, 덕성,
태극과 상제를 더 이상 내적 실재가 아닌 외적 실재로서 외화시켜 놓으면,
그것이 바로 다산의 사상체계가 된다. 유학적 가치는 부정되는 것이 아니
라, 단지 내면으로부터 바깥으로 장소이동만 하면 된다. 허령불매의 인간
심체에서 그 신묘한 영성과 투명한 자각성, 근원적 덕성을 제외시키고,
그 표층적 의식만 남겨놓으면 된다. 그러면 인간의 본성은 자신 안에서
잃어버린 그 신성을 외화된 대상 안에서 발견하려고 할 것이다. 우주의
근원을 우주만물 밖의 신, 인간 밖의 상제로 외화시켜 놓으면, 인간의
본성은 바로 그 외화된 자기 자신을 대상으로 추구하게 된다. 인간 마음의
표층화는 결국 근원과 가치, 신과 인간 자신의 외재화이며 대상화인 것이
다.[40]

---

40) 이런 의미에서 다산은 인간 마음의 神明을 논한다. 그는 "無形의 마음은 우리의
本體이며 소위 虛靈不昧이다"(無形之心, 是吾本體, 卽所謂虛靈不昧者也, 「대학강
의」98)라고 말한다. 인간 마음이 신을 생각하고 대면하고 공경하여 신과 교통하

이처럼 다산에게 있어 인간은 그 심층에 신성과 덕성이 이미 구비된 존재가 아니며 단지 표층적 심리작용만으로 인간다움을 유지할 뿐이다. 인간은 그 심층에 갖추어진 것이 없으므로 자신 바깥의 가치를 추구할 수밖에 없다. 자신 바깥의 가치를 추구함으로써 마음이 마음으로 작용하고 가치부여를 받게 된다. 마음은 대상을 지향하는 한에서만 마음으로 작용한다고 보는 것이다. 이러한 대상적 사유에 따르면, 인간의 본성은 그 자체가 덕이 아니라 덕을 지향하는 마음일 뿐이고, 그 자체가 선이 아니라 선을 좋아하는 마음일 뿐이다. 그래서 다산은 인간의 성을 "선을 좋아하고 악을 수치로 여김"[樂善而恥惡]의 '기호'(嗜好)라고 규정한다. 그는 『시경』의 구절을 빌어 성을 기호로 설명한다.

> 『시경』에서 "사람들이 법도를 지킴이여! 아름다운 덕을 좋아함이여!"
> 라고 하였다. 성을 법도를 지킴이라고 하면서 반드시 덕을 좋아하는
> 것으로 설명하였으니, '성'(性)자의 뜻이 기호(嗜好)가 아니겠는가?[41]

법도를 지키며 덕을 좋아하는 것, 덕의 기호가 곧 인간의 본성이라는 것이다. 다산에 따르면 인간의 본성은 곧 인간을 동물과 구분짓게 하는 종차로서의 도의지심이다. 이를 선을 좋아하고 악을 싫어하는 기호로 보는 것이다. 다산은 '천명지위성'(天命之謂性)에 따라 인간 마음 안의 그러한 기호[性]를 천성적으로 주어진 것, 천명으로 간주한다. 따라서 기호라고 말하지만, 그저 좋아한다는 의미, 따라도 되고 안 따라도 된다는 의미의 기호가 아니라, 반드시 따라야 하는 천명인 것이다. 선을 좋아하는

---

는 것을 마음의 신명함으로 본 것이다. 다산이 외재주의적 신관을 취해도, 그렇게 외화된 신이 인간 마음과 완전히 무관한 것은 아니기에, 그 신을 향한 인간 마음을 신명한 것으로 주장할 수 있었던 것이다.

41) 「맹자요의」, 435(131), "詩云 '民之秉彝, 好是懿德'. 性之謂秉彝, 而必以好德 爲說性 之字義 其不在於嗜好乎?"

기호는 반드시 따라야 할 천명이므로, 그 명을 따르지 않으면 그것은 죄가 된다고 주장한다.

성이 선을 좋아하고 악을 수치로 여기는 것은 이미 진실로 확실하다. 그러니 이 성을 버리고 악을 행한다면, 그 죄를 면할 수 있겠는가?[42]

선을 좋아하는 것이 인간의 본성이라는 것은 그것이 인간과 동물을 구분짓는 종차가 된다는 말이므로, 그런 본성을 따르지 않는 것, 선을 좋아하지 않는 것은 인간이기를 그만두고 동물과 같이 된다는 것을 뜻하는 것이 된다. 그러므로 다산에 따르면 인간이 인간인 한은 본성적으로 선을 좋아하며, 또 좋아해야 한다는 것이다.

⑷ 인간성과 동물성 사이의 선택 : 인간의 권형(權衡)

그런데 인간은 동물과 구분되는 종차(도의지심)만으로 존재하지 않는다. 인간은 동물류에 속하는 종이므로 동물과 마찬가지로 동물성을 갖는것이다. 동물과 함께 갖는 공통적 특징인 기질적 신체와 그 신체로부터 비롯되는 식색지욕은 인간의 (종차적) 본성은 아니지만, 인간에 속하는 것이다. 한 마디로 인간은 동물과 구분되는 본성(심)과 동물과 마찬가지의 특징(몸)을 가지고 있다. 그래서 다산은 인간을 마음과 몸, 신(神)과 형(形)의 묘합이라고 본다.

신형이 오묘하게 결합됨으로써 인간이 태어난다.[43]

그런데 인간의 몸은 "선을 하기는 어렵고 악을 하기는 쉬운 도구"[44]이

42) 「맹자요의」 439(136), "性之樂善恥惡, 旣眞確矣. 拂此性而爲惡, 罪其可逭乎?"
43) 「심경밀험」 141(156), "神形妙合, 乃成爲人."

다. 따라서 인간은 선을 지향하는 본성의 기호와 신체에 따라 이끌리기
쉬운 기호의 두 가지 사이에서 갈등하게 된다. 이 두 종류의 기호를 다산은
다음과 같이 구분한다.

> 기호에는 두 가지가 있다. 하나는 눈앞의 탐락을 기호라고 할 수
> 있으니, 예를 들어 꿩이 산을 좋아하고, 사슴이 들을 좋아하는 것이다.
> …… 또 다른 하나의 기호는 그렇게 하지 않으면 안 되는 삶의 본태를
> 기호라고 할 수 있으니, 예를 들어 벼가 물을 좋아하고, 기장이 건조함을
> 좋아하는 것이다.45)

당장 눈앞의 즐거움을 좇아가는 기호는 선을 하기 어렵고 악을 하기는
쉬운 몸에서 비롯되는 기호이다. 반면 인간의 본성에 적합한 기호, 따라서
인간이면 따라야 할 기호로서 다산은 선을 좋아하는 기호를 말한다. 전자
는 기질지욕의 기호이고, 후자는 도의지심의 기호이다. 인간은 동물이면
서 동시에 인간이기에, 몸이면서 동시에 마음이기에, 기질지욕을 가지면
서 동시에 도의지심을 가진다. 그래서 심성상으로는 선을 좋아하지만,
신체상으로는 악을 행하기가 쉬운 것이다. 이처럼 인간이 양면성을 지녔
기에, 인간은 그 둘 중의 하나를 선택할 수 있다. 동물은 도의지심이 없이
기질지욕만 있으므로 둘 간의 갈등도 없고, 선택도 없다. 그냥 그 자신의
기질지욕에 따르면 된다. 그러나 인간은 동물이면서 동시에 인간이기에
두 상반된 기호 사이에서 갈등하고 선택하게 된다. 이것을 다산은 선을
행할 수도 있고 악을 행할 수도 있는 힘, 비교 선택하는 힘으로서 '권형'이라
고 칭한다.46)

---

44) 「심경밀험」 147에서는 인간의 몸, 身을 "難善易惡之具"라고 칭한다.
45) 「심경밀험」 143(158), "嗜好有兩端. 一以目下之耽樂爲嗜好, 如云雉性好山 鹿性好
    野.……一以畢竟之生成爲嗜好, 如云稻性好水,性好燥."
46) 다산은 인간이 그러한 권형을 가진다는 점에서 동물과 구분되며 또한 그로

이상과 같이 다산은 인간의 마음 작용을 인간이 동물과 마찬가지로 갖는 기질지욕(악을 행하기 쉬움), 인간이 동물과 달리 갖는 도의지심(호선의 본성) 그리고 그 둘 사이에서 하나를 선택할 수 있는 능력인 권형(선도 가능 악도 가능)이라는 세 가지로 정리한다. 이를 '영체(심)에 갖추어진 세 가지 이치'라고 칭한다.

　　영체에는 세 가지 리가 있다. 성으로 말하면 선을 좋아하고 악을 수치로 여기니 이는 맹자가 말한 성선이다. 권형으로 말하면 선할 수도 있고 악할 수도 있으니, 이는 고자의 단수의 비유와 양웅의 선악혼설이 발생할 수 있는 까닭이 된다. 행사로 말하면 선을 하기는 어렵고 악을 행하기는 쉬우니, 이는 순경의 선악설이 발생될 수 있는 까닭이 된다.[47]

인해 책임이 따른다는 것을 강조한다. "하늘이 사람에게 주체적인 권능을 주었다. 가령 선을 하려고 하면 선을 하고 악을 하려고 하면 악을 하여, 향방이 유동적이고 정해지지 않아 그 권능이 자신한테 있으며, 금수가 일정한 마음을 가지고 있는 것과는 같지 않다. 그러므로 선을 하면 실제로 자신의 공이 되고 악을 하면 실제로 자신의 죄가 된다. 이는 마음의 권능이지 이른바 성이 아닌데, 양웅이 잘못 성이라고 여겼기에 '선악이 섞여 있다'라고 말한 것이지, 아예 이런 일이 없는데 양웅이 꾸며낸 것은 아니다"(「맹자요의」, 438~439).

[47] 「심경밀험」 147(163), "總之靈體之內, 厥有三理. 言乎其性則, 樂善而恥惡, 此孟子所謂性善也. 言乎其權衡, 則可善而可惡, 此告子湍水之喩, 揚雄善惡渾之說 所由作也. 言乎其行事, 則難善而易惡, 此荀卿 性惡之說 所由作也." 이 동일한 사태를 다음과 같이 표현하기도 한다. "하늘은 이미 선할 수도 있고 악할 수도 있는 권형을 부여하였지만, 한편으로 선을 하기는 어렵고 악을 하기는 쉬운 도구(육체)를 주었고, 또 다른 한편으로는 선을 좋아하고 악을 수치로 여기는 성을 부여하였다"(「심경밀험」 147). 인간은 본성적으로 선을 좋아하지만, 실제로는 악을 행할 수도 있다. 인간은 실제로 선도 악도 행할 수 있는 능력을 갖고 있다. 이것은 인간의 권능이기는 하지만 성은 아니다. 만약 그것이 성이라면, 선을 행하든 악을 행하든 본성을 따르는 것이므로 인간의 책임이 아니게 될 것이다. 그렇지만 실제로 선택은 인간의 책임이다. 그러므로 그 능력은 인간의 선택 가능성을 말할 뿐이지 그것이 인간의 본성이라는 것을 말하는 것은 아니라고 다산은 강조한다. 즉 다산은 기호 중에서 선을 좋아하는 기호만을 '성'이라고 규정한다. 그래서 "순자와 양자는 性字에 대한 인식이 본래 잘못되어 그 말이 그릇되어 있다"(「심경밀험」 147)고 한다. 그렇지만 '성'이라는 개념의 사용만 적절하지

다산이 논하는 인간 마음 안에 구비된 세 가지 리는 다음과 같이 정리될 수 있다.

1. 성(선을 좋아함 : 맹자의 성선)　　--　　도심
2. 권형(선악 가능 : 고자, 양웅, 선악혼재) --　　인심
3. 행사(악이 쉬움 : 순자, 성악)

이 셋 중의 어느 것도 유학이 인간의 심층적 본성으로 이해하는 태극의 리, 우주만물과 하나로 통하는 근원적 일자성에 해당하는 것은 없다. 만물이 모두 그 표층적이고 현상적인 차별성에 따라 이해됨으로써 인간은 '동물류에 속하는 특수한 종'일 뿐이며, 따라서 동물적 기질지욕의 몸과 인간적 도의지심의 마음이 결합된 존재일 뿐이다. 따라서 이 몸과 마음, 기질지욕과 도의지심의 갈등은 동물성과 인간성의 이원성, 존재의 표층에서 성립하는 이원성일 뿐이다. 다산이 주목하는 이 이원성은 유학에서 우주적 근원이 내재화되고 심층화됨으로써 성립하는 인간의 양면성, 표층과 심층의 양면성, 인간 안에 갖추어진 인간성과 신성의 양면성은 아니다.

---

않다 뿐이지, 인간 안에 그런 능력이 없는 것은 아님을 강조한다. 나아가 다산은 세 가지 능력 중 성을 미미한 도심과 연관짓고, 선할 수도 있고 악할 수도 있는 권형을 그래서 위태로운 인심과 연관 짓는다. 도심의 기호인 성은 따르고 실현시켜야 할 것이고, 인심의 기호인 권형은 조절하고 절제해야 할 것이다. "인심유위는 내가 말하는 권형이다. 마음의 권형은 선할 수도 있고 악할 수도 있는 것이다. 천하에 위태롭고 불안한 것은 이것보다 더 심한 것이 없다. 도심유미는 내가 말한 성기호설이다. 천명지위성 솔성지위도는 도심을 말한 것이다"(「심경밀험」 150). "맹자는 '마음을 분발시키고 성을 절제하여 참게 한다'고 하였다. 여기에서 성은 '인심의 기호'를 말한 것이다. …… 자사는 '성을 따른다'라고 하였고, 맹자는 '성은 선하다'라고 하였는데, 여기서 성은 '도심의 기호'이다. 비록 주안점을 둔 바는 다르지만, 기호를 성이라고 한 것은 같다"(「맹자요의」 436).

### 3) 다산의 마음공부

성리학은 인간 내면의 허령한 심체 안에 우주의 근원, 신적 원리, 태극이 내재되어 있다고 생각한다. 그 심층의 근원에 맞닿아 우주만물과 내가 하나라는 것, 만물 중에 나 아닌 것이 없다는 것을 아는 것, 인을 체득하는 것이 적연부동의 미발시 공부이다. 대상과의 감이수통(感而遂通)인 마음 표층의 움직임을 멈춤으로써 허령불매(虛靈不昧)의 심체(心體)를 자각하고 심층의 보편적 신성(神性)을 깨달아 만물일체의 인(仁)을 체인하려 한 것이다.

그러나 다산은 인간 심층에 만물의 근원인 우주의 리, 태극이 내재되어 있다고 보지 않으며, 따라서 인간이 자신의 마음 심층에서 그 근원과 맞닿아 활연관통하여 만물일여를 깨닫게 되는 그런 경지를 인정하지도 않는다. 다산에 따르면 인간의 마음은 오직 마음 바깥의 대상을 지향함으로써만 마음으로 작용하게 된다. 마음의 내용을 없앰으로써 마음 안에 아무것도 남겨놓지 않는 상태, 마음을 비움으로써 도달되는 적연부동의 경지, 미발의 경지란 다산에 따르면 의식이 꺼지고 마음이 사라진 의식불명의 상태일 뿐이다. 마음을 심층 아닌 표층의 작용으로만 이해하고 신성을 외적 실재로만 간주한다면, 미발의 내면은 그야말로 어두운 혼침(昏沈) 상태에 지나지 않기 때문이다. 그러므로 다산은 성리학에서의 적연부동의 미발 공부를 불교의 면벽과도 같이 무의미한 것이라고 주장한다.

> 염계가 미발(未發)의 체(體)를 성(誠)이라고 이름한 것은 도저히 알 수 없는 일이다. 성(誠)이란 신독의 지극한 공부인데, 어떻게 적연부동 하여 아무런 생각이 없는 것으로 성(誠)이라고 말할 수 있겠는가?[48]

---

48) 「심경밀험」 160(177), "濂溪以未發之體, 名之曰誠, 深所未曉. 誠者愼獨之極工. 豈可以寂然不動 無思無慮者, 指之爲誠乎?"

만일 적연부동하여 전혀 아무런 생각이 없는 것을 미발(未發)의 광경
이라고 한다면, 이는 소림 선승(小林 禪僧)들의 면벽(面壁)처럼 하여야
만 바야흐로 천지가 제자리를 얻고 만물을 기를 수 있을 것이다. 어찌
이런 일이 있을 수 있겠는가?[49]

이는 결국 다산이 마음 심층의 본성을 인정하지 않기 때문이다. 마음은
끊임없이 마음의 대상을 가짐으로써만 마음으로 작용한다고 보는 것이다.
미발시 적연부동의 심체는 부정하고 표층의 감이수통의 작용성만 인정하
는 것이다. 표층의 마음은 대상을 가짐으로써 작용한다. 그러므로 다산은
마음은 대상을 인식하거나 사유하거나 학습하거나 두려워하거나 등의
표층적인 심적 작용을 통해서만 마음으로 깨어있고 마음으로 작용할 수
있다고 본다.

경의 덕이란 반드시 일에 응하고 사물에 접하고 나서야 시행될 수
있다.…… 정좌히어 일이 없고 향할 곳이 없다면, 어떻게 경(敬)을 쓸
수가 있겠는가? 경천(敬天)과 경신(敬神)이 정좌의 공부라고 할 수는
있지만, 그래도 반드시 심사(心思)를 묵묵히 운용하여, 혹 천도를 생각
하거나 혹 신의 이치를 궁구하거나 혹 옛 허물을 반성하거나 혹 새로운
뜻을 이끌어내거나 해야만 비로소 참된 마음으로 경천하는 것이 된다.

---

49) 「심경밀험」159(175), "若寂然不動, 無思無慮, 爲未發之光景, 則小林面壁, 方可以
立天地, 而育萬物, 其有是乎?" 주희는 유교에서의 사려미맹, 허령지각의 미발시
공부와 불교의 무심법의 좌선공부를 그 허령불매의 마음 안에 理의 자각이
있는가, 없는가의 차이로 설명한다. "이 마음을 불러깨우는 것은 같으나, 그
방도가 다르니, 우리 유가는 이 마음을 불러깨워서 수많은 도리를 조관하려
하고, 불씨는 헛되게 불러 깨움만이 있으며 작위하는 바가 없다"(성백효 역주,
『심경부주』, 76~77). 여기서 우리는 理를 宗으로 세우는 유학과 心을 宗으로
세우는 불교의 차이를 확인할 수 있다. 다산은 마음 안에 주어진 천지의 理와
그 자각 가능성을 인정하지 않으므로, 유교나 불교가 다 마찬가지로 말이 안
된다고 보는 것이다.

278

만일 모든 사려를 끊고서 경계하는 것도 두려워하는 것도 없이 오로지 연못처럼 담담히 물결치지 않기만을 힘쓴다면, 이는 정(靜)이지 경(敬)은 아닌 것이다.50)

성리학의 미발공부는 마음이 표층적인 대상관계를 멈춘 무념무상(無念無想) 절사절려(絶思絶慮)되 성성(惺惺)하게 깨어 있어 그 마음 자체 안에 내재된 우주적 근원, 우주적 원리, 태극, 신을 깨닫고 그것과 하나가 되어 만물일체의 인(仁)을 체득하는 공부이다. 그러나 다산은 내적 신성을 인정하지 않고 그것을 외재화하였으므로, 경천의 의미조차도 응사(應事) 접물(接物) 이후의 일로 간주하는 것이다. 성리학에서 마음이 미발공부에서 깨닫는다고 생각한 그 신성을 외적인 대상으로 옮겨놓고, 그 대상을 생각하고 궁구하고 두려워하는 것, 그것을 경천, 경신의 상태로 간주하는 것이다. 신을 경천의 대상, 마음의 표층적 의식작용인 사념의 대상, 두려움의 대상으로 여기는 것이다. 이는 신을 만물과 인간 바깥에 타자로서 설정하기 때문이다.

상제란 누구인가? 이는 천지와 신인 바깥에서 천지와 신인 등 여러 류의 만물을 조화하고 안양하는 자이다.51)

이러한 내 밖의 신이 나를 내려본다는 것을 믿음으로써만 은미한 곳에도 성(誠)을 잃지 않는 신독(愼獨)이 가능하다고 보는 것이다.

50) 「심경밀험」152~153(169), "敬之爲德, 必應事接物, 而後乃得施行.…… 靜坐無事 無所趨往, 何以用敬? 惟敬天敬神, 可爲靜坐之工, 然亦必默運心思, 或想天道, 或窮 神理, 或省舊愆, 或紬新義, 方爲實心敬天. 若絶思絶慮, 不戒不懼, 惟務方塘一面, 湛然不波, 則此靜也, 非敬也."
51) 茶山, 「春秋考徵」, 『여유당전서』 제8책, 709쪽, "上帝者何? 是於天地神人之外, 造化天地神人, 萬物之類, 而主宰安養之者也."

은미(隱微)란 상천(上天)의 일이다.[52]

　　[상제가] 내려다보며 감시하고 있음을 믿지 않는다면, 반드시 홀로 삼감[愼獨]이 없을 것이다.[53]


　이처럼 다산은 공맹에서 시작해서 성리학으로 완성되는 유학적 내재주의를 벗어나, 태극, 신, 일자, 근원을 외적 실재로 간주하는 외재주의로 돌아가고 있다. 이는 유학적 인본주의 이전의 신본주의, 외재주의로의 복귀이다. 그리고 바로 이 지점에서 다산은 천주교와 만난다.


## 4. 다산 사상과 천주교의 근접성

### 1) 외재주의적 신관

　우주의 근본과 원리, 태극과 리, 신과 신성을 만물과 인간의 내면적 핵으로 발견한다는 것은 인간이 자기 자신 안에서 표층과 심층의 분열을 감지한다는 것, 그리고 그 분열의 고통을 감수한다는 것을 의미한다. 인간은 끊임없이 자신 안의 보편적 심층 자아[道心]를 자각하고 그 소리[天命]를 듣고 그 명을 실현하고자 노력해야 한다. 그것이 자신과 우주만물에 대한 성(誠)의 태도이며, 사(私)보다는 공(公)을 중시하는 마음자세이다.
　심층의 자아, 만물일여의 일자에 주목한다는 것은 표층의 자아를 형성하는 기의 차별성, 표층의 자아가 이룩한 현상적 차별성에 이끌리지 않는다는 것을 의미한다. 차별적 현상세계 안에 구체화된 육신을 가지고 살아

---

52) 茶山,「中庸自箴」,『여유당전서』제4책, 184쪽. 번역은 전주대호남학연구소 역,
　　『국역 여유당전서』경집1, 전주대학교출판부, 1986, 204쪽, "隱微者, 上天之載
　　也."
53)「中庸自箴」184(205), "不信降監者, 必無以愼其獨矣."

280

가는 인간이 표층의 자기를 버리고 심층의 일자로 돌아간다는 것, 그것은
결국 심층의 자기를 실현하기 위해 표층의 자기를 부정하는 극기복례(克
己復禮), 한 마디로 끊임없는 자기 분열의 과정이다. 가장 사랑하는 사람과
도 한 마음임을 확인하기 힘든 내가 실은 내가 가장 싫어하는 저 인간과도
본래 하나이고, 내가 내일 도살할 저 소와도 하나이고, 내가 이미 꺾어
내버린 저 나무와도 하나이고, 내가 매일같이 더럽히고 짓밟는 이 대지와
도 본래 하나라는 것, 그것을 어떻게 받아들일 수 있겠는가? 나의 내면에서
그 하나를 발견하고 그 하나가 되어야 한다는 것, 그렇게 성인이 되고
부처가 된다는 것, 그것은 곧 신이 된다는 것이다. 어째서 인간에게 이렇게
힘든 과제가 부여되어 있는가?

"무거운 짐 진 자들아, 다 내게로 오라! 내가 너희의 짐을 덜어주리라!"
이것이 천주교의 구호다. 유교의 천명은 '성인이 되라' 곧 '신이 되라'는
것이라면, 천주교의 명령은 '신이 되고자 하지 말라'는 것이다. 신처럼
눈이 밝아지고 싶어함은 원죄가 되고, 신과 같아지고 싶어함은 오만함의
중죄가 된다. 신과 같이 되고자 함, 무명을 걷고 명(明)을 얻고자 함이
죄이기에, 그 죄가 고통을 낳은 것인가?

분열의 고통, 심층과 표층 양극단으로의 찢어짐의 고통은 그 심층의
일자를 자기 바깥으로 외화시킴으로써 완화될 수 있다. '일자가 되어라'라
는 명령은 '일자를 좋아하라'는 명령으로 바뀐다. 일자는 인간이 주체적으
로 되어야 할 자가 아니라, 인간이 대상적으로 사유하고 믿고 따라야
할 자로 간주되는 것이다. 이처럼 천주교의 매력은 인간 내면에서 발생하
는 분열의 고통을 덜어준다는 것이다. 불초한 인간이 그럼에도 불구하고
성인이 되어야만 하는 짐, 무명의 인간이 그럼에도 불구하고 부처가 되어
야 하는 짐을 내려놓게 하는 것이다.

다산이 그리는 세계상 역시 인간 심층의 내면적 신성을 외화시켜 놓은

것에 지나지 않는다. 심층 내면의 신성, 만물일체와 천일합일의 신성은 부정되고, 인간의 시선은 밖으로 향하게 된다. 일체의 덕성, 선 자체는 인간 내면의 것이 아니라, 외부의 것, 신의 것이며, 인간은 행위를 통해 그에 다다를 뿐이다. 인간은 신이나 부처, 성인이 되어야 하는 것이 아니라, 그냥 신과 대면하여 그를 경외하고 찬양하기만 하면 된다. 이로써 나의 표층과 심층으로의 분열은 끝나고, 분열에서 오는 고통도 사라진다. 내가 외화시키고 투사해놓은 내 바깥의 타자, 그가 바로 내 짐을 져주는 구세주이며 위로자가 되는 것이다.

### 2) 실사구시의 정신

나의 내면의 분열과 고통을 종식시키고 스스로 성인이 되어야 하는 짐을 덜어내면, 나는 그 가벼워진 만큼 타인의 짐을 덜어줄 수 있다. 이것이 다산이 취한 경세의 길이다.

심층의 하나로 돌아가는 것, 그것은 차별적인 현상세계로부터 구만리 높이로 비상하여 자유롭게 허공을 나는 붕새가 된다는 것을 의미한다. 일체의 현상적 차별성을 떠나 무한의 관점에서 만물을 바라보는 것, 영원의 상하에서, 신적 관점에서 만물을 바라보는 것, 이것이 유학이 요구하는 것이다. 그러기 위해 유학은 붕새가 되기를 요구한다.

반면 천주교는 그러한 비상을 금한다. 그것은 구만리의 폭으로 분열되고 찢겨져야 하는 고통 때문만은 아닐 것이다. 인간이 붕새가 되어 날아가버린다면, 지상 위에서 벌어지는 풀벌레들의 세계는 누가 담당하겠는가? 풀벌레들간의 싸움은 누가 말리고, 그 싸움에서 오는 고통과 상처는 누가 위로하겠는가? 이것이 천주교가 인간으로 하여금 신이 되기를 꿈꾸기보다는 신의 종이 되라고 말하는 이유일 것이다. 그래서 인간의 차별적인 현실세계에 주목하고 일반 민중의 아픔과 고통에 민감해지기를 요구하는 것일 것이다.

다산에게 있어서도 주된 화두는 언제나 '목민'(牧民)이었다. 학자가 해야 할 일은 끝없이 높은 이상을 갖고 바닥 없는 심연으로 침몰하여 성인의 도를 구하는 것, 만물일체의 경지에서 인을 체인하는 것, 이런 심원하고 요원한 것이 아니라, 오히려 아주 현실적이고 구체적인 것에 있다고 본 것이다. 즉 힘들여 일한 자가 굶지 않아도 되는 경제체제, 정직한 자가 쫓겨다니지 않아도 되는 법체제를 마련하는 것이다. 결국 가난하고 병든 자, 어리석고 비천한 자를 감싸안으려는 목민의 정신인 것이다.

> 횡거 : 옛사람들이 벗과 금슬(琴瑟)과 서적을 얻으려 한 것은 항상 마음
> 을 그 곳에 두려고 한 것이다.
> 다산 : 사람이 벗과 금슬과 서적을 대하여 스스로 몸가짐을 조심스럽게
> 하기란 쉬운 일이나, 판수, 귀머거리, 벙어리, 절름발이, 걸인, 비천한
> 자, 어리석은 자를 대하여서도 공경하는 빛을 잃지 않고 예의로 대접
> 하기란 어려운 일이다.[54]

이렇게 보면 다산의 사상이 우리에게 매력을 갖는 부분은 내면적 종교성이기보다는 외면적인 경세의 측면이며, 바로 이 점에서 천주교와 상통한다. 내적으로 성인이 되고자 하는 수행보다 외적으로 바르게 행동하는 것에 더 우선성을 부여하는 것이라고 볼 수 있다. "경이직내 의이방외"(敬以直內 義以方外)에 대해 성리학자 정자와 탈성리학자 다산은 다음과 같이 서로 상반되는 주를 단다.

> 정자 : 오직 안이 곧지 못할까 두려워해야 할 것이다. 안이 곧으면 외는

---

54) 「심경밀험」 162~163(180), "橫渠曰, 古人欲得朋友 與琴瑟簡編, 常使心在於此. 案人在朋友琴書之間, 能雅飭自持, 易. 遇瞽者聾者啞者躄者丐鄙賤者愚무者, 不失莊敬之色, 待之以禮, 難."

　　반드시 올바르게 된다.

　다산 : 사물잠에 "표현에서 성급하고 망녕됨을 없애면, 그 안은 전적으로
　　고요해진다"라고 하였으니, 이는 바깥을 절제하여 안을 편하게 한다
　　는 것이다. 나는 이 말을 아주 좋아한다.[55]


　성리학이 내성외왕(內聖外王) 중 내성을 우선시하는 것이라면, 다산은
외왕에 치중한 것이라고 볼 수 있다. 마음 심층에서 보편적인 허령불매의
본성을 깨달아 보편성에 이르는 것이 아니라, 마음 바깥에서 구체적 행위
를 통해 나의 재물을 나누고 남의 고통을 나눔으로써 살기 좋은 세상을
만들어 나가는 것, 그것을 인간 삶의 제1 과제로 삼았다고 볼 수 있다.
그 과제를 수행하는가 아닌가는 내 밖의 신이 내려다보고 있고, 그 공과에
따라 상벌하리라는 생각을 가진 점에서 다산은 또 천주교와 통한다.[56]

---

55) 「심경밀험」 154(170), "程子曰, 惟恐不直內. 內直則外必方. 案四物箴曰, 發禁躁妄,
　　內斯靜專. 所謂制之於外, 以安其內者, 此也. 愚甚喜此語."

56) 그러나 이상의 몇 가지 공통점 외에 또 다른 점에서는 천주교와의 차이점을
　　발견할 수 있다. 무엇보다도 유교적인 내면적 가치들을 외재주의적 신관에 따라
　　외면화시켜 놓았기에, 서구에서 외면화된 신의 모습과는 여러 가지 차이를 보일
　　수밖에 없을 것이다. 박종홍은 다산 사상이 천주교와 상통하는 점을 밝힌 후,
　　다시 '천주교적 세계관과는 거리가 멀어서 서로 용납될 수 없겠다고 생각되는
　　점' 몇 가지를 다음과 같이 밝혔다. 첫째로 그가 말년까지 힘들여 저술한 『喪禮四
　　箋』, 『喪禮外篇』, 『喪儀節要』, 『喪禮考定』, 『禮疑問答』 등의 저술에서 제사 절차,
　　제기 구조 등에 대해 상세히 기록하고 있는데, 이는 천주교인으로서 처형당한
　　그의 형 정약종의 아들 정하상 같은 이가 『上帝相書』에서 제사가 理에 맞지
　　않는다고 하여 천주교 입장을 분명히 밝힌 것과 대조를 이룬다는 것이다. "일부
　　학계에서 주장하듯이 다산이 분명히 천주교에 입교했다면 과연 이러한 일이
　　가능하였을까 의심스럽다"고 말한다. 둘째로 "다산은 昭事之學이라고 하여 매양
　　事天을 말하면서도 '孝悌忠信으로써 사천의 근본을 삼는다'라고" 하여 '본래
　　동양의 縱的인 상하관계를 주로 다룬 윤리'인 '효제'를 학의 기반으로 삼는다는
　　점이 천주교와 상이하다. 셋째로 "다산은 유학적인 현세주의에서 安心立命의
　　경지를 생각하였다고 하겠으나, 내세의 영생을 따로 추구한 것으로는 보이지
　　않는다"라고 하여 다산이 마치 천주교인인 것처럼 간주하는 것을 경계한다.
　　박종홍, 「대서구적 세계관과 다산의 수사구관」, 『박종홍전집』 제5권 근대사상편,

# 5. 한국 철학의 흐름에서 다산 읽기

성리학이 내면 심층의 신성과 도덕성을 강조한다고 해서, 외면의 행위나 실천의 의미를 도외시한 것은 아니다. 수기와 치인, 내성과 외왕, 그중에서 성리학의 기본 경전인 『대학』도 『중용』도 모두 수기와 내성을 중시하기는 하였지만, 그것은 수기가 되면 치인은, 내성이 되면 외왕은 저절로 실현된다고 보았기 때문이다. 외면은 내면의 드러남이고, 표면은 심층의 표현이라고 보았기 때문이다. 그러므로 표현에 앞서 내실이, 경세학에 앞서 성학이 완성되어야 한다고 생각한 것이다. "중화에 이르면, 천지가 거기 위치하며 만물이 그로부터 육성한다"는 『중용』의 구절에 대해 주희는 다음과 같이 주를 단다.

> 천지 만물은 본래 나와 일체이다. 나의 마음이 바르면 천지의 마음도 바르고, 나의 기운이 순하면 천지의 기운도 또한 순할 것이다. 그러므로 그 효험이 그와 같기에 이르는 것이다. 이것이 학문의 극진한 공효요, 성인이 능히 할 일이다. 처음에 밖을 기다리지 않으면, 도를 닦는 가르침 또한 그 중(中)에 있다.[57]

천인합일, 만물일체의 관점에서 인간이 중(中)을 얻으면 자연도 사회도 따라서 바르게 되고 순리대로 육성하리라는 것이 성리학의 신념이고 이념이었다. 그러므로 외왕에 앞서 내성이, 경세학에 앞서 성학이 강조된 것이다.[58]

---

100~104쪽.

57) 주희, 『중용장구』 1절 주, "蓋天地萬物, 本吾一體, 吾之心正, 則天地之心亦正矣. 吾之氣順, 則天地之氣亦順矣. 故其效驗至於如此. 此學問之極功, 聖人之能事. 初非有待於外, 而修道之敎, 亦在其中矣."

58) 그런데 주희 성리학이 공맹유학의 형이상학적 기반으로서 만물일체의 존재론이나 우주론의 확립에 더 치중하였다면, 조선의 유학은 만물일체의 인을 체득하는

그러나 아직 성학이 완성되지 않아서, 아직 성인이 출현하지 않아서, 외부의 모든 것이 아직 제 위치를 찾지 못하고 바르게 육성하지 못하고 있다면, 그 바깥은 언제까지 버려져 있어야 하는가? 오히려 내면의 완성과는 별도로 외부의 질서는 그 자체의 논리대로 운영되어야 하는 것이 아닌가? 내적 성학과는 별도로 타인과 어우러져 있는 외적 사회적 삶에 대한 고찰, 내적 종교적 완성과는 별도로 외적 정치·경제적 삶의 질서에 대한 학문이 더 절실히 요구되는 것이 아닌가? 이렇게 해서 성학·경학보다 경세학을 우선시하는 실사구시, 이용후생의 실학이 등장하게 된다. 실학은 내적 수행의 성학보다는 외적 실천의 경세학을 중시한다. 따라서 주자학이란 이름 하에 만연해 있던 사변적인 경학화와 예학화를 비판하고 구체적 현실적 삶, 정치 경제적 사회문제로 눈을 돌리므로, 이를 '탈주자학적 실학'이라고 칭할 수 있을 것이다. 그러나 그렇다고 해서 인간이 우주만물과 그 본성에서 하나라는 만물일체설과 본성은 인의예지의 덕을 갖추어 선하다는 성선설, 그리고 인간은 내면에서 그 선한 본성을 자각하고 만물일체를 체득하여 인(仁)을 실천해야 한다는 성리학의 기본이념을 떠난 것은 아니다.[59] 『천주실의』를 읽고 그 발문을 쓴 성호 이익이나 그의

───────

인간 심의 활동성에 더 많은 관심을 기울였다고 볼 수 있다. 인간 심층에 내재화된 태극의 리를 죽은 고목나무의 리가 아니라 능동성과 주재성을 가지는 리로 간주함으로써, 태극이 곧 상제이고 심이라는 내재주의적 관점을 보다 더 철저화했다고 할 수 있을 것 같다. 다산이 근본적으로는 외재주의를 표방하지만, 그래도 "無形의 마음은 우리의 本體이며 소위 虛靈不昧이다"(「대학강의」106)라고 말하면서 심의 神性과 神明한 靈性을 강조하고 있는 것은 조선유학의 심학적 경향의 잔재가 아닐까?

59) 대개 18세기 근기남인 실학자들의 탈주자학적 경향을 성호를 거쳐 17세기의 미수 허목, 백호 윤휴로 거슬러 올라가 논하게 되는 것은 그들이 두 차례의 예송논쟁(1659년의 기해예송과 1674년 갑인예송)에서 기년설을 주장한 서인 우암 송시열과 대립하여 참최삼년설을 주장한 남인으로서 서인에 의해 '사문난적'으로 지목되다가 1680년 경신대출척에서 처형되거나 유배당했기 때문이다. 우암이 주자와 마찬가지로 유학의 근본경전으로 四書를 강조하며 특히 주자의

제자 신후담이나 안정복이 실사구시의 실학자이면서도『천주실의』에
나타난 서구적 인간관과 신관을 적극적으로 비판한 것도 그것이 외재주의

주를 절대시하였다면, 미수나 백호는 "朱子註不必讀"까지 주장하며 사서보다
六經을 더 중시하였다는 데에서 차이점을 보이는 것이다. 예송논쟁에서 서인
우암은『주자가례』에 입각하여 논하는 데 반해, 남인 미수는『주례』,『의례』,
『예기』의 古禮에 입각하여 논한 것이 그것을 방증한다. 이로부터 정옥자는 "예론
의 차이는 서인이 주자학의 절대신봉을 주장하는 반면, 근기남인이 원시유학인
육경을 중시하면서 古學적 복고성을 보이는 학풍을 조성하고 있던 데서 찾을
수 있다"고 주장한다(정옥자,『조선 후기 조선중화사상연구』, 일지사, 1998, 52
쪽). 이렇게 보면 마치 17세기 남인이나 18세기 실학자들이 원시유학과 주자
성리학을 서로 대립되는 학으로 간주하면서, 성리학을 비판하고 공맹유학으로의
복귀를 주장하여 실제로 수사학파를 형성한 것 같은 인상을 받게 된다. 그러나
그들이 정말 성리학의 인간관과 세계관을 공맹정신에 대립되는 것으로 파악하였
는가 하면, 결코 그렇지 않다. 미수나 백호가 四書 너머 六經을 중시한다고 해서,
그것이 그들이 성리학적 인간관과 세계관을 벗어났다든가, 성리학과 원시유학을
대립되는 학으로 간주했음을 뜻하는 것은 아니다. 금장태는 "남명의 도상에
나타난 심성론의 가장 큰 관심의 하나는 천인의 대응·일치 구조를 확인하는
것이고, 다른 하나는 심에 의한 성·정의 통합구조를 해명하는 것이라고 할
수 있다"고 말한다(금장태,「남명 조식의『학기도』와 도학체계」,『남명 조식』,
예문서원, 2002, 239쪽). 이와 같은 천인합일설과 심통성정설은 공맹에 기반한
성리학의 중심사상이다. 같은 책에 손영식의 "조식의 철학은 어느 모로 보나
성리학적 특징이 없다", "조식은 성리학에서 이미 벗어나 있는 것 같다"(손영식,
「남명 조식의 주체성 확립 이론과 사림의 정신Ⅰ」,『남명 조식』, 351·352쪽)
와 같은 주장이 함께 실린 것은 우리 학계에 주자학 내지 성리학에 대한 본질규명
이 아직 확립되지 않았기 때문일 것이다. 윤휴는 주희 및 퇴계의 기발과 리발을
모두 氣發에 입각한 '乘氣'와 '循理'로 설명하면서 "칠정이 될 수 있는 것은
본래 天命의 本然에 근본한 것이기 때문에, '性이 氣를 탄다'고 한 것이다. 사단도
또한 情이 동하는 것이고 氣가 발하는 것이다. 그러나 사단이 될 수 있는 것은
본래 四德을 따라 발하는 것이므로, '情이 理를 따른다'라고 한 것이다"라고
한다(백호 저, 오규근 역,『국역 백호전서』, 민족문화추진회 편, 1997, 8쪽). 이처
럼 주자 주를 무시하여 사문난적으로 몰린 윤휴라 할지라도 성리학의 기본이념
인 인간의 本然之性과 四德의 내재성을 부정하지 않은 것이다. 이 점에서 윤휴
또한 성리학자라고 할 수 있다. 성리학이 그 자체 타당하기에 주장하는 것이지
그것이 주자의 설이기에 주장하는 것이 아니라는 점에서, 즉 주자의 주를 무시한
다는 점에서 탈주자적이라고는 할 수 있지만, 탈성리학적이라고는 볼 수 없는
것이다.

적 신관에 입각해서 유학의 내재주의적 만물일체설과 성선설을 무신론
내지 유물론처럼 곡해하는 것에 대해 분개했기 때문이다.[60]

　　그런데 다산은 단지 사변적 경학화와 예학화를 비판하며 경세학을
강조한다는 점에서 탈주자적일 뿐 아니라, 성리학적 인간관 자체를 버린다
는 점에서 탈성리학적이다. 그리고 그가 성리학적 인간관을 버린 것은
그가 인간과 자연 그리고 신을 『천주실의』에서와 마찬가지로 이미 외재주
의적 관점에서 보기 때문이다. 신을 인간 밖에서 인간을 감시하고 상벌하
는 타자로 설정해 놓기에, 인간 내면에서 신을 찾고 그 안에서 만물일체의
인을 체인하고자 하는 성리학적 내재주의는 무신론으로 비치는 것이다.
그런데 이러한 성리학적 내재주의는 타자화되고 외면화된 신을 인간 내면
에서 인간의 본성으로 확인하는 공맹의 인본주의적 유학정신의 심화이다.
따라서 성리학의 내재주의적 인간관을 떠나 외재주의로 돌아간다는 것은
탈성리학이면서 동시에 근본적으로 탈유학인 것이다. 이렇게 보면 공맹유
학으로 이어지는 한국의 유학사는 다음과 같은 방식으로 정리될 수 있겠
다.

　　그럼에도 불구하고 다산은 자신이 주희 성리학을 비판하면서 공맹의
근본정신으로 되돌아가는 것이라고 주장하였으며, 우리들 또한 그렇게

60) 한자경, 「18세기 조선 유학자들의 『천주실의』 비판 : 성호 이익, 하빈 신후담,
　　순암 안정복을 중심으로」, 『철학연구』 69집, 73쪽 이하 참조.

이해하여 다산을 '수사학적 수기치인의 학'이라고 규정하기도 한다. 여기에는 공맹의 원시유학과 송대 신유학이 그 근본 정신에서 서로 상반된다는 것이 전제되어 있다.[61] 우리는 흔히 공맹의 인간관과 윤리관이 송대 성리학에서 형이상학화되고 우주론화되면서 변질되었다고 보는 것이다. 그런데 이는 결국 유학의 역사, 즉 동양철학의 전통에서 공맹의 인간관과 윤리관을 제대로 해석하는 형이상학은 존재하지 않는다고 주장하는 것이다. 주희가 유학의 도통으로 확립한 것이 오히려 유학의 왜곡일 뿐이라고

---

61) 성호나 다산의 학풍을 '탈주자학적 수사학'이라고 규정하면서 우리는 너무 쉽게 공맹유학(수사학)과 주자학을 대립하는 것으로 규정한다. 그러나 다산 이전에 17~18세기 실학자들이 탈주자학적 경향을 보인다고 해서, 그것이 성리학의 기본이념과 대치되는 다른 인간관이나 세계관을 제시하면서 성리학을 부정한 것은 아니다. 미수, 백호, 성호의 탈자주적 경향은 성리학의 정당성을 朱子註에서가 아니라 경전이나 사태 자체에서 구함으로써 주자일변도에서 탈피했다는 것을 말해줄 뿐이지, 성리학 이념 자체를 버렸다는 것은 아니다. 그들은 결코 성리학이 공맹 근본유학의 정신과 대치된다고 생각하지 않았으며, 오히려 그 심화라고 여겼을 것이다(앞의 주 59 참조). 성리학의 천인합일·만물일체의 이념과 직접적으로 대립되는 이념은 바로 서양 천주교의 외재주의적 신관과 서양 근대의 개별자 실체론이다. 따라서 탈성리학은 서학의 영향을 받은 신서파 남인에 의해서 비로소 시작되었다고 볼 수 있다. 이승휴, 이가환, 이벽 그리고 다산이 그 계열이다. 그러므로 채제공이 퇴계 이황, 한강 정구, 미수 허목, 성호 이익으로 이어진다고 말한 그 학맥에 대해 "그 학맥은 미수에서 성호를 거쳐 다시 惠寰 이용휴와 그의 아들 綿帶 이가환을 통하여 다산 정약용에서 열매를 맺는 것으로 보아야 할 것이다"라고 주장하는 것은 상당히 무리가 있다(정옥자, 「미수 허목의 학풍」, 『조선 후기 지성사』, 1991, 109쪽). 18세기 말까지도 성리학의 이념은 서인뿐 아니라 남인에게도 공통적이었으며, 퇴계를 이은 남인의 맥은 성호, 순암, 돈와 등으로 이어졌다. 이승휴, 이가환, 다산 등으로는 성리학의 맥이 이어진 것이 아니라, 오히려 끊긴 것이다. 정옥자도 그 연결이 이상하게 느껴져서 "영남성리학이 한강 정구를 거쳐 미수 허목에게 전수되었으나 여기에서 시대적 요청 및 제반 여건에 의하여 굴절하여 소위 실학풍으로 변질되어 성호 이익 및 그 가계인 혜환 이용휴, 면대 이가환을 거쳐 다산 정약용에서 대성되는 것이다"(위의 글, 109쪽)라고 말한다. 그러나 성호, 순암 등의 실학파는 그 변질 이전이며, 변질은 그 다음 신서파에서 일어났고, 그것은 엄밀히 말해 변질이 아니라 단절이다. 다산의 무게에 눌려 남인 실학파의 성리학적 맥을 변질로 간주하면서까지 그 방향으로 끌고갈 필요는 없을 것이다.

보는 것이다. 이는 또한 조선 건국 초부터 다산이 등장하기까지 4세기간의 조선 유학의 역사를 자기왜곡의 역사로 간주하겠다는 것이다. 다산이 그렇게 이해하였고, 우리 또한 다산을 따르면서 그렇게 받아들인다. 우리 사상사의 연속성, 정신의 역사성을 부정하는 것이다.

그런데 이처럼 공맹유학과 성리학을 양분하여 성리학의 역사를 유학정신의 왜곡으로 해석하는 것, 그리하여 결국 스스로의 역사성을 부정하게 하는 것, 다산은 이것을 어디에서 배운 것인가? 바로 이것이 다산이 마테오 리치로부터 배운 것이다. 다산은 마테오 리치를 통해 천주교의 외재주의를 배웠을 뿐 아니라, 동양 역사를 읽는 눈까지 배운 것이다. 마테오 리치에 따르면 공맹유학의 근본정신은 불교에 의해 왜곡되어 성리학으로 변질되었다. 성리학의 역사는 왜곡된 역사다. 왜곡되기 이전의 유학의 근본정신은 오히려 천주교와 통한다. 그러므로 천주교는 동양 근본유학의 정신을 회복시켜준다. 이것이 그가 말하는 보유론이다. 그는 보유론에서 근본유학을 높이고 주희 성리학을 비판한다고 하지만, 그가 돌아간 유학은 사실 공맹의 인본주의적 유학이 아니라, 공맹이전 『시경』, 『서경』의 외재주의이다. 인간 너머에서 인간을 감시하는 인격신, 상제의 존재를 인간 바깥의 외적 실재로 설정한 것이다. 그러면서도 자신이 돌아간 것이 공맹유학이라고 말하는 것은 근본유학과 신유학을 양분시켜놓기 위함이다. 그렇게 하여 공맹 이후 천주교가 들어오기까지의 유학사를 공맹유학의 핵심과 본질을 잃어가는 왜곡과 변질의 역사로 평가하는 것이다. 공맹 이후 천주교가 들어오기까지의 유학사, 그 장구한 기간의 정신적 맥인 역사성을 끊고 나서 그 자리를 천주교로 채우겠다는 것이다.

바로 이처럼 역사성을 부정하는 방식으로 동양 정신사를 읽는 눈을 다산은 마테오 리치로부터 배웠다. 그리고 우리 또한 다산을 통해, 마테오 리치를 통해 그것을 배운다.[62] 역사성의 부정! 그러나 마테오 리치가 부정한 것은 자기 자신의 역사성이 아니다. 그는 타문화의 역사성, 동양 정신의 흐름을 부정한 것이며, 이는 자신들의 정신적 유산인 천주교를 포교하기 위한 것이었다. 그런데 우리는 왜 그들의 눈을 빌어 우리 자신의 역사를 읽는 것인가?

우리가 천주교에 이끌리는 것은 다산이 그랬던 것처럼 "천문역법과 농사수리와 측량술을 말하는 자가 있으면 그를 해박하다고 여기며 존중하는 일종의 풍조" 때문인지도 모른다. 서구의 물질문명과 과학기술을 받아들이면서, 자본주의 경제체제와 사회계약론적 정치체제를 받아들이면서, 그 근대사상의 기반이 되는 개별자 실체론과 외재주의적 신관을 당연한 진리인 것처럼 따라서 받아들인 건지도 모른다. 경세관이 바뀌면서 우리의 전통적인 내재주의적 인간관, 천인합일의 만물일체적 존재론, 우리의 역사를 내버린 것인지도 모른다. 그러다가 어느 날 갑자기 서양의 어느 한 철학자가 동양적 천인합일, 만물일체 사상의 심오함을 말하면, 모두 다 거기 귀 기울이지 않겠는가? 우리의 신은 정말 (우리의) 마음이 아니라, (서양의) 하늘에 있는가?

---

62) "다산은 지금 우리 곁에 없지만 그의 사상과 정신은 오늘까지 우리 곁에서 숨쉬고 있다. 다산은 우리나라가 낳은 최대의 사상가이며 세계적인 학자였다. 다산 이전에 다산만한 사상가가 없었고 다산 이후에도 다산만한 학자가 쉽사리 나타나기 어려울 것이다." 『여유당전서』 해제에 실린 말이다(『여유당전서』 제1책, 8쪽). 이런 방식으로 다산사상을 높이 평가하는 철학 내지 신학계의 학자들은 한결같이 그가 그의 핵심사상에 있어 마테오 리치로부터 얼마나 큰 영향을 받았는지, 그가 천주교의 신관에 입각해서 얼마나 강력하게 주자학을 비판하였는지를 논한다. 그러면서 그의 탈주자학이 마치 중화주의를 극복한 민족적 자긍심의 표현인 것처럼 논한다. 이런 방식의 다산 해석은 단지 한 명의 자유로운 사상가로서의 다산 해석을 넘어서서 우리가 우리의 역사를 어떤 방식으로 이해하고 있는지, 그리고 그 역사를 어떤 방향으로 이끌어가려고 하는지를 보여주는 것이 아닌가?

## 참고문헌

『중용』.

『맹자』.

정약용, 『여유당전서』.

주희, 『사서집주』.

주희, 『주자어류』.

마테오 리치 저, 송영배 외 역, 『천주실의』, 서울대출판부, 1999.

달레 저, 안응렬 · 최석우 역, 『한국천주교회사(中)』, 한국교회사연구소, 1990(제3
　　　　판).

한우근, 『조선시대 사상사연구논고』, 일조각, 1996.

정옥자, 『조선 후기 조선중화사상연구』, 일지사, 1998.

금장태, 『다산실학탐구』, 소학사, 2001.

금장태, 『한국 유학의 심설』, 서울대출판부, 2002.

금장태, 『조선 후기 유학과 서학 : 교류와 갈등』, 서울대출판부, 2003.

이을호, 「다산학의 전통성과 근대의식」, 다산학연구원 편, 『다산학보』 5, 1983.

박종홍, 「對西歐的 세계관과 다산의 洙泗舊觀」, 『박종홍전집』 권5 근대사상편,
　　　　민음사, 1998.

최석우, 「다산 서학에 관한 논의」, 『다산 정약용의 서학사상』(1993년도 다산문화제
　　　　기념논총), 다섯수레, 1993.

윤사순, 「실학 의미의 변이」, 한국사상사연구회 편, 『실학의 철학』, 예문서원, 1996.

문석윤, 「다산 정약용의 새로운 도덕이론 : 마음에 대한 새로운 이해」, 『철학연구』,
　　　　90, 2004.

# 찾아보기

# 지은이 소개 논문 게재순

**남정희** | 이화여자대학교 국어국문학과를 졸업하고 동 대학원에서 문학박사학위를 받았다. 논저로는 『18세기 경화사족의 시조 창작과 향유』, 「이정보 시조 연구-현실인식을 중심으로」, 「사대부 사설시조 창작의 실제적 국면과 그 의미」, 「진본 청구영언 무명씨에 대한 고찰」 등이 있다. 이화여자대학교 한국문화연구원 연구원을 거쳐서 현재 이화여자대학교 국어국문학과 전임강사로 재직중이다.

**정선희** | 이화여자대학교 국어국문학과를 졸업하고 동 대학원에서 문학박사학위를 받았으며, 현재 이화여자대학교 국어국문학과 전임강사로 재직중이다. 조선후기 한문소설과 문학담당층에 관한 연구를 해왔으며, 최근에는 삼대록계 국문장편소설의 현대역과 주해 연구에 주력하고 있다. 주요 논저로는 『19세기 소설 작가 목태림 문학 연구』, 「19세기 향촌 중간층의 춘향전 개작 양상」, 「오유란전의 향유층과 창작기법의 의의」, 「소현성록 연작의 남성 인물 고찰」 등이 있다.

**홍선표** | 홍익대학교 대학원 미술사학과에서 한국회화사를 전공하고 한일회화교류사 연구로 일본 규슈 대학원에서 문학박사학위를 받았다. 한국미술사학회 회장과 문화재위원을 역임하고 현재 이화여자대학교 인문대(대학원) 미술사학과 교수로 재직중이다. 한국회화사의 통시적·공시적 체계화를 시도하고 있다. 주요 논저로는 『조선시대회화사론』, 「고대동아시아의 말그림」, 「에도 시대의 조선화 열기」, 「'한국회화사 재구축'의 과제-근대적 한국의 틀을 넘어」 등이 있다.

**송희경** | 이화여자대학교 미술대학 동양화과를 졸업하고, 인문대학원 미술사학과에 진학한 뒤 문학 석사와 문학박사학위를 받았다. 이화여자대학교 한국문화연구원의 연구원을 거쳐 현재 이화여자대학교 박물관 연구원으로 재직중이다. 조선시대 회화사를 연구하고 있으며 특히 조선후기 문인모임과, 그와 연관된 시각물에 관한 논문을 쓰고 있다. 주요논저로는 「朝鮮初期 瀟湘八景圖의 시각적 번안과 그 표상적 의미-江天暮雪을 중심으로」(2006), 『조선후기 아회도』(2007)가 있다.

**차미희** | 이화여자대학교 사회생활학과에서 학사와 석사과정을 마친 뒤, 고려대학교에서 문학박사학위, 교육학박사 학위를 각각 받았다. 한국 전근대사회의 지배층 교육과 관료 선발시험을 연구하고 있으며, 대표적인 논저로는 『조선시대 문과제도 연구』, 「옛길을 따라-과거 길」, 「17·18세기 조선 사대부의 독서 양상과 서양 교육에 대한 이해」 등이 있다. 이화여자대학교 사회생활학과 대우전임강사, 한국문화연구원 연구원을 거쳐 현재 사회생활학과(역사교육 전공) 교수로 재직중이다.

**강영심** | 이화여자대학교 사학과를 졸업하고 동 대학원에서 문학박사학위를 받았다. 논저로는 『신규식의 생애와 독립운동』, 『한국근대 삼림소유권변천사』(공저), 「일제하 임야조사사업연구」, 「신한혁명당의 결성과 독립운동」, 「일제하 여성독립운동의 특징과 양상」, 「일제강점기 조선여성의 법적지위」, 「종전 후 중국지역 '일본군위안부'의 행적과 미귀환」 등이 있다. 이화여자대학교 한국문화연구원 연구원을 거쳐 현재는 이화여자대학교 이화사학연구소 연구원으로 재직중이다.

**윤대식** | 한국외국어대학교 정치외교학과를 졸업하고 동대학원에서 정치학 박사학위를 받았으며, 현재 한국외국어대학교 등에 출강하고 있다. 고대 중국의 유·법가, 조선후기 실학, 근대 한국정치사에 관한 연구를 진행했으며, 최근 고대 법가철학과 조선왕조의 리더십 연구에 주력하고 있다. 주요 논저로는 「맹자의 왕도주의에 내재한 정치적 의무의 기제」, 「맹자의 전쟁과 반전쟁」, 「『日知錄』에 내포된 중국실학의 정치적 의도와 조선으로의 유입과정」, 『민세 안재홍 심층연구』 등이 있다.

**한자경** | 이화여자대학교 철학과를 거쳐 동 대학원을 졸업하였다. 독일 프라이브르크 대학에서 서양철학을 공부하고, 동국대학교 대학원에서 불교철학을 공부하였다. 현재 이화여자대학교 철학과 교수로 재직중이다. 저서로는 『칸트와 초월철학』, 『자아의 연구』, 『자아의 탐색』, 『유식무경』, 『동서양의 인간이해』, 『일심의 철학』, 『불교철학의 전개』, 『칸트철학에의 초대』, 『불교의 무아론』이 있다.

이화한국문화연구총서 6

# 17·18세기 조선의 독서문화와 문화변동

홍선표 외 지음

2007년 8월 18일 초판 1쇄 발행

펴낸이 · 오일주

펴낸곳 · 도서출판 혜안

등록번호 · 제22-471호

등록일자 · 1993년 7월 30일

⟐ 121-836 서울시 마포구 서교동 326-26번지 102호

전화 · 3141-3711~2 / 팩시밀리 · 3141-3710

E-Mail  hyeanpub@hanmail.net

ISBN 978-89-8494-317-9 93910

값 24,000 원